やわらかアカデミズム・〈わかる〉シリーズ

よくわかる
社会福祉

第11版

山縣文治・岡田忠克 編

ミネルヴァ書房

はじめに

■よくわかる社会福祉［第11版］

　社会福祉という言葉から，あなたは何を連想しますか。高齢者，障害者，低所得者などのような人や問題を連想した人，保育所，障害者の施設，介護保険などの施設や制度を思い浮かべた人。ソーシャルワーカー，ケースワーカー，社会福祉士などの専門家や専門技術という人もいますか。中には，愛，幸せ，平和などの理念のようなものをあげた人がいるかもしれません。

　これら一つひとつが社会福祉の重要な構成要素です。社会福祉をどのようなものととらえるかについては，いろいろな考え方があります。社会福祉のどの部分を強調するかは人によって異なります。この本では，そのことを意識し，さまざまな角度から社会福祉の理解を深めることができるような配慮をしています。

　社会福祉は，私たちの日常生活に深く関わるものです。あなたが生まれてから，今この「はじめに」を読んでいるまでの間に，あなたあるいはあなたの家庭が利用したことのある社会福祉サービスを振り返ってみたことがありますか。今から，死ぬまでの間に利用しそうな社会福祉サービスを人生の段階ごとに思い浮かべることができますか。

　わたしたちは，第三者的に社会福祉の学習に取り組むのではなく，あなた自身の生活にひきつけて考えていただきたいと思っています。そうすると，社会福祉が生活上のさまざまな問題を解決するための単なるサービスではなく，人としての生き方にも深く関わるものであることが実感できると思います。結婚という道を選ぶのか，子どもを何人育てたいのか，死をどこで誰と迎えたいのか。社会福祉サービスは，このような一人ひとりの生き方をできるだけ満足のいく形で実現できるよう支援するものなのです。

　この本は，はじめて社会福祉を学ぶ人のことを考えて編集したものです。ただし，社会福祉の全体を学習してもらうというよりも，社会福祉を学習する際にポイントとなると考えた項目を取り出し，それを簡単に解説するという方法をとっています。しかしながら，全体を読んでいただくと，社会福祉の大枠は理解できるように工夫したつもりです。

　すべての人が気持ちよく生活できる環境を整えることは，社会を健全に維持していく際の基本的な課題の1つです。この本が，皆さん方の学習を広げるきっかけになり，より深く社会福祉を学習する意欲を高めることになれば，執筆者一同幸せです。

2002年3月

山縣　文治

もくじ

■よくわかる社会福祉［第11版］

はじめに

I 社会福祉の基礎概念

1 社会福祉という考え方 ……… 2
2 社会福祉と人権・権利 ……… 6
3 ライフステージと社会福祉 ……… 8
4 ジェンダーと社会福祉 ……… 10
5 社会福祉の援助における価値 ……… 12
6 社会福祉の援助原理 ……… 14
7 社会福祉の対象とニーズ ……… 16
8 社会福祉の専門性 ……… 18
9 ノーマライゼーション ……… 20

II 社会福祉をとりまく状況

1 少子社会の展開 ……… 22
2 高齢化社会の進展と介護問題 ……… 24
3 現代家族の動向と変化 ……… 26
4 地域社会の崩壊と変化 ……… 28
5 貧困と現代の貧困 ……… 30

III 社会福祉の歴史と展開

1 福祉国家の成立と展開 ……… 32
2 戦前の社会福祉の歴史（日本） ……… 34
3 福祉改革と社会福祉基礎構造改革 ……… 36
4 イギリスの社会福祉の展開 ……… 40
5 アメリカの社会福祉の展開 ……… 42
6 スウェーデンの社会福祉の動向 ……… 44

IV 社会福祉の仕組みと運営

1 社会福祉の法律 ……… 46
2 社会福祉行政の仕組み（国と地方） ……… 48
3 社会保障審議会 ……… 50
4 社会福祉の財政 ……… 52
5 社会福祉サービスの利用システム ……… 54
6 社会福祉サービスの提供システム ……… 56
7 社会福祉の計画的推進 ……… 58
8 社会福祉と地方分権 ……… 60

V 社会福祉の機関と施設

1 厚生労働省 ……… 62
2 福祉事務所と家庭児童相談室 ……… 64
3 児童相談所 ……… 66
4 身体障害者更生相談所・知的障害者更生相談所 ……… 68
5 社会福祉協議会 ……… 70
6 社会福祉施設 ……… 72

- 7 社会福祉施設の設備及び運営に関する基準 ……… 74
- 8 社会福祉法人 ……… 76

VI 社会福祉の援助と方法

- 1 ソーシャルワークとソーシャルワーカー ……… 78
- 2 ソーシャルワークの体系 ……… 80
- 3 ソーシャルワークの展開過程 ……… 84
- 4 ソーシャルワークの歴史的展開 ……… 86
- 5 ケースワーク(個別援助技術)の展開過程 ……… 88
- 6 グループワーク(集団援助技術)の展開過程 ……… 90
- 7 コミュニティワーク(地域援助技術)の展開過程 ……… 92
- 8 社会福祉援助方法における社会調査の意義 ……… 94
- 9 社会福祉援助方法の倫理 ……… 96
- 10 スーパービジョン ……… 98
- 11 エンパワメントとストレングス視点 ……… 100

VII 社会保障・公的扶助

- 1 社会保障の機能 ……… 102
- 2 社会保障における社会保険方式と公費負担方式 ……… 104
- 3 わが国の社会保障制度の体系 ……… 106
- 4 生存権保障とナショナルミニマム ……… 108
- 5 わが国の公的年金制度 ……… 110
- 6 わが国の医療保険制度 ……… 112
- 7 生活保護の実施体制 ……… 114
- 8 生活保護の種類と内容 ……… 116
- 9 生活保護の原理と原則 ……… 118
- 10 生活保護の施設の体系 ……… 120

VIII 子ども家庭福祉

- 1 子ども家庭福祉という考え方 ……… 122
- 2 子どもの権利と児童の権利に関する条約 ……… 124
- 3 子ども家庭福祉の法律と実施体制 ……… 126
- 4 2010年以降の児童福祉法改正 ……… 128
- 5 児童福祉施設の体系 ……… 130
- 6 在宅児童の福祉サービスの体系 ……… 132
- 7 少子化対策から次世代育成支援対策へ ……… 134
- 8 子ども・子育て関連3法と子ども・子育て支援新制度 ……… 138
- 9 児童虐待にどう対応するか ……… 140
- 10 ひとり親家庭,女性への福祉的支援 ……… 142

IX 高齢者福祉

- 1 高齢者福祉の理念 ……… 144
- 2 高齢者福祉の法律と実施体系 ……… 146
- 3 介護保険制度 ……… 148
- 4 高齢者保健福祉施設の体系 ……… 152

5　在宅福祉サービスの基盤整備　…154
　　6　介護システムとケアマネジメント　…156
　　7　地域包括ケアシステムの確立　…160
　　8　ケアワークとは何か　…162
　　9　ホームヘルパーの仕事　…164

X　障害者福祉

1　障害の概念と分類　…166
2　障害者福祉の基本理念　…168
3　障害者福祉の法律と実施体制　…170
4　障害者の日常生活及び社会生活を総合的に支援するための法律（障害者総合支援法）　…172
5　障害者の権利に関する条約（障害者の権利条約）　…174
6　障害者プラン　…176
7　障害者雇用対策の現状と課題　…178
8　障害者の権利保障とアドボカシー　…180
9　セルフヘルプグループ　…182
10　リハビリテーション　…184

XI　地域福祉

1　地域福祉の概念　…186
2　地域の組織化と福祉の組織化　…188
3　ボランタリズムとボランティア　…190
4　NPO（民間非営利組織）活動の役割　…192
5　住民参加と身近な地域活動　…194
6　地域福祉とまちづくり　…196
7　コミュニティ・ケア　…198
8　地域福祉計画の理論と策定過程　…200
9　ボランティア・コーディネーターの役割　…202
10　ソーシャル・サポート・ネットワーク　…204
11　成年後見制度と日常生活自立支援事業（地域福祉権利擁護事業）　…206
12　ソーシャル・インクルージョン　…208

XII　これからの社会福祉の課題

1　苦情解決と福祉オンブズマン　…210
2　福祉サービスと福祉情報システム　…212
3　国際福祉の現状と課題　…214
4　福祉教育と社会福祉　…216
5　住宅保障と社会福祉　…218
6　医療福祉におけるソーシャルワーカーの展望　…220

XIII　社会福祉を支える人たち

1　社会福祉専門職者の現状と課題　…222
2　社会福祉士の成り立ちと現状　…224
3　介護福祉士の成り立ちと今後の課題　…226
4　社会福祉主事　…228
5　民生委員・主任児童委員　…230

さくいん　…232

やわらかアカデミズム・〈わかる〉シリーズ

よくわかる
社 会 福 祉
第 11 版

I 社会福祉の基礎概念

1 社会福祉という考え方

1 社会福祉という言葉

社会福祉という言葉は，一般には大きく2つの意味で使われています。第1は，漠然とした意味で，「幸せな状態をつくること」あるいは「人間らしい生活」を指す場合です。このような意味で社会福祉という言葉を使う場合を，目標概念あるいは理念型と呼ぶことがあります。第2は，具体的中身は別にして，何らかの問題を解決するための方策や技術を指す場合です。このような意味で社会福祉という言葉を使う場合を，実体概念あるいは実体型と呼ぶことがあります。当然のことながら，科学として社会福祉を考える場合は，後者の意味でこれを使っています。

実体概念としての社会福祉のとらえ方は，社会体制との関係をどのようにとらえるかで，さらに大きく2つの立場に分かれます。第1は，資本主義社会の必然である**貧困の再生産**過程で起こる問題への社会的対応としてこれをとらえるもので，労働政策としての社会政策の補完的な制度として社会福祉をとらえる立場です。このような考え方を，制度政策論と一般に呼んでいます。また，この立場の中には，政策的意味を尊重し，**社会事業**という用語にこだわる場合があります。第2は，社会体制とは無関係に，人間が社会生活を営む上で当然生ずる問題として福祉問題をとらえ，それへの社会的対応として社会福祉をとらえる立場です。このような考え方を，方法機能論と一般に呼んでいます。

さまざまな立場が存在しますが，このような考え方に共通する社会福祉の構成要素は，社会福祉が対象とする問題，問題を解決するための資源，問題と資源をより有効に結びつけるための援助者や援助技術，さらにこれら全体をつなぐ援助観や人間観・福祉観の，大きく4点です。

2 福祉問題のとらえ方

社会福祉の構成要素の第1は，社会福祉が援助する問題をどのようなものと考えるかということです。社会福祉の対象ということもできます。実体概念としての社会福祉の立場の違いは，福祉問題の把握の違いということもできます。

現代の社会福祉には，大きく4つの問題把握の方法があります。第1は，社会現象に対する一般社会の判断で福祉問題を想定する場合です。何を福祉問題とするかについての科学的基準はなく，市民の相当数が問題だと認識すればそ

▷1　貧困の再生産
資本主義体制の本質は，資本家がいかに効果的に利潤を上げるかというところにある。利潤を上げるためには，より多くの生産活動を行うのが原則であるが，もう一方で，労働者に支払う賃金を下げることでも利潤を上げることが可能になる。このように，資本主義は貧困者を生み出す構造となっており，これが世代を越えてつながっていく（世代間連鎖）という意味で，貧困の再生産という。

▷2　社会事業
社会福祉の発展段階の1つとして位置づけられる段階期の特徴を示す事業および思想。わが国の歴史では，資本主義体制の基盤が形成される1920年前後から高度経済成長期に突入する1960年代後半あたりまでが，社会事業の段階と一般に理解されている。

れを福祉問題と考えるといった程度で，マスコミ的な基準ともいえます。福祉問題は，専門家以外でも，誰もが語ることができるように思われることがありますが，それは福祉問題の性格にこのような一面があるからです。

　第2は，資本主義経済体制が内包する貧困の再生産過程に着目し，それを予防するための構造化されたシステムとしての労働政策（社会問題への対応策）と，社会問題の担い手である労働者に現れる派生的問題（社会的問題）への対応としての社会福祉（社会事業）という関係で，福祉問題あるいは社会福祉をとらえる考え方です。社会福祉をその内実から規定するのではなく，常に一般社会政策との関係で説明するところに特徴があり，一般社会政策が対応できない労働者の生活問題に対して，補充的あるいは代替的に社会福祉が対応すると考えるものです。

　第3は，社会経済体制とは無関係に，人間が社会生活をする上で必然的に生じるものとして福祉問題を把握する考え方です。このような考え方を体系化したのは，**岡村重夫**で，一般には岡村理論と呼ばれています。岡村は，人間は社会生活を営む上で，経済的安定，職業的安定，家族的安定，保健・医療の保障，教育の保障，社会参加・社会的協同の機会，文化・娯楽の機会，という7つの基本的要求をもっており，それを保障する社会制度との間に社会関係を取り結び生活をしていると考えます。この基本的要求が制度的に充足されない状況を調整するのが社会福祉であるというわけです。

　第4は，福祉問題を要援護性という視点からとらえるもので，**三浦文夫**が先鞭をつけ，**京極高宣**らがその修正を行っています。三浦によれば，要援護性の基準は，福祉理念，政策目標，専門家による判定，横断的比較，時系列的比較，統計的比較，ナショナルミニマムなどにより規定されます。また，福祉ニーズを貨幣的ニーズと非貨幣的ニーズに分け，貨幣的ニーズの充足のみならず，非貨幣的ニーズや潜在的ニーズ，あるいは主観的ニーズもこれからの時代は重要であることを説いています。

3　社会福祉の援助資源

　福祉問題を設定するということは，その解決あるいは緩和を試みることを意味します。解決する必要がない，あるいは本人に解決する気がなければ，社会は問題と認識する必要はありません。援助資源とは，設定した福祉問題を解決するための具体的な制度やサービスのことをいいます。

　援助資源は，基本的には，社会福祉六法と呼ばれる，生活保護法，身体障害者福祉法，児童福祉法，知的障害者福祉法，老人福祉法，母子及び父子並びに寡婦福祉法を中心に，老人保健法，介護保険法，精神保健及び精神障害者福祉に関する法律（精神保健福祉法），売春防止法，児童手当法，児童扶養手当法，特別児童扶養手当等の支給に関する法律，母子保健法など，さまざまな法律に

▷3　岡村重夫
（おかむら　しげお；1906-2001）
大阪市立大学，関西学院大学，佛教大学各教授を歴任の後，大阪社会事業短期大学学長を務めた。主著，『社会福祉学総論』（柴田書店，1957年），『地域福祉論』（光生館，1974年），『社会福祉原論』（全国社会福祉協議会，1983年）。

▷4　三浦文夫
（みうら　ふみお；1928-）
社会保障研究所研究部長，日本社会事業大学教授および学長等を歴任。主著，『社会福祉経営論序説』（碩文社，1980年），『増補・社会福祉政策研究──社会福祉経営論ノート』（全国社会福祉協議会，1985年）。

▷5　京極高宣
（きょうごく　たかのぶ；1942-）
厚生省社会福祉専門官，全国社会福祉協議会社会福祉研究情報センター所長，日本社会事業大学学長を経て，現在日本人口問題研究所所長。主著『介護保険の戦略』（中央法規出版，1997年），『少子高齢社会に挑む』（中央法規出版，1998年），『この子らを世の光に──糸賀一雄の思想と生涯』（NHK出版，2001年）。

より規定されています。また，近年では，法律に基づかない住民の主体的なサービスも多く出現しており，それを特定非営利活動促進法（NPO法）により支援するなど，援助資源の多様化を図る試みも行われています。

❹ 社会福祉の援助方法

福祉問題が明らかになり，それを解決するための援助資源が準備されると，それで住民は問題解決を図ることができるかというと，なかなかそうはなりません。そこには，両者の関係を取り結び，円滑かつ効果的に問題解決を図る仕組みが必要です。これが，援助方法であり，またそれを担うのが援助者です。狭義にはこれをソーシャルワークといいます。

ソーシャルワークは，日本語では社会福祉援助技術（相談援助）といいます。援助技術は，直接援助技術と間接援助技術に分けることができます。直接援助技術は，さらに個別援助技術（ソーシャル・ケースワーク）と集団援助技術（ソーシャル・グループワーク），間接援助技術は，地域援助技術（コミュニティワークまたはコミュニティ・オーガニゼーション）と社会福祉調査法（ソーシャルワーク・リサーチまたはソーシャルウエルフェア・リサーチ）に分けることができます。間接援助技術には，この他にも社会活動法（**ソーシャルアクション**）[6]，社会福祉計画法（ソーシャル・プランニング）などの方法も含めることがあります。

また，最近では，社会福祉に固有の援助技術であるかどうかは別にして，ケアマネジメント（ケースマネジメント）という技術も普及しつつあります。これは，介護保険制度の導入において，介護支援専門員が用いる技術として位置づけられていますが，障害者福祉の分野や，子どもの虐待ケースへの援助などでも用いられることがあります。

社会福祉の方法という言葉が，サービス形態という意味で使われる場合もあります。この場合，サービスを受ける拠点に着目した施設給付と在宅給付という分類方法や，給付の性格に着目した現金給付（金銭給付），現物給付さらには役務給付などの分類方法が用いられます。

それでは，なぜこのような仕組みが必要なのでしょうか。まず第1に，福祉問題を抱えた人の中には，それを問題と認識していない人がいます。たとえば，子どもを虐待する親の中には，それを「しつけ」であると考えている人もいます。そのような人に対しては，問題を解決したいという動機づけを与えなければなりません。問題であるという認識がなければ，それを解決しようという気にはなりません。

第2には，問題だと考えても，それを我慢する人がいます。たとえば，社会福祉サービスを利用することが恥ずかしいとか，面倒であると考える人です。このような人には，社会福祉サービスを受けることの意味を理解してもらい，世間体のようなものを取り払う作業が必要です。

▷6 ソーシャルアクション（social action）
社会福祉援助技術（ソーシャルワーク）のうち，間接援助技術の一手法。地域住民や福祉サービス利用者のニーズに照らし合わせて，制度やサービスが不十分である時などに，その改善や修正に向けて，組織的に行われる活動。

第3には，福祉サービスを利用しようと決断しても，どのようなサービスがあるのか，あるいは自分にはどれが最もふさわしいのかがわからない人がいます。問題の背景が複雑化し，またそれへの援助資源も多様化する中で，多くの住民はこのような状況に陥ります。このような状況に対しては，情報提供や相談，あるいは協働での意思決定のような仕組みが必要となります。

第4には，新たな福祉問題の出現や量的変化などで，問題解決に必要な援助資源がない，あるいは不足するなどの場合があります。このような状況に対しては，新たな資源の開発や資源の拡充などの開発的作業やソーシャルアクションが必要となります。

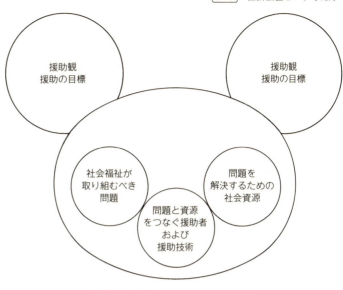

図 I-1　社会福祉の基本的枠組み

5　社会福祉の援助観

現代の社会福祉政策の援助観の基本は，日本国憲法の規定する，第11条：基本的人権の保障，第13条：生命，自由及び幸福追求権，第25条：健康で文化的な最低限度の生活を営む権利などにみることができます。より具体的には，国際人権規約A規約（経済的，社会的及び文化的権利に関する国際規約），およびB規約（市民的及び政治的権利に関する国際規約）ということもできます。

制度政策論的な社会福祉論においては，国民としての最低生活の構造等を明らかにし，それをもとに人間の望ましい生活像が規定され，これを外的基準とするような援助観が採用されることが多いようです。**ナショナルミニマム**やソーシャルミニマムという考え方は，その代表的な例です。

一方，これを生活者の主体的生活の方からとらえ直すというのが方法機能論の特徴です。すなわち，外的基準により政策的に望ましい生活者像を規定するのではなく，社会関係の不調を，生活の社会性，全体性，主体性，現実性という観点（この4つの生活の側面を強調した人間像を，福祉的人間像と呼ぶことがある）から調整しようとします。

このような保護的援助観あるいは最低生活保障的援助観と，主体的生活の保障という援助観の統合を結果的に図ることになるのが，**ノーマライゼーション**の思想です。

ノーマライゼーションとは，誰もが当たり前の生活，普通の生活をしたいという願いを実現することであり，これを支援するのが今日の社会福祉の援助観の代表的なものとなっています。

（山縣文治）

▶7　**ナショナルミニマム**
（national minimum）
国民の最低限の生活の意味。現代の社会福祉・社会保障政策では，ナショナルミニマムの保障を基本理念として位置づけている。この考え方は，ウエッブ夫妻により提唱され，近代の福祉国家の基本的な思想として採用されている。
⇒ Ⅶ-4 参照。

▶8　**ソーシャルミニマム**
（social minimum）
社会がシステムとして準備すべきものの最低限。物的，経済的な範囲にとどまらず，自然環境，生活環境，公共サービスへのアクセシビリティ，社会的尊厳，文化の享受，精神的安定，自己実現などについて条件が整備されることを含む。基礎的部分の充足は政府公共部門の責任において行うべきであるが，すべてを公的に準備するのではなく，社会全体の中で準備することが期待される。

▶9　**ノーマライゼーション**
⇒ Ⅰ-9 参照。

I 社会福祉の基礎概念

2 社会福祉と人権・権利

1 人権と権利

　人権と権利,この2つの用語は,本来は内容を異にするものですが,社会福祉研究の場では,必ずしも明確に使い分けられているわけではありません。

　わが国においては,人権思想が定着する以前に,権利という言葉が普及しました。人権という言葉は,憲法制定過程で,GHQ の担当者が使った fundamental human right の訳語として,戦後定着した言葉です。これは,人間が本来もっている固有の権利として,中世以降の西洋社会が育んできた思想である人権を指すもので,英語が本来もっていた意味といわれています。ところが,「力」としての意味をもつ権利と,この人権とが,同じ right に対する訳語として定着したために,その後混乱した使用がされることになったようです。

　社会福祉でいう権利とは,「力」としての権利ではなく,人間が本来もっているものを正当に保障される,あるいはみずからそれを行使する権利であり,そういう意味では,人間の基本的人権を指しています。

▷1　GHQ(General Head Quarters)
連合国最高司令官総司令部。第二次世界大戦後の日本を占領することになった連合国の総司令部。初代司令官はダグラス・マッカーサー。戦後日本の福祉体制の整備は,GHQ の指導下で行われた。

2 人権・権利の2つの側面

　人権や権利について考える際に,最も基本となるのは,国際人権規約と日本国憲法でしょう。

　国際人権規約は,国際連合が1966年に採択したもので,国際人権規約社会権規約(社会的・経済的・文化的権利),国際人権規約自由権規約(市民的・政治的権利),自由権規約の選択議定書の3つから構成されています。日本は,このうち,社会権規約および自由権規約に加入しています。社会権規約は,人間が人として生きていく上で,国や社会から約束される最も基本的なことを多く規定しており,受動的な権利の保障体系といわれることがあります。一方,自由権規約は,人間が個性を発揮しつつその人らしく生きていく上で基本的に必要なことを多く規定しており,能動的な権利の保障体系といわれることがあります。このように,国際人権規約では,人間の権利を,生活や生命を保障されるなど,何かをしてもらう権利(受動的権利)と,意見,表現,思想信条の自由など,みずから何かをする権利(能動的権利),の2つの側面から示しています。児童の権利に関する条約では,子どもにもこの2つの権利が認められるべきであることを明らかにしています。

一方，憲法では，「すべて国民は，健康で文化的な最低限度の生活を営む権利を有する」（第25条第1項），「国は，すべての生活部面について，社会福祉，社会保障及び公衆衛生の向上及び増進に努めなければならない」（同条第2項）と，国民の社会福祉サービスを受ける権利と，国の社会福祉事業実施の努力義務を明記しています。社会福祉の中身については，社会福祉法が規定しています。しかしながら，これはあくまでもサービス受給権，もしくは措置に基づく受給権であり，国民の主体的意思に基づくサービスの請求権については，必ずしも明文化されていません。

3 社会福祉と人権・権利

　社会福祉が保障する権利は，広義には基本的人権であり，具体的には，国際人権規約でいうところの，経済的・社会的・文化的権利および市民的・政治的権利を指すものと考えられます。国民は，このような基本的人権が社会生活の中で十分に保障されていないと認識した場合には，しかるべき手続きを通じてサービスを利用することになります。また，国は，国民の基本的人権が保障されていないと認識した時に，サービス提供の手続きをとることになります。

　わが国では，社会福祉サービスの多くは，個人の主体性を尊重する立場から，**申請主義**を前提とし，**職権主義**を極力避けるものとされています。これをより強化するため，社会福祉基礎構造改革では，申請に基づく措置制度から，当事者の主体的意思に基づく利用制度への転換を進めています。措置制度が廃止になった施設は，子ども家庭福祉分野では，保育所，母子生活支援施設，助産施設，高齢者福祉分野では，特別養護老人ホームです。子ども家庭福祉分野の施設は，選択利用制と呼ばれる制度に変わっています。高齢者福祉分野の施設は介護保険制度に変わっています。また，2003年からは，知的障害者および身体障害者福祉分野の施設も措置制度が廃止となり，支援費制度という利用形態に変わりました。その結果，措置制度は，生活保護関係施設と，児童福祉施設のうち，児童相談所を窓口とする施設だけになりました。

　このような利用制度のもとでは，①サービスの利用を促進するあるいは選択に資するための情報提供や利用促進制度（福祉サービス利用援助事業，地域福祉権利擁護制度など），②満足のいく選択肢を提供できるようなサービスの質的・量的充実，③適切な選択が遂行できるよう保障する意思決定補佐制度（介護支援専門員，成年後見制度など），④サービス利用中の権利侵害を回避する制度（苦情申し立てあるいは苦情処理制度など），⑤サービス提供機関の運営全般を社会的に監視したり質の向上を第三者的に図ることで，サービス利用者の権利擁護に貢献したり**アカウンタビリティ**を果たす制度（行政監査制度，第三者機関による評価制度，情報公開・開示による住民監視制度など），などが必要です。

（山縣文治）

▷2　申請主義
サービスの利用が，利用者の利用申請により始まる仕組み。社会的にサービスが必要と考えられる場合でも，利用者がそれを希望しなければサービスは提供されない。

▷3　職権主義
サービスの利用が，サービス提供者の職権として行われる仕組み。利用要件を満たせば，本人の意思とは無関係に利用の対象となる。場合によっては，本人が拒否してもサービスが適用されることがある。

▷4　アカウンタビリティ
（accountability）
説明責任と訳される。対語は，レスポンシビリティ（応答責任）。社会福祉サービスなど公共性の高い事業について，利用者，住民，議会などに対して，事業内容について明らかにする責任。情報公開や情報開示とも関連が深い。

Ⅰ 社会福祉の基礎概念

ライフステージと社会福祉

ライフサイクルとライフステージ

　生まれてから死に至るまでの個人の生涯をライフサイクルあるいはライフコースといいます。人間は環境の中で生きる存在ですから，一人ひとりのライフサイクルはそれぞれ違いますが，人生の中には，誕生，入学，進学・就職，結婚，出産・子育て期など，比較的共通の出来事があります。このような比較的共通のライフイベントをとらえて，人生を段階的に整理する考え方をライフステージといいます。ライフステージに応じて，比較的共通の達成課題があり，人間はこれに対応しながら生きていると考えられます。

　社会福祉は，人間が社会生活を営む上で生じる問題に関わる学問であり，実践ですから，ライフステージと深く関係しています。むろん，障害の発生など，ライフステージとは無関係に起こる問題もあります。

2 ライフステージごとの福祉課題

　ここで，ライフステージの一般的な類型をもとに，それぞれの段階の福祉課題を簡単に紹介しましょう。

○乳幼児期

　乳幼児期の課題は，子どもをいかに健やかに育てる環境を整えるかということです。子育て環境は，家庭内の環境のみならず，就労しながら子育てをしようとする場合の制度的環境，地域環境なども含まれます。子育て経験の少ないもの，地域で子育てを身近に経験していないものが子育てをする現代社会では，家庭での子育てを支援していくことも重要な課題となっています。

○学齢期

　学齢期には，学習を保障していく上での課題が存在します。低所得で希望する進学ができないなどの経済問題，障害があって学習課題が達成しにくい状況にある場合に，どのような形で進学や進路保障を行うのかなどは，学齢期に固有の課題となります。周知のように，近年では，引きこもりや不登校など，学校への不適応問題も大きな課題となっています。

○思春期から青年期

　思春期から青年期にかけては，子どもたちの行動が活発となり，さまざまな問題行動を起こすことがあります。先行きが不透明な社会をどう生き抜いてい

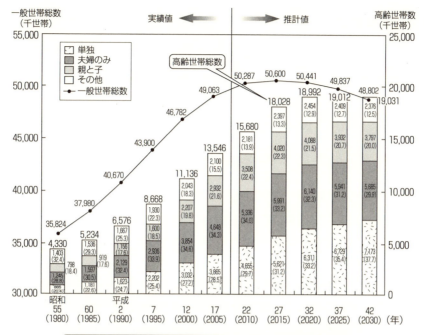

図Ⅰ-2　高齢世帯数（家族類型別）および一般世帯総数の推移

(注)　1．一般世帯とは，住居と生計を共にする者の集まり，または，一戸を構える単身者のこと。
　　　2．高齢世帯とは，世帯主の年齢が65歳以上の一般世帯。
　　　3．（　）内の数字は，高齢世帯総数に占める割合（％）。
出所：平成17年までは総務省「国勢調査」（昭和55年の家族類型別世帯数は20％抽出集計結果による）。
　　　平成22年以降は国立社会保障・人口問題研究所「日本の世帯数の将来推計」（平成20年3月推計）。

くのか，これは大人社会全体の課題となっていますが，子どもたちもこの問題に直面することになります。

〇結婚・子育て期

多くの人は，一定の年齢に達すると結婚します。結婚そのものが1つの選択肢になっている現代では，結婚という道を選択しなかった場合，その後の人生をどう生き抜くのかということが課題となりますし，結婚した場合でも，子どもを産むかどうかという選択がさらに起こります。このような選択そのものは，福祉課題とは考えられませんが，それぞれの選んだ道によって，その後活用する社会福祉サービスは異なってきます。子どもを産むという選択をした場合には，子育て経験の少ない両親が不安と戦いながらどう子どもを育てていくのか，子どもを育てる喜びをいかに感じることのできる社会にするのか，就労との両立をどう図るのかといった課題が生じてきます。

〇高齢期

平均寿命の伸延により，高齢期が長くなっています。この時期をどう過ごすのか，さらに要介護状態になった場合に，どう介護を行うのかという点は，近年の最大の課題となっています。子どもとの同居率が急激に低下することが予想されており，高齢者自身が自立した生活の実現に向けて，どう準備をしていくのかという視点が，これからは大切になると考えられます。　　　（山縣文治）

Ⅰ 社会福祉の基礎概念

 ジェンダーと社会福祉

ジェンダーとは何か

　出産機能の有無などのように，生物学的な性差をセックスというのに対して，「男は一家の大黒柱である」，「女はスカートをはくべきである」，「女はお茶をくむべきである」など，文化的・社会的につくられた性差のことをジェンダーといいます。

　ジェンダーとは，男らしさ・女らしさなどの教育やしつけによって，社会が求める，いわば後天的に身につけられる行動や態度をいいます。ジェンダーは男にも女にもありますが，男に期待されるジェンダーの方が，女に期待されるものより上位に位置づけられがちであり，ジェンダーそのものが男優位の権力構造を維持するためのものと一般には考えられることが多いようです。

　ジェンダーは社会的につくられたものであるため，つくり変えることが可能です。それぞれのジェンダーに期待される性格，能力，制度，役割の問い直しや，教育や就職などの社会制度における**ジェンダーバイアス**▷¹を取り除くことが求められています。

ジェンダーと社会福祉に関する視点

●人口問題とジェンダー

　わが国では急速に少子高齢化が進んでいることはよく知られています。高齢化の代表的指数の1つである平均寿命は，男性80.5歳，女性86.8歳（2014年）で，男女ともに前年度を上回りました。これを夫婦視点でみると，多くの夫婦は男性の方が年齢が高く，平均寿命の差である6.3歳以上の寡婦期間が女性には存在していることになります。これは，配偶者が亡くなった後の生活の仕方あるいは，高齢期の女性を誰が介護するのかという問題につながっていきます。

　一方，少子化の指数では，2005年に1.26と史上最低を記録したのち，8年連続して上昇していた**合計特殊出生率**▷²が，2014年には1.42と，前年度より少し低下しました。これは人口置換水準である2.07を大きく下回っており，今後とも人口減少は避けられません。人口を維持しよう，あるいは急激な低下を防ごうとすると，出産の奨励が必要となりますが，これは女性に非常に大きな負担をかけることになります。子どもを気持ちよく産み育てることのできる社会が形成されていないままに，出産の奨励を行うと，女性に出産を強要することとな

▷1 ジェンダーバイアス（gender bias）
社会のあらゆる場面に存在する，ジェンダーに関わる偏りや歪み。社会の仕組みや人々の行動様式，意識など，さまざまなレベルにおいて，表面化しているか否か，意図的であるか否かにかかわらず，性による区別や男女の非対称的な扱いがなされている状態。

▷2 合計特殊出生率
15歳から49歳までの女子の年齢別出生率を合計したもので，1人の女子が仮にその年次の年齢別出生率で一生の間に産むとした時の平均子ども数。

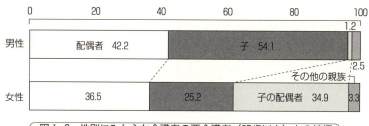

図Ⅰ-3　性別にみた主な介護者の要介護者（65歳以上）との続柄

出所：厚生労働省大臣官房統計情報部「平成22年度国民生活基礎調査」より作成。

ります。このことは，まさにジェンダー問題の１つということができます。

❍家族とジェンダー

　家族機能の１つに，子育てや介護があります。これは，かなり外部化，社会化されつつありますが，いまだにこれらは妻，嫁，娘など女性の担うべきものであるという考え方があります。少子化の中でこのことが起これば，従来以上に特定の女性に負担をかけることになります。

　男性においても同様で，「長男の嫁にはなりたくない」という言説が女性の一部にありますが，このことは結婚できない男性を生み出すことにもなります。

　家族内のジェンダー問題は，社会的サービスとしての福祉と大きく関連しています。

❍福祉の仕事とジェンダー

　社会化された福祉の仕事においても，保育士，介護職員，ホームヘルパーなど，福祉サービス利用者の世話にあたる職員の多くが，女性であるという問題があります。かつては，福祉施設の一部では，指導員は男性，保育士や寮母は女性というイメージがあったことも事実です。

　近年では，保育士，児童生活支援員，母子支援員など，女子規定が廃止されたり，女性的名称から中性的名称への変更が行われていますが，まだまだ性別の役割分業的な面が多くあります。

❍社会福祉制度とジェンダー

　社会福祉制度の中にも，ジェンダー問題に結びつくものが残っています。たとえば，既婚の無職等女性の保険や年金制度，母子家庭施策と父子家庭施策の差などの問題です。

　このような制度の多くは，男性は働くもの，結婚した女性は子育てをしながら男性に扶養されるもの，という考え方から生じています。これは，女性は結婚や出産をして１人前であり，男性は働いて１人前である，という意識が国民の中に深く根づいていることを暗に示しています。

（山縣文治）

Ⅰ 社会福祉の基礎概念

 社会福祉の援助における価値

社会福祉の援助における価値と理念

　価値とは，哲学用語で，個人・社会を通じて常に承認されるべき絶対性をもった本質的性質や特性のことをいいます。社会福祉の価値とは，社会福祉の実践や援助過程において，常に承認されるべき人間存在の意味，あるいは問題把握や政策の背後にある人間観ということができます。結局のところ，人間らしさとは何かということであり，国際人権規約でいうところの，経済的・社会的・文化的権利および市民的・政治的権利の総体ということができます。

　社会福祉の援助理念とは，このような社会福祉の価値を実現することにあります。したがって，社会福祉の援助の質を向上させるためには，価値を実現するためのニーズのとらえ方，制度政策における目標設定，制度政策を含む社会福祉実践のメニュー，援助者としての態度，などが重要となります。

　社会福祉の援助においては，①すべての人間の存在価値を認め，社会的存在として位置づけること，②一人ひとりを固有の人格と意思をもった存在として認め，本人の主体性の尊重と最大限の自己決定を保障すること，③人と環境との相互作用に着目し，相互の変革を通じて，本人の不利益を改善することを支援すること，などを共通の援助理念として示すことができます。

2 社会福祉の援助に影響を与える価値の諸領域と実践課題

　野村豊子は，社会福祉実践が影響を受ける価値観には，①一般社会の価値観，②制度・政策上の領域における価値観，③生理・医学領域における価値観，④福祉実践の専門領域における価値観，⑤クライエントとソーシャルワーカーの関係領域における価値観，⑥ソーシャルワーカーの私的自己と専門的自己，などの領域があるとしています。ここでは，これを参考にしつつ，実践場面においてソーシャルワーカーが直面する葛藤を簡単に解説していきます。

　第1は，一般社会の価値観との間での葛藤です。一般社会の価値観とは，一般社会が社会福祉やその援助対象をどのようにみているのかということです。先入観や偏見などに基づく価値観もここには含まれます。ソーシャルワーカー自身の態度や思考の中にもこれは大きく影響しています。社会福祉実践においては，ソーシャルワーカーは，専門職としての価値観と一般社会の価値観との間で葛藤するだけでなく，みずからが形成してきた価値観の歪みへの気づきと

▷1　野村豊子「ソーシャルワークの価値観」野村豊子他編『ソーシャルワーク・入門』有斐閣，2000年，245〜254頁。

表 I-1　日本ソーシャルワーカー協会の倫理綱領の概要

- 原則
  1. 人間としての平等と尊厳
  2. 自己表現の権利と社会の責務
  3. ワーカーの職責
- クライエントとの関係
  1. クライエントの利益の優先
  2. クライエントの個別性の尊重
  3. クライエントの受容
  4. クライエントの秘密保持
- 機関との関係
  1. 所属機関と綱領の精神
  2. 業務改革の責務
  3. 専門職業の声価の保持
- 行政・社会との関係
  1. 専門的知識・技術の向上
  2. 専門的知識・技術の応用
- 専門職としての責務
  1. 専門性の維持・向上
  2. 職務内容の周知徹底
  3. 専門職の擁護
  4. 援助方法の改善・向上
  5. 同僚との相互批判

その克服に直面しなければなりません。

　第2は、制度政策のもつ価値観との葛藤です。制度政策は一定の価値観を基に形成されます。どのような生活を制度が保障しようとしているのか、逆に、どのような領域までを家族や個人の努力に帰すると考えているのかによって、制度政策の内容は異なってきます。またそのことと、ソーシャルワーカー個人の価値観が必ずしも一致しているとは限りません。

　第3は、関連領域の価値観との葛藤です。高齢者福祉や障害者福祉を中心に、保健・福祉・医療の連携が図られています。それぞれが専門領域をもち、その分野なりの価値観や人間観を形成しています。生活者視点の援助を考える場合、このような関連分野の価値観との調整が必要となります。

　第4は、利用者の価値観と専門職としてのソーシャルワーカーの価値観との葛藤です。社会福祉の援助では、利用者の主体性や価値観を尊重することを常に念頭に置いていますが、それが、ソーシャルワーカーのもつ人間像と大きく異なる場合、ソーシャルワーカーに大きなストレスを与えることになります。

　第5は、専門職としての自分と、1人の人間としての自分の間での葛藤、自分自身の中での2つの立場をめぐる葛藤です。ソーシャルワーカーも1人の人間ですから、時には、専門職としての価値や倫理との間で葛藤を起こすこともあります。これは、仕事を遂行していく上で、常に気にしておく必要のある問題です。

③　社会福祉実践と倫理

　社会福祉は、医師や弁護士、教師などと同様、市民の生活の内部にまで入り込んでそれに影響を与えることのある専門的実践であり、専門職としての倫理が求められます。このような倫理を系統化したものを倫理綱領といいます。倫理綱領は、日本社会福祉士会、日本ソーシャルワーカー協会、日本介護福祉士会など専門職団体の多くが明文化しています。多くの倫理綱領には、秘密保持、**信用失墜行為の禁止**[2]、専門職としての資質の向上などの項目が示されています。

（山縣文治）

[2] **信用失墜行為の禁止**
事件や不正など、専門職の信用を傷つける行為を禁止すること。社会福祉士および介護福祉士は社会福祉士及び介護福祉士法、精神保健福祉士は精神保健福祉士法、保育士は児童福祉法に、それぞれこの禁止規定が置かれている。

Ⅰ 社会福祉の基礎概念

 社会福祉の援助原理

1 社会福祉の援助原理とは何か

　社会福祉の援助原理とは，社会福祉制度や実践がサービス利用者に向かう態度のことをいいます。これは，援助者が常に尊重すべき態度，あるいは社会福祉の価値をより具体的に表現したものということもできます。援助原理は，社会福祉の価値により導き出され，福祉問題の見方，援助資源の種類，住民のニーズの援助資源への結び付け方などを決定してしまう重要な要素です。

　社会福祉の援助において，どのような態度が求められるかについては，さまざまな見解があります。社会福祉をどのようなものとして考えるかによって援助原理の内容は異なりますが，ここでは代表的な3つの例を紹介します。

2 バイスティックによるケースワークの7原則

　バイスティック（Biestek, F. P.）によるケースワークの7原則は，わが国では最もよく知られている援助原理です。バイスティックは，アメリカのケースワーク研究者で，7原則により，ケースワーカーとクライエントとの間の援助関係の基本的原則を示しました。7原則とは，以下の内容を指します。

　①個別化：クライエントを1人のかけがえのない個人として取り扱うこと。
　②意図的な感情の表出：プラスの感情のみならず，マイナスの感情も含め，自由に感情を表現できるようにすること。
　③統制された情緒的な関わり：ケースワーカーが自分の感情を抑え，クライエントの感情を大切にしつつ関わること。
　④受容：クライエントを，1人の価値ある人間としてありのままに受け止めること。
　⑤非審判的態度：クライエントに対して，善悪等の判断をせず関わること。
　⑥自己決定：クライエント自身が，自分自身に関わることに関してみずから決定すること。
　⑦秘密保持：クライエントに関わる情報に関して他者にもらさないこと。

　バイスティックによる7原則は，本来はケースワークという個別援助関係の中での援助原理に言及したものですが，これらの多くは，ソーシャルワークに共通の部分があり，わが国では，もう少し広くとらえられています。

③ 岡村重夫の社会生活の原理

岡村重夫▷1は，一般に岡村理論と呼ばれる，社会福祉の機能的側面あるいは個人の社会生活上の基本的要求とそれを充足するための社会制度との関係で，社会福祉を理論化した人です。岡村重夫は，社会福祉的援助の原理として4つのことを明らかにしています。この4つの原理について，岡村は，福祉的人間像という表現も用いています。バイスティックの7原則が，援助者がクライエントに向かう時の姿勢として示されているのに対して，岡村の援助原理は，個人の社会生活そのものの原理として示され，援助者が尊重するべき視点として示されているところに特徴があります。

①社会性の原理：社会生活は，社会制度との関係（**社会関係**▷2）において成立しているという考え方。

②全体性の原理：社会生活は複数の社会関係の上に成り立っており，援助においてはこのような社会関係の全体像を視野に入れる必要があるという考え方。

③主体性の原理：複雑な社会関係の上に成り立つ人間の社会生活であるが，最終的にその調和を図るのは個人であり，援助者ではないという考え方。

④現実性の原理：社会関係の主体的側面の要求は，現実の生活の中で充足される必要があるという考え方。

④ 岡本栄一の社会福祉を支える6つの原理

岡本栄一▷3は，独自のボランティア活動論と実践を展開してきた人です。岡本は，福祉施策や実践を支え，その目標を示し，創造性に働きかけるものとして，バイスティック同様，援助側の論理として以下の6つの原理を示しています。

①人間尊重の原理：一人ひとりをかけがえのない人間として尊重すること。バイスティックの個別化の原理とほぼ同じであるが，ここでは，制度政策の原理としてとらえられている。

②社会的責任性の原理：福祉問題を社会的に解決していくこと。制度政策の原理としてとらえられている。

③生活の全体性の原理：岡村重夫の全体性の原理と同様。

④主体性援助の原理：岡村重夫の主体性の原理と同様。

⑤地域生活尊重の原理：社会福祉の具体的な援助および問題解決は，地域社会の場で行うのが，ノーマライゼーションや**コミュニティ・ケア**▷4の原理から妥当であるという考え方。

⑥連帯と共生の原理：地域生活援助の原理を貫徹するためには，地域住民の主体的な地域社会づくりが必要であり，それを実現するための住民の参画等，制度がシステム化される必要があるという考え方。

（山縣文治）

▷1 岡村重夫
⇒Ⅰ-1参照。

▷2 社会関係
岡村の定義する社会関係は，主体的側面（社会制度を利用したいという要求および社会制度を利用するための要件を充足する過程からなる）と客体的側面（社会制度を利用するための要件を提示すること，および社会制度を実際に利用させること）という2つの側面から構成される。これを社会関係の二重構造という。また，社会福祉は，このうち主体的側面の援助に着目することに特徴を見出している。

▷3 岡本栄一
（おかもと えいいち；1931-）
同志社大学大学院中退後，大阪ボランティア協会事務局長，大阪ボランティア協会理事長，九州保健福祉大学教授等を歴任し，現在はボランタリズム研究所所長。ボランティア活動をわが国に根づかせた1人。

▷4 コミュニティ・ケア
英国から広まった地域福祉推進の思想および方法。人間は地域社会で生活することが望ましいという考え方のもと，それを具体化するための在宅サービス，通所サービスなどを推進。施設そのものの地域化も含まれる。
⇒Ⅺ-7参照。

Ⅰ 社会福祉の基礎概念

 ## 社会福祉の対象とニーズ

1 社会福祉の対象

　社会福祉の対象とは，社会福祉の援助が向けられる相手，領域のことをいいます。社会福祉の対象は，福祉問題の定義と関連します。わが国では，共通の社会福祉の定義がないために，社会福祉の対象の定義にも共通のものはないといってもいいと考えられます。

　今日，比較的よくみられる対象把握の方法は，大きく3通りあります。第1は，福祉問題を目にみえる現象としてとらえるもので，社会問題の社会学的把握と類似しています。貧困，障害，ひとり親家庭といったとらえ方で，個人や地域の属性などと結びつきやすいといえます。ここには，社会福祉固有の視点といったものは少なく，法律など制度がこれを規定するという逆の発想になっています。

　第2は，資本主義体制との関連でこれをとらえるもので，社会科学的な対象把握です。孝橋理論がいう，社会問題から派生する社会的問題を社会福祉（社会事業）の対象とするといった考え方は，この代表的な例です。社会福祉の絶対的固有性はありませんが，一般社会政策との相対的関係で相対的固有性が主張されています。

　第3は，社会生活上のニーズとの関係で社会福祉の対象を規定する考え方です。これは岡村理論に代表され，社会福祉の絶対的固有性を主張する立場でもあります。

2 古川孝順による分類

　古川孝順は，社会福祉の対象把握の方法を大きく4つに分類しています。

　①実体論的アプローチ：社会福祉の対象を，国家扶助の適用者，身体障害者，児童，知的障害者，高齢者などの実体としてとらえる見方で，代表的な例として，社会保障制度審議会の勧告（1949年）にみられる社会福祉の定義をあげています。

　②社会体制論的アプローチ：政府などによる社会保障，社会福祉諸制度を，その前提となる社会体制，特に資本主義体制の生成・発展との関連で説明することを重視する立場で，**大河内一男**▷1や**孝橋正一**▷2が代表的な論者としてあげられます。大河内は，社会福祉（社会事業）の対象を経済秩序外的存在とし，孝橋は社会的問題あるいは関係的・派生的問題としています。

▷1　大河内一男
（おおこうち　かずお；1905-1984）
東京帝国大学卒業。東京大学教授を経て，1963年総長。大河内理論として知られる社会政策理論では，社会事業の対象を経済秩序の外にある被救恤的窮民とした。主著は，『社会政策（総論）』（有斐閣，1948年），『貧乏物語』（文藝春秋新社，1959年），『社会政策論の史的発展』（有斐閣，1972年）他。

▷2　孝橋正一
（こうはし　しょういち；1912-1999）
京都帝国大学卒業。大阪社会事業短期大学，龍谷大学，東洋大学，佛教大学の教授を歴任。社会科学的視点に基づいた独自の理論展開は，孝橋理論として知られている。主著は，『全訂社会事業の基本問題』（ミネルヴァ書房，1962年），『続社会事業の基本問題』（ミネルヴァ書房，1973年）他。

③関係調整論的アプローチ：所得保障や医療保障などの制度的発展を前提として，社会福祉の目的や機能の固有性を主張する立場で，代表的な論者として岡村重夫があげられます。岡村は，社会福祉の対象を，社会関係の不調和，社会関係の欠損，社会関係の欠陥としてとらえています。

④福祉政策論的アプローチ・ニード論的アプローチ：関係調整論的アプローチの発展形態で，社会福祉の対象を社会的ニーズとしてとらえるもので，代表的な論者としては**三浦文夫**があげられます。この立場は，社会福祉の対象を社会福祉政策の範ちゅうに限定し，社会的ニーズをソーシャルミニマム的視点でとらえようとするものです。

▷3 三浦文夫
⇒ Ⅰ-1 参照。

3 社会福祉のニーズ

社会福祉のニーズとは，人間が社会生活を営む上で生じる要求が充足されていない状態をいいます。社会生活上の基本的要求とは，岡村重夫によれば，①経済的安定，②職業的安定，③家族的安定，④保健・医療の保障，⑤教育の保障，⑥社会参加あるいは社会的協同の機会，⑦文化・娯楽の機会，の７つをいいます。基本的要求の分類は，人によって異なりますが，多くは，岡村重夫の考え方を基礎にしているようです。このような社会生活上の基本的要求のさらに基礎にあるのが，衣食住，睡眠，排泄などの生理的ニーズです。このような生理的なニーズは，社会福祉本来のニーズではありませんが，それが充足されていない場合，当然，補充的，代替的にそれを充足することもあります。また，ニーズは単なる個人的要求ではなく，社会的必要性を基準に測定されると考えるのが一般的です。

ニーズには，いくつかの分類方法があります。ここでは，その代表的な例を３つ紹介しておきます。

①本人が自覚しているか否かによる分類：本人がそのニーズを自覚している場合は顕在的ニーズ，自覚していない場合は潜在的ニーズといいます。本人が自覚していない場合でも，専門家的視点の判断でニーズが測定されることもあります。

②貨幣化されるものかどうかによる分類：貨幣化されるニーズを貨幣的ニーズ，貨幣化されないニーズを非貨幣的ニーズといいます。貨幣的ニーズは**現金給付**（金銭給付）により，非貨幣的ニーズは**現物給付**（役務給付を含む）により充足されることが多いようです。

③外的基準によりニーズを判定する方法：政策的に公平に適用するには，ニーズの客観的測定が必要となります。このような方法には，保育ニーズのように，類型化的要素を導入して基準を設ける場合や，要介護認定のようにコンピュータにデータを入力して量的に判定する場合があります。

（山縣文治）

▷4 現金給付
必要なサービスや物品を金銭で直接給付することによってニーズの充足を図る方法。現金給付は，サービスの利用においてスティグマを軽減する有効な方法であるが，当事者が自覚的にそれを使用しなければ，生活を維持できなくなる可能性がある。

▷5 現物給付
必要なサービスや物品を現物の形で直接給付することによってニーズの充足を図る方法。給付形態には，①物品の給付，②施設利用，③介護，家事援助，相談，指導等の人的役務サービス，などがある。現物給付は，必要なサービスや物品等が市場機構を通して調達することが困難な場合，あるいは利用者が現金を自由に使用する能力をもたない場合には有効な手段となるが，逆に，利用者の私生活の干渉となる場合がある。

I 社会福祉の基礎概念

 社会福祉の専門性

専門性とは何か

　専門性とは，政策，職業，技術などにおける相対的固有性，あるいはそれに対する社会的承認がされている状況を形成している特性のことをいいます。社会福祉学が科学として確固たる地位を確保していれば，社会福祉の専門性は，本来は科学としての固有性ということになるはずですが，現状では，科学としての固有性を論ずることができるほどの状況にはなっておらず，制度や政策が決める分野としての固有性程度しか確立していません。

　したがって，社会福祉の専門性という場合に，社会福祉をどのようなものとして意識するかによって，議論される中身が異なってきます。今日，社会福祉分野での専門性は，制度的視点，機能的視点，職業的視点，の大きく3つの角度から論じられているようです。

2 制度的視点からみた専門性

　制度的視点からみた専門性とは，社会福祉制度と一般社会制度との関係を明らかにすることです。

　ここには，大きく2つの立場が存在します。第1は，社会福祉制度を一般の社会制度とは全く異なる視点で説明しようとする立場です。あるいは，もはや政策という用語を用いず，その本質を，固有の問題把握あるいは援助の視点から説明しようとする立場です。このような形で社会福祉の専門性を明らかにしようとした代表的な論者は，岡村重夫です。岡村は，社会関係には，社会制度を利用したいという要求および社会制度を利用する要件を満たすための行動をとるという主体的側面と，制度を利用するための要件を設定しその充足を求める，およびサービスを実際に提供するという客体的側面があることを明らかにし，社会福祉は主体的側面の支援をするところに特徴があると主張しました。社会制度と個人の間の関係を，生活の全体性，社会性，現実性，主体性の視点から取り結ぶことが社会福祉であるという考え方です。

　第2は，社会福祉制度は，資本主義社会が構造的に生み出す貧困等への援助であり，政策的に組み込まれるものであるという考え方です。このような立場の代表的論者は，孝橋正一です。孝橋は，資本主義社会が構造的に抱える問題に対する政策を社会政策，そこから派生的に生ずる問題への対応策を社会事業

と位置づけ，社会事業は補充的，代替的な施策であることに特徴があると指摘しました。

③ 機能的視点からみた専門性

機能的視点からみた専門性とは，社会福祉援助の目的や機能，さらにはそれを実現するための援助技術などの固有性を明らかにしようとするものです。このような立場は，社会福祉実践あるいはソーシャルワーク論研究において比較的多くみられます。

目的や機能を中心とした視点からは，社会福祉の人間観・人間像や，社会福祉の存在意義などの探求が行われます。人間らしいとはどういうことか，人間らしさが損なわれている場合に，社会福祉がどのような立場でそこに関わっていくのかということです。ここでは，自己実現，自己決定などが重要な概念として位置づけられています。近年の社会福祉改革の中で重視されている利用者本位の思想も，このような観点から理解することができます。

ソーシャルワーク研究では，個々の援助技術の特性をもって専門性という場合もあるようです。かつては，援助技術は，ソーシャル・ケースワーク，ソーシャル・グループワーク，コミュニティ・オーガニゼーションなど細かく分類されることが多かったのですが，生活者の視点にたって援助をする場合，このような専門分化はむしろ援助の効率性を失わせるということで，近年では，**ジェネリックな視点**が求められるようになっています。ケアマネジメントは，その1つの現れであると考えられます。

④ 職業的視点からみた専門性

職業的視点からみた専門性は，専門職としての社会的認知を明らかにすることです。これも大きく2つの側面から研究が進められています。

第1は，職業社会学的視点から，専門職としての属性や成熟度を明らかにするものです。社会福祉職の専門職性に関する研究は古くからありますが，そこでは専門職としての成熟度以外にも，プロフェッションとしての専門職か，スペシャリストとしての専門職かといった議論も行われています。職業社会学では，体系的な理論，専門職的権威，社会的承認，倫理綱領，専門職的副次文化などを，専門職であるかどうかを判断する基準として示しています。

第2は，資格制度としての専門職です。わが国では，ソーシャルワーク的社会福祉職をイメージする資格として社会福祉士，特定の分野でのみ機能するものとして精神保健福祉士および介護支援専門員が，さらにケアワーク的社会福祉職をイメージするものとして介護福祉士，保育士などがあります。これらの相対的独自性を明らかにすることも，社会福祉の専門性を明らかにすることにつながります。

（山縣文治）

▷ **ジェネリシズム**
(genericism)
ソーシャルワークの統合化過程の中で，援助技術の共通的視点を強調するものとして打ち出されてきた考え方。生態学的視点（エコロジカルアプローチ）は，これをさらに具体化させ，アセスメント，プランニング，活動（介入），エバリュエーションなどの援助過程を明確化した。

Ⅰ 社会福祉の基礎概念

 # ノーマライゼーション

1 ノーマライゼーションの考え方と展開

　ノーマライゼーションは，福祉の基本理念の1つであり，国連が国際障害者年（1981年）および国連障害者の10年の中で，強調したこともあって，国際的に浸透していきました。常態化や正常化と訳された時期もありましたが，最近はカタカナでそのまま表記（ノーマリゼーションという表記法もある）されることが多くなっています。

　「ある社会からその構成員のいくらかの人々を締め出す場合，それは弱くてもろい社会である」という考え方に代表されるように，障害者などを能力の劣った人として，基本的人権を保障してこなかったことへの反省にたち，社会生活上において1人の市民としての権利を保障しようとしたものです。

　ノーマライゼーションは，障害などを軽減して「正常」に近づける，あるいは施設の生活条件を社会に近いものにするという意味ではありません。むしろ，人間をあるがままの存在で受け止め，地域でともに社会生活をおくることを可能とするための条件整備を行うことが課題です。

　ノーマライゼーションは，もともとは，ニーリエ（ニルジェ）（Nirje, B.）やバンク=ミケルセン（Bank-Mikkelsen, N. E.）らによって，デンマークの知的障害者運動，特に施設の改善運動としてスタートしたものですが，その後，身体障害者の運動，精神障害者の運動など，障害者全体の運動の中に広がり，地域生活の保障を求める運動へと展開していきました。近年では，高齢者福祉や子ども家庭福祉領域でも用いられ，社会福祉の基本理念へと拡大しています。障害者福祉に関連する基本的援助枠組みが，医療モデルから自立生活モデルへ，ADLからQOLへ，施設から地域へ，あるいは保護主義から人権尊重，当事者の主体性尊重へ，などとさまざまに変化し，これらが社会福祉全体の基本的枠組みにも影響を与えてきていますが，その背景には，ノーマライゼーションの思想が大きく影響しています。

2 代表的なノーマライゼーションの定義

○ B. ニーリエの定義

　ニーリエは，ノーマライゼーションの原則として，①日常，週，年単位の正常な生活リズムの確保，②一生涯における正常な発達の保障，③知的障害者の

▷1 ADL（Activities of Daily Living）
日常生活動作と訳される。毎日の生活を送るための基本的な動作。食事，排泄，着替え，入浴，就寝，伝達，洗濯，調理，買物，掃除，交通機関の利用等の生活関連動作をいう。

▷2 QOL（Quality of Life）
生活の質と訳される。生活，生命，人生等が心身ともに充実した状態を指す。

20

無言の願望や自己決定の尊重，④男女両性のある世界で暮らすこと，⑤正常な経済的水準の保障，⑥家族との共生を含む正常な住環境水準の保障，の6つを掲げています。

● N.E. バンク＝ミケルセンの定義

バンク＝ミケルセンは，知的障害者を，ありのままの本人を受け入れることであり，彼らにノーマルな生活条件を提供することであるとしています。すなわち，個々人が最大限に個性を発揮して生きるために，個人のニーズに合わせた教育，訓練を含め，すべての市民と同等の権利を与えられるということです。

● W. ヴォルフェンスベルガーの定義

ヴォルフェンスベルガー（Wolfensberger, W.）は，アメリカの研究者です。彼は，バンク＝ミケルセンとニィリエの定義を再構成して，ノーマライゼーションの原理を「可能なかぎり文化的に通常である身体的な行動や特徴を確立したり，維持するために，可能なかぎり文化的に通常となっている手段を利用すること」と定義しています。また，①ノーマライゼーションの原理は文化・特定的で，対人処遇の手段はできるだけ各国独自の文化を代表すべきである，②ノーマルとは，道徳的というよりは統計的な意味をもち，標準的とか慣例的という言葉と同じ意味である，③何がどれだけで「可能なかぎり」とされるかは経験のプロセスによって決まる，④どのような個人，集団がノーマライゼーションの対象になるかについては中立的な立場にたっており，その判断は別に存在する基準や価値に基づくべきである，などと補足しています。

❸ ノーマライゼーションのその後

ノーマライゼーションは，今日でも，高齢者や障害者の保健福祉計画の理念としてよく使用されています。国では，障害者の計画を「障害者基本計画」と名づけています。

国際的に展開していく過程においては，インテグレーション，自立生活運動などの理念や運動を派生的，発展的に生み出すこととなりました。近年では，ポスト・ノーマライゼーション理念とも考えられる，**ソーシャル・インクルージョン**▷3，エンパワメント，**ソーシャル・ロール・バロリゼーション**▷4，ウエルビーイングなどの考え方も提案され，試行的な実践が行われています。

とりわけ，ウエルビーイングという考え方は，子ども家庭福祉の領域を中心に頻繁に使われるようになっています。ウエルビーイングとは，ウエルフェアという言葉がもつ保護的福祉観を払しょくし，生活者の視点から，「一人ひとりの生活が快適である状態」を目指した福祉を実現するために使われているものです。他人事や忌むべきことであった保護的な福祉を，自分たちの生活の延長上で主体的に考えようとする理念といえます。

（山縣文治）

▷3　ソーシャル・インクルージョン（social inclusion）
「共に生きる社会づくり」で，地域福祉推進の理念の1つに挙げられている。社会から排除されている人々への対応策として，地域社会の仲間に入れていくこと。地域社会や家族のつながりを重視する国民性をもつフランスで生まれ（1998年社会的排除防止法を制定），イギリスにもち込まれ現在の社会政策（教育と雇用対策）の中でも最も重視されている。EU全体の社会政策の基本にも据えられている。
⇒ⅩⅠ-12 参照。

▷4　ソーシャル・ロール・バロリゼーション（social role valorization）
価値ある社会的役割の付与。社会的に価値がないとされている人々に対して，社会的に価値ある役割をつくりだしたり，それを維持できるよう援助していくこと。ヴォルフェンスベルガーが，ノーマライゼーションの誤解を解消することを目的として提唱している用語。

II 社会福祉をとりまく状況

1 少子社会の展開

❶ 子どもの数が減っている

○出生率の減少

　少子高齢社会といわれるように，人口高齢化の裏返しとしての少子化，つまり子どもの数の減少があります。0～14歳の年少人口が人口全体に占める比率（推計）は，1970年23.9％，1980年23.5％，1990年18.2％，2000年14.6％，2010年13.2％，2014年12.5％とすさまじい勢いで減少しつつあります。そして1997年には，65歳以上の老年人口の人口全体に占める比率が，年少人口の人口全体に占める比率を逆転しました。▷1 子どもの割合よりも，高齢者の割合が増え，日本は少子高齢社会に突入しています。

▷1　厚生労働統計協会『国民の福祉と介護の動向2015/2016』2015年，51頁。

　出生に関する指標としては，合計特殊出生率が一般に使われています。これは，「1人の女性が生涯に生む平均の子どもの数」を表していて，この合計特殊出生率は，1965年2.14，1975年1.91，1985年1.76，1995年1.42，2005年1.26，と減少してきています。その後若干もち直し，2014年には1.42となっていますが，大きく改善するには至っていません。▷2

▷2　同上，52頁。

○少子社会の影響

　子どもは将来の日本の経済を支える労働力であるとみることもできます。子どもの数の減少は，将来の労働力人口の減少を物語っており，労働力不足による経済への悪影響が懸念されています。また，年金や医療などの社会保障は，基本的に働く世代が高齢者を支える仕組みとなっています。働く世代が減り，高齢化が進展すれば，それだけ少ない数の働く世代で，多くの高齢者を支えねばならなくなり，働く世代の負担が一層重くなることも指摘され，社会保障の仕組み自体の見直しも始まっています。

　一方，子ども同士のふれ合う機会の減少など，子どもの成長に対する悪影響や，結果として，将来，子どものいない高齢世帯が増加することにより，家族の福祉的機能がさらに弱まり，福祉サービスへの需要増などの影響も考えられます。

❷ 少子社会にどう対応するか

○なぜ，出生率が減少するのか

　20歳代後半の出生力の低下が大きく影響しており，その要因として晩婚化が

あげられます。女性の20歳代後半の未婚率は，1975年の20.9％から2010年の60.3％へ，男性の30歳代前半の未婚率は，1975年の14.3％から2010年の47.3％へと増加しており，その分，出生率の減少に影響しています。

こうした傾向は，結婚して出産するというライフスタイルが必ずしも女性にとって，唯一の価値観でなくなってきたことを表しています。その中で，男性＝仕事，女性＝家事・育児，という性別役割分業が，結婚生活を魅力あるもので無くしている側面も指摘されています。結婚して出産すると，たとえ共働きであったとしても，家事・育児の負担は，女性に集中し，加えて働く女性を支える育児支援のシステムは不十分なままです。経済的負担はもとより，専業主婦であっても，核家族化や地域社会の希薄化などもあり，育児にかかる時間的・精神的負担は従来以上に重くなっています。こうしたことから，女性にとって，結婚・出産が必ずしも魅力あるものでなくなったともいえます。

経済的・時間的に豊かな独身生活と比較して，女性にとっても，男性にとっても，結婚は自由を束縛するものと意識されてきていると考えられます。

◯出生率向上に向けての取り組み

育児の負担の軽減のためには，母親に過重な育児負担がかかっている現状を改善しなければなりません。父親が育児を担える環境の整備とともに，とりわけ保育サービスの拡充など，育児を家庭にのみ委ねるのではなく，その社会化が必要となります。しかし，育児支援という単に個別の政策がなされるだけで済む問題ではありません。家族と社会が協力して，過重な負担なく育児を行うことができるようにするためには，男女ともに仕事と育児の両立が可能となるための政策が必要です。そのためには，労働現場のあり方の変革や，育児休暇など労働に関わる政策から，子育てにかかる費用負担支援のための子ども手当や，税制なども含めた経済支援，保育や子育て相談などの**対人福祉サービス**，あるいは医療や教育なども含め，子育てを行う家族への総合的な支援政策が求められています。

③ 社会福祉の視点から

少子社会の問題は，労働力の問題として，国の人口政策の範ちゅうから語られることが多くあります。しかし，たとえ少子社会が問題であるとしても，結婚や出生を国家が個人に強制することがあってはなりません。また，育児支援において，将来の労働力確保という目的が前面に出すぎると，労働力たりうる「健全な」子どもの出生・育成ということにならないか，過去の歴史を踏まえたならば危惧を抱かざるをえません。障害児やその家族への福祉が逆におろそかになることがあってはなりません。すべての人が自分らしく，当たり前の生活ができるという理念を基礎におき，あくまでも家族を構成する個々人の望む生活を支援するという福祉の視点が重要です。

(鶴野隆浩)

▷3 厚生省監修『厚生白書（平成10年版）』ぎょうせい，1998年，24頁。
内閣府『少子化社会対策白書（平成25年版）』勝美印刷，2013年，8頁。

▷4 対人福祉サービス
金銭給付などのサービスとは異なり，介護サービスや相談援助など，個別の利用者に対して，その利用者との具体的な関係の中で提供されるサービス。

Ⅱ 社会福祉をとりまく状況

高齢化社会の進展と介護問題

1 進む高齢化

○人口の年齢構成の変化

人口総数を，年少人口（0～14歳），**生産年齢人口**[1]（15～64歳），老年人口（65歳以上）の3つの区分に分け，老年人口の人口全体に対する比率（推計）の推移をみると，1970年7.1％，1980年9.1％，1990年12.1％，2000年17.4％，2010年23.0％，2014年26.0％，ととてつもない勢いで増加しつつあります。とりわけ，65歳以上の老年人口のうち，75歳以上を後期老年人口とすると，この後期老年人口の人口全体に対する比率（推計）は，1970年2.1％，1980年3.1％，1990年4.8％，2000年7.1％，2005年9.1％，2010年11.2％，2014年12.5％と増加しており，75歳以上の高齢者の比率の伸びが顕著であることがわかります[2]。すでに，老年人口の比率は，年少人口を逆転しており，ますます高齢化は進展しています。今後，21世紀半ばに向けて，老年人口の人口全体に対する比率は，急速に高まり30％から40％近くに及ぶと考えられています[3]。

○高齢者世帯の増加

高齢化社会の進展は，単に老年人口が増加するということを意味するだけではありません。65歳以上の者のみで構成，またはこれに18歳未満の未婚の者が加わった世帯である高齢者世帯の全世帯に占める比率（推計）は，1995年10.8％，2000年13.7％，2005年17.7％，2010年21.0％，2014年24.2％と拡大してきています[4]。高齢者世帯の増加は，必然的に，生活のさまざまな側面において，地域や社会からの支援を必要とする世帯の増加を意味しています。加えて，地域社会自体の高齢化も進行しており，地域での相互扶助の仕組み自体も危機的な状況になりつつあります。

2 高齢化による問題

○高齢化の影響

現在の年金や医療費の制度は，基本的に働く世代が高齢の世代を支える仕組みとなっています。したがって，人口全体の中での高齢者の比率が高まるということは，より少ない働く世代で，多くの高齢者世代を支えなければならないこと，つまりは働く世代の負担増を意味しており，年金や医療費の制度の抜本的な見直しが要請されています。また，これまで高齢者の介護は，家族の中で

▶1 生産年齢人口
人口の年齢構造は，年少人口，生産年齢人口，老年人口の3つに分けられる。生産年齢人口とは，15歳以上65歳未満の人たちに該当し，実際に就労しているか否かにかかわらず，生産活動に従事することが可能な人口階層をいう。

▶2 厚生労働統計協会『国民の福祉と介護の動向2015/2016』2015年，51頁。

▶3 同上，51頁。

▶4 同上，275頁。

処理されるべきものという考え方が根強かったわけですが，後期高齢者の増加もあり，家族では支えきれない状況が明らかになってきています。家族介護者の高齢化もあり，高齢者が高齢者を介護する，いわゆる「老老介護」も現実の状況です。加えて，ひとり暮らし高齢者の増加は，家族に依存する介護というあり方そのものの問い直しを迫っています。

○ 介護問題と介護保険

家族による高齢者介護の現状は，家族の中でも特定の人間，その多くは女性の負担となっていることが明らかになっています。介護期間の長期化や，障害の重度化に伴う医療的ケアを含めた介護の内容の濃密化など，介護の負担はますます厳しくなってきています。一方，高齢者は家族に介護されることを望んでいるとして，家族介護を奨励する向きもありますが，家族による介護が，本当に高齢者の自立のためのものとなっているのか，という疑問もあります。

このような家族介護の問題もあり，1990年代より在宅サービスの拡充に力が注がれてきました。そして，**介護の社会化**のかけ声の中，2000年度より，介護保険のスタートとなりました。それでは，介護保険の実施により，介護問題は解決したといえるのでしょうか。介護保険によって認められる介護サービスは，介護する家族への負担軽減にはなっても，介護を社会化するものにまではとうていなりません。また，ひとり暮らし高齢者の生活を全面的に支えるものでもありません。したがって，家族や地域といったインフォーマルな部門への期待は，依然として高いものがあります。

▷5 介護の社会化
介護を家庭内の女性の無償労働ではなく，社会サービスとして制度的に位置づけ，必要なサービスを専門家によって受けることができるよう，体制の整備をはかることを目指す。

③ 社会福祉の視点から

老年人口の人口全体に占める比率の上昇は，当然，一律に高齢者を「弱者」とみる見方の見直しを要請しており，当然，高齢者にも応分の費用負担を求める動きへと進んでいます。

しかし，問題は高齢者の中での格差拡大です。介護保険の保険料やサービスを利用した際の自己負担額の重圧，市場原理導入による利益対象としての高齢者の選別など，より困難な状況に置かれている高齢者の危機的状況は高まっているといえます。介護保険による契約制度導入によって，サービスや社会関係を拒否する高齢者など，本来社会福祉が最も力を発揮すべき人たちへの取り組みが，むずかしくなってきている状況にあります。個々の高齢者の状況や抱えている問題をきめ細かく把握し，その人に求められている援助を効果的に行っていくことが求められています。

そのためには，社会とのつながりを失い，声をあげることのできない高齢者の声をすくいとり，援助へとつなげていける仕組みが何より重要です。経済的な支援も含め，自治体などの公的部門がどのような役割と責任を果たすのかが，あらためて問われているといえます。

（鶴野隆浩）

II 社会福祉をとりまく状況

 現代家族の動向と変化

1 家族の形態の変化

○家族の小規模化

家族の変化にはさまざまなレベルがあります。まず，家族の形態の変化として，世帯規模の縮小，つまり，家族を構成する人数の減少があります。世帯規模を表す，1世帯当たりの平均世帯人員（推計）は，1980年3.28人，1985年3.22人，1990年3.05人，1995年2.91人，2000年2.76人，2005年2.68人，2014年2.49人と減少してきています。また，世帯構成をみれば，単独（ひとり暮らし）世帯（推計）は，1980年18.1％，1985年18.4％，1990年21.0％，1995年22.6％，2000年24.1％，2005年24.6％，2014年27.1％と増加傾向にあります。

○家族の多様化

第二次大戦後の家族の変化といえば，核家族化がいわれてきましたが，現在は核家族は横ばい状態です。かわって，単独世帯が増加してきています。また，「夫婦と子ども2人の標準家族」といういい方がよくされますが，少子化や高齢化により，子どもをもたない夫婦や高齢者のひとり暮らしなど，標準という言葉でくくれないさまざまな家族の形態へと多様化しています。

2 家族の意味の変化

○制度としての家族から私的空間としての家族へ

形態の変化とともに，家族に込められている意味も変化してきています。家族制度という言葉があるように，そもそも家族は社会の中で一定の役割を果たす制度であるという考え方が強かったといえます。しかし，祖先から続く伝統的な「イエ」観念が弱まるにつれ，ともに生活をし，強い情緒的関係で結ばれている私的な空間としての家族，という考え方が強まってきています。たとえば家族は，地域社会におけるさまざまな行事を担う単位でもありましたが，「マイホーム主義」という言葉に代表されるように，家族という単位での地域社会との交流よりも，自分たちの生活スタイルを大切にし，家族空間の中に閉じこもる傾向が指摘されています。

○近代家族から個人尊重家族へ

家族に対する見方が，制度から私的なものへと変わる中で，私的な家族そのものの意味も変わりつつあります。従来，核家族には，賃金労働に従事する男

▶1 厚生労働統計協会『国民の福祉と介護の動向 2015/2016』2015年，272頁。

性と，子育てや家事に専念する女性，という性別役割分業のイメージが付与されていました。この「**近代家族**」といわれる理念では，仕事をし妻子を養うのが男性の務め，家庭を守るのが女性の務めであり，それぞれの役割を果たすことが男性・女性にとっての幸福であるとされていました。しかし，男性にとって，仕事優先の中で育児家事に関われないあり方，女性にとって，家庭に縛られ社会との接点を奪われるあり方が問われています。家族の中での性別役割分業が，男性・女性をともに抑圧していることが明らかになるにつれ，まず個人の幸福を最も大切なものとし，特定のあるべき家族像にとらわれず，個人にとって幸福の要素となるべき家族をつくっていくという視点として，「個人尊重家族」という見方がされるようになりつつあります。

3　家族の変化と社会福祉

◯家族機能の縮小か，愛情への特化か

家族は子育てや老親の介護などの役割（＝機能）を果たすものとみなされてきました。家族の変化の中で，家族のこうした機能が弱体化してきていることが多く指摘されています。家族に込められる愛情の強さは一貫しているわけなので，見方を変えれば，家族の機能が，やすらぎなどをメンバーに与える情緒的な機能に特化してきているとも考えられます。あるいは，子育てや老親介護という役割は，家族，特に女性に負担を強いるものなので，こうした役割を社会と分けもつことによって，逆に家族が負担を減らし，情緒的な一体感が強まるとも考えられます。

◯家族は供給主体か，援助対象か

家族が子育てや老親介護の機能を果たしていれば，その分，社会福祉を抑制することができるという考えは根強くあります。しかし家族の変化により，社会的な支えがなければ家族だけでこのような機能を担えないことは明らかになってきました。社会福祉が家族に支えられるのか，社会福祉が家族を支えるのか，これまでの歴史は両者の間を揺れ動いてきました。今大切なことは，家族のメンバー誰もが抑圧されることなく，家族のもつ情緒的な機能を享受できるよう，社会福祉による家族への支援であると考えられます。

◯家族への援助の多様化

児童虐待や夫婦間暴力が深刻化しています。家族はさまざまなメンバーから構成されており，当然メンバー間での力関係が存在します。家族への援助においては，家族が暴力を内包していること，そして家族内で最も弱い立場にあるメンバーの生命と福祉の維持が何より優先されねばならないことが，指摘されています。家族の変化は，家族への援助の根底に，家族メンバー個々の福祉をおくことの重要性を示すとともに，暴力を受けているメンバーを家族から離すことや，家族の再構成のための援助などをも要請しています。　　　　（鶴野隆浩）

▷2　近代家族
家父長制的な家族との対比でいわれ，実態概念というよりも理念型として使われる。特徴としては，家族内の性別役割分業，メンバー間の強い情緒的関係，子どもを重視する，形態としての核家族，などをあげることができる。

参考文献
落合恵美子『近代家族とフェミニズム』勁草書房，1989年。
山辺朗子「社会福祉における『家族』の位置についての一考察」『社会福祉学』第43号，日本社会福祉学会，1990年。

Ⅱ 社会福祉をとりまく状況

4 地域社会の崩壊と変化

1 社会福祉にとっての地域

○生活の場としての地域

　地域とは生活の場です。買い物や通院，隣近所の人々との交流など，生活の多くは地域で展開されます。とりわけ，ハンディキャップがある場合，生活する地域がどれだけ住みやすいか，地域の中にどれだけの福祉サービスがあるのか，隣近所との交流はどうなのか，といった点が重要になります。

　従来の社会福祉には，施設福祉を中心とし，対象となる人々を地域から切り離して，地域から隔絶された施設で処遇するという考えが強くありました。しかし近年，**コミュニティ・ケア**の流れを受け，施設か在宅かにかかわらず，地域の中で福祉サービスを受け，地域住民との関係を保ちながらの生活を重視する流れへと変化してきています。

▷　コミュニティ・ケア
⇒ⅩⅠ-7 参照。

○地域社会の3つの見方

　地域社会の変化という場合，まず，地域社会をどのようなものとしてとらえるのかを明らかにする必要があります。地域社会には，伝統的地域社会，現代都市社会，コミュニティの3つのとらえ方があります。

　伝統的地域社会では，いわゆる村落共同体であるとか，隣保組織など，地縁と呼ばれるように，住民相互に密接なつながりがあります。この場合，住民相互に助け合う相互扶助の精神が強いといえますが，逆にいえば，閉鎖的であり，住民を包み込み，その自由や自立を拘束するという側面をもつともいえます。

　現代都市社会は，伝統的地域社会の崩壊により，地域のしがらみから個人を解放した自由な社会であるといえますが，一方で人々の結びつきは希薄になり，孤独な社会ともいえます。

　コミュニティは，現代都市社会のマイナスの面を受け，旧来の個人を拘束する伝統的地域社会に回帰するのではなく，個人の自由を前提に，新しい地域での人間関係，相互扶助を模索する理念としてとらえられます。

2 伝統的地域社会の崩壊とコミュニティ

○伝統的地域社会の崩壊

　伝統的地域社会の崩壊は，高度経済成長とともにもたらされました。1950年代から1970年代にかけて，人口は都市へと集中し，やがて大都市における郊外

住宅を生み出します。つまり，郊外の住宅から，都市の中心へと電車で長時間，通勤するというスタイルです。職住の分離によって，住まいはサラリーマンにとって夜や休日を過ごすのみの場所となりました。

❍ 孤立化と高齢化

マイホーム主義という言葉に代表されるように，現代都市社会は，他人に干渉されず，自分たちの家庭に閉じこもり，地域での行事などに関心をもたないライフスタイルを生み出しました。しかし，地域での人々の関係の希薄化は，家族単位での孤立化をもたらします。高齢になったり，子どもを育てる場合など，何らかの援助を必要とする状況になった時，支え合いのない地域では，生活そのものがまわっていかなくなりがちです。孤独死に代表されるように，地域の中で，援助を受けることなく孤立している人々が多く現れています。

❍ 求められるコミュニティ

伝統的地域社会の崩壊は，地域社会のもっている「福祉の担い手」としての機能の崩壊，つまり介護や育児といった生活上の課題をもつ住民に対する相互扶助機能の崩壊でした。行政からすれば，地域社会を再生して，再び「福祉の担い手」の機能を果たしてもらうことで，行政の負担を軽減しようとする考えもあります。しかし，コミュニティは，個人の自由を前提にしたものであり，行政の下請けではありません。地域住民一人ひとりが，みずからの考えや生活を大切にしつつも，地域に共通する課題に関心をもち，問題解決のために協力するとともに，問題を社会・行政に対して提起していくというものです。

何よりも，個々人の主体性と社会性，そして住民の自治意識が重要となるのが，コミュニティの理念です。

3 地域福祉の課題

社会福祉はますます地域を展開の場としていく方向にあります。コミュニティ理念を実現させていくことを社会福祉の1つの役割と考えた場合，今後の課題を2点指摘しておきます。

まず，これまでの地域での活動は，主婦や自営業層を中心に，平日の昼間に活動可能な人々によって取り組まれてきました。しかし，現代のライフスタイルではそうした活動が可能な層はほんの一部に過ぎません。地域に住む多様な人々が活動可能なあり方を考えていかなければなりません。

次に，介護や子育てをはじめ，地域にはさまざまな福祉課題が山積しています。地域というエリアだけでの取り組みの限界もあらわれています。一方で，さまざまな課題に対し，多くのボランティア団体や非営利団体などの活動も盛んになってきています。地域住民とこうした団体とが，多様な課題に取り組む中で連携していくことが求められています。

（鶴野隆浩）

参考文献

倉沢進『コミュニティ論——地域社会と住民活動』放送大学教育振興会，1998年。

II　社会福祉をとりまく状況

 貧困と現代の貧困

　社会福祉において貧困を考える際，2つのことが重要です。1つは，貧困問題は社会福祉の原点であること，もう1つは，現代においても，いや現代であるからこそ貧困問題は社会福祉の最重要課題であることです。

社会福祉の原点としての貧困

○貧困観

　社会福祉の源流を遡れば，イギリスの，1601年のエリザベス救貧法，1834年の改正救貧法など，貧民救済の制度へと行き当たります。しかし，社会の問題として，社会的に貧民に対応する際の「貧困観」が問題です。貧困は個人に責任を帰すべき個人の怠惰の結果であり，救済は**スティグマ**を与える中で行われるべきものであるとみるのか，あるいは，貧困は資本主義社会の構造に起因するものであり，国家の責任の下に救済がなされねばならないものとみるのかには，大きな違いがあります。18世紀のイギリス産業革命から現在に至るまでの資本主義社会の歴史的展開の中で，社会福祉は，貧困を個人の問題，個人の責任ととらえるのではなく，社会の問題，国家の責任ととらえる見方を確立してきたといえます。

▷1　スティグマ
日本語では汚名や恥辱などと訳されるが，社会福祉においては，利用者に劣等の汚名を社会的に付与することであり，利用の抑制をはかる手段とされてきた。

○貧困は過去のもの？

　第二次世界大戦後の荒廃からの復興，高度経済成長の進展の中で，貧困は克服され，「豊かな社会」が実現されたと考えられ，近年では，経済的支援よりも高齢者介護や子育て支援などの現物サービスによる支援に注目が集まっています。しかし，景気悪化による失業の増加や母子家庭の生活苦など，貧困は決して過去のものではありません。また，2010年の日本の相対的貧困率は16.0％と，OECD（経済協力開発機構）加盟国では，イスラエル，メキシコ，トルコ，チリ，アメリカに次いで6番目と高く，日本は貧富の差が大きい国であり，貧困はまさに目の前にある課題です。

▷2　内閣府『平成26年版子ども・若者白書』2014年。

2 現代の貧困

○貧困の進展

　経済のさらなるグローバル化を受けて，市場原理の拡大が主張され，競争が激化し，貧富の差が拡大しています。貧困は再び目にみえるような形になりました。規制緩和の政策や派遣労働の拡大などにより，雇用が不安定化し，正規

労働者と派遣・パート等の非正規労働者との格差が拡大しています．とりわけ派遣労働者は雇用の調整弁という位置づけとなり，いつ仕事を失うかわからない状況，また仕事を失うことが即住まいを失うという状況です．従来いわれてきたホームレスという概念に加え，ネットカフェ難民といわれる言葉に代表されるように，若年層の貧困が社会問題となってきています．また，母子家庭の貧困問題など，従来の失業者の生活問題に加え，働いても貧困から脱出できない**ワーキングプア**▷3と呼ばれる社会階層もクローズアップされてきています．

○社会的排除

貧困に加えて，近年は「社会的排除」という言葉が使われるようになりました．そもそも社会福祉の役割は，貧困救済とともに，貧困に陥ることを防ぐこと，いわゆる「防貧」でもありました．そのために医療保険制度や年金制度，失業保険制度などが整備され，福祉国家を構成していたわけです．しかし，こうした制度の恩恵を受けることができず，福祉国家からこぼれ落ちる人々が増加してきています．このことは，単に経済的な貧困ということにとどまらず，社会からのドロップアウト＝社会とのつながりの喪失へと展開しています．

貧困はそもそも経済的な資源が不足している状態に着目した概念ですが，社会的排除はこのような社会とのつながりの喪失という関係の状態に着目した概念です．ネットカフェ難民にみられるように，経済的な貧困にとどまらず，家族ももてず，働く場も暮らす場も奪われる形で，社会との関係が切れてしまう，現在の貧困は経済的な困窮に加えて，社会関係の喪失も併せもつ状態へと進んでしまっています．

③ 問題の重複・複合化と社会福祉の役割

社会福祉は単に個々の人々を救うという役割に留まらず，人々を同じ社会に統合するという社会的役割を担っています．格差社会の拡大，働いても貧困層から抜け出すことができず，貧困層の子どもは十分な教育を受ける機会を奪われ，貧困を受け継いでいくという貧困の連鎖が存在しています．社会的排除の進行は，セーフティネットの再構築とともに，もう１度原点に戻って，社会福祉の社会統合の機能，具体的には貧困に陥らない「防貧」や，貧困の連鎖をくい止める役割を求めています．

現代の貧困は，経済的な問題だけではなく，地域社会の付き合いの希薄化や家族規模の縮小などの背景もあり，社会的孤立の問題などと重複し，より複雑化しています．今，現実に多くの貧困問題があり，構造的に生み出されている中では，生存権保障に基づいた経済的支援が迫られています．それとともに，問題の複雑化を受けて，貧困の中で孤立する人びとに対して，社会的なつながりを再構築していくための援助，まさにソーシャルワークの援助が重層的に行われることが求められています．

（鶴野隆浩）

▷3　ワーキングプア
働く貧困層。働いてはいるが，いくら働いても貧困から抜け出せない，生活保護の水準にも満たない収入しか得られないといった人々のこと。

（参考文献）
岩田正美『社会的排除──参加の欠如・不確かな帰属』有斐閣，2008年。
杉村宏編『現代の貧困と公的扶助』放送大学教育振興会，1998年。

Ⅲ 社会福祉の歴史と展開

1 福祉国家の成立と展開

1 福祉国家はどうして生まれたのか

　福祉国家という言葉は，第二次世界大戦前後に生まれて以降使い続けられている比較的新しいものです。福祉国家の成立の背景には，資本主義を進めてきた国家や資本家と呼ばれる人たちと，その資本家のもとで働く労働者たちとの3者の関係性の変化というものがあります。特にその関係性に大きな影響を与えたのが，ソビエトなどの社会主義国家の出現，世界恐慌，そして2度の世界大戦でした。

　社会主義運動の広がりは革命への危機感を国家や資本家たちに与え，世界恐慌を通じて大量の失業者を出すなど，自由放任型の資本主義の限界が浮き彫りになり，労働者たちによる労働環境，生活改善の要求が非常に高まりました。そして，総力戦となった世界大戦によって国民の生活，さらに国家の経済は疲弊し，国家の積極的な介入を求める声を無視できなくなりました。その結果，資本主義体制のなかで，国家が積極的に国民の生活を保障し，資本に対しても積極的に介入していく国家のあり方として，福祉国家が誕生しました。

2 福祉国家とはどんな国家か

　当初は，所得保障と医療保障，社会福祉サービスなどの社会保障政策，そしてそれらを支える完全雇用の実現などを基本的な政策に掲げていました。国家が積極的に資本主義としての社会に介入していくことによって有効需要の創出を図るケインズ理論に基づいていることも一つの特徴でした。

　また，福祉国家の目標は，上述したような歴史的な背景のなかで，**ナショナルミニマム**や平等主義などの政策原理を形にすることでもありました。しかし，そういった実際の保障の範囲や経済体制等は，時代によって変化し，さらに国家によって特徴が異なっています。

　福祉国家の分類として，たとえば，エスピン＝アンデルセンは，以下のような分類を示しました。すなわち，①アメリカに代表されるように，国家は最低限の社会保障制度しか整えず，それ以外の部分は市場等に委ねる代わりに，税負担等を低く抑える低福祉低負担型，②主にドイツやフランスなどに見られる，家族による扶養を重視し，社会保険は普遍的であるが，職業・職域別に社会保険制度が存在することによって職業的な地位による格差を維持，税負担等は中

▷1　ナショナルミニマム　国民の最低限度の生活を国家が保障していく責任を持つということ。ウェッブ夫妻によって提唱された。

▷2　G．エスピン-アンデルセン著，岡沢憲芙・宮本太郎監訳『福祉資本主義の三つの世界』ミネルヴァ書房，2001年。

程度の中福祉中負担型，そして③北欧諸国に代表されるような，高い税負担を課し，その反面より普遍的で充実した福祉サービスを推進していく高福祉高負担型に分類されると考えています。

3 福祉国家の展開と見直し

　福祉国家の具体的な展開は，イギリスから始まりました。特にベヴァリッジ報告は，イギリス福祉国家成立の青写真となり，その後の先進諸国での福祉国家政策の推進に大きく貢献しました。1960年代から1970年代前半までは，世界的な経済成長の影響もあり，日本においても様々な社会福祉サービスが整備されるなど，福祉国家が最も積極的に展開された時代でした。この展開は，労働者という枠を越え，高齢や障害，その他の理由等で生活に困難を抱えた人たちへの支援を一定程度整備することを導きました。

　しかし一方で，福祉国家の展開は，世界経済の南北問題によって成り立っているという側面もありました。すなわち，中東やアフリカなどの天然資源をできるだけ安く手に入れることによって得た経済成長がその基盤にありました。その結果，1970年代に生じた原油価格の高騰によるオイルショックによって，経済成長がマイナス成長になると，「福祉国家の危機」という形で，各国の福祉国家は，1980年代以降の新自由主義政策の台頭のもと，福祉サービスの民営化の促進や社会保障費の削減など，大きく見直されていくことになりました。

　新自由主義に基づく福祉国家の問い直しは，国家による高い公共支出は，経済成長を鈍らせ，財政赤字を招き，また，福祉サービスにおいても非効率的であり，質の向上にも結びつかないという点にあります。国家は「小さな政府」であるべきだと主張します。そのため，就労支援を強化し，国家による直接的な社会保障給付等は削減していくことが目指されます。すなわち，国家の役割を直接的な援助から，条件整備としての役割へと転換させました。

4 変わりゆく福祉国家

　この福祉改革の流れは今もなお顕在です。特に，「福祉から就労へ」というワークフェアの導入は，従来までの福祉利用者を，労働市場へ統合していくことを目指すという点で，給付を中心としていた従来のあり様とは異なり，福祉国家の新たな展開とも言えます。

　一方で，労働市場への参加がそもそも困難な人たちをより社会から排除し，また，実際に貧困等の問題を，個人の所得と能力・資質の問題に還元してしまうことに結びついている現実があります。日本でも，非正規雇用の拡大と結びつき，社会保険などで様々な不利を受けている人たちが増えつつあります。単に経済的な側面だけでなく，政治や文化など，多様な側面と関連させた議論を深め，福祉国家のあり方を問い直すことが求められています。　　（直島克樹）

▷3　一般的には，①から②のモデルに進むほど，福祉国家として発展していると考えられる傾向があるが，そもそも福祉国家のあり様はその国の経済や政治，文化などに影響を受けるという観点から，発展しているといった評価は難しいとする立場もある。

▷4　イギリスではサッチャー首相，アメリカではレーガン大統領，日本では中曽根首相によって進められた。新自由主義に基づく経済政策では，国家による規制の緩和を進め，民営化を図ることによって市場の活性化を図ることをねらった。

▷5　ワークフェアが本格的に導入されることになった政策が，1996年に制定されたアメリカにおける「TANF（Temporary Assistance for Needy Families）」という，貧困状態の母子家庭に対する扶助である。

III 社会福祉の歴史と展開

戦前の社会福祉の歴史（日本）

1 慈善事業と公的救済制度

○恩恵としての救済制度

「社会福祉」という言葉がわが国で一般に使われるようになったのは，第二次世界大戦以降のことです。初めに使われていた言葉は慈善事業でした。貧困者の救済は国の責任ではなく，恩恵である，という意味があります。718年には，戸令に「鰥寡孤独貧窮老疾」と公的救済対象が示されていました。身よりのない者を公的に救済する制度をつくったことは，意味あるものでしたが，基本的には近親者が救済を行うことが大前提でした。

明治時代に入り，1874（明治7）年には，貧困者対象の公的救済制度として恤救規則が制定されます。近代国家の中で，救済が必要な人が全国的に増加し，国家としての制度が必要とされたためでした。この制度の基本概念は**人民相互の情誼**であり，対象を**無告の窮民**に限るとされていました。国家の制度として制定されたものの，対象を限定し，さらに救済を受けるためにはさまざまな手続きを必要とすることで，救済を受けたい困窮者をさらに制限していました。

○民間慈善事業家の活動

このような制度のもとで，生活困窮者はさらに増加し，民間の慈善事業家たちが活躍していくことになります。石井十次は，1887（明治20）年に岡山孤児院を設立しました。「世界の石井」とまでいわれたこの人物は，無制限主義を掲げ，一時は1,200人もの子どもが施設で生活していました（図III-1）。石井亮一は，1891（明治24）年に滝乃川学園を設立しました。この施設はわが国で初めての知的障害児のための施設です。1899（明治32）年には，留岡幸助が家庭学校（児童自立支援施設）を開設しました。不良少年たちを対象とした施設であり，彼らが懲罰ではなく，感化と教育によって成長していくことを目的とした施設でした。

また，同じ頃，**セツルメント運動**がイギリスから紹介されました。1897（明治30）年には，東京の神田に片山潜によってキングスレー館がつくられました。

2 社会事業の成立から戦時厚生事業

○社会事業の登場

1920年頃から，慈善事業に変わって社会事業という言葉が登場してきます。

▷1　鰥寡孤独貧窮老疾
鰥は61歳以上の妻のない者，寡は50歳以上の夫のない者，孤は16歳以下で父のない者，独は61歳以上で子のない者，貧窮は財貨に困る者，老は66歳以上の者，疾は疾病者のことを指している。

▷2　人民相互の情誼
人がお互いに同情心をもち合うこと。

▷3　無告の窮民
誰の助けも期待できない困窮者。

▷4　セツルメント運動
貧困問題が多発していたスラム街に住みこんで，住民との関係の中で問題解決を目指した活動。教育や保育，青年会などの活動を通して，地域の生活改善や防貧活動が行われた。

図Ⅲ-1　岡山孤児院の様子

（注）写真は明治30年のもので，東北大凶作の後に撮影された。
出所：遠藤興一編『写真・絵画集成　日本の福祉1　いしずえを築く』日本図書センター，1999年，47頁。

この時期には，済世（顧問）制度（岡山県），方面委員制度（大阪府）が登場します。地域に密着した委員が貧困者の生活状況を細かく知ることで，貧困者の生活を救済することを目的としていました。この制度は1936年には方面委員令という形で全国に公布されました。

第一次世界大戦の好景気から，わが国は恐慌が起こり，失業者や低所得者が増大し，当時の恤救規則ではもはや対応することができず，新しい制度が求められることとなりました。1929年には，新たな救貧法である救護法が制定されます。この法では，公的扶助の義務が位置づけられたことは画期的でしたが，対象制限や国からの恩恵であるといった姿勢に変化はなく，貧困者にとって受給しにくい制度であることには変わりありませんでした。

●太平洋戦争における戦時厚生事業

1940年頃から，わが国は戦時下におかれていきます。社会事業もその影響を受け，救護法も大幅に縮小されました。社会事業も戦争に役立つ人材を確保するために行われる厚生事業へと焦点が移り，兵役につくことができない人々への社会事業は縮小されました。公的救済よりも家族や地域での助け合いが求められることになりました。

（小池由佳）

Ⅲ　社会福祉の歴史と展開

福祉改革と社会福祉基礎構造改革

 21世紀に求められる社会福祉

◯戦後から50年の歩みの中で

　今日までの社会福祉制度は，戦後の混乱の中にあった時代に貧困者や戦災孤児といった生活困窮者を対象としてつくられたものです。社会福祉サービスは，社会福祉事業法および社会福祉六法を中心に，措置制度に基づいて行政主導で行われてきました。しかし，都市化，少子・高齢化社会，家族機能の低下，といった言葉に象徴されるように，今日では，ある特定の対象者のみが社会福祉サービスを利用するのではなく，国民の誰もが利用する時代になってきました。こうした社会環境の変化，それに伴う社会福祉サービスへの国民の期待が高まる中で，誰もが自立した生活を目指すことができる，新しい制度が求められるようになってきました。

◯90年代の取り組み

　1989年，厚生省（現厚生労働省）合同企画分科会から，「今後の社会福祉のあり方について」という意見具申が出されます。ここでは，今後の社会福祉のあり方について，**5つの見直し点**が示されました。この後，社会福祉法の成立に至るまでに行われてきた法改正，福祉計画の策定等は，この意見具申をもとに展開されていきました。同年，高齢者保健福祉推進10か年戦略（ゴールドプラン）が策定され，ここで2000年までに整備すべき公的サービスの目標値が設定されました。翌1990年には，いわゆる「**福祉関係八法の改正**」が行われます。ここでも**4つの目的**に基づいて社会福祉事業法をはじめ社会福祉関係八法が改正されました。1994年には，エンゼルプランの策定，ゴールドプランの見直し（新ゴールドプラン），1995年には，障害者プランの策定，後に福祉3プランといわれる計画が策定され進められていきました。そして，1997年には，介護保険法が成立したのです。

② 社会福祉法が生まれるまで

◯「社会福祉基礎構造改革」

　さまざまな法改正，計画が策定される中で，社会福祉事業の基盤を支える社会福祉事業法や社会福祉事業について見直す必要が出てきました。厚生省（現厚生労働省）は，中央社会福祉審議会社会福祉基礎構造改革分科会を設置し，

▷1　5つの見直し点
①社会福祉事業の範囲の見直し
②福祉サービス供給主体のあり方
③在宅福祉の充実と施設福祉との連携強化
④施設福祉の充実
⑤市町村の役割重視

▷2　福祉関係八法
社会福祉事業法（現社会福祉法），児童福祉法，身体障害者福祉法，精神薄弱者福祉法（現知的障害者福祉法），老人福祉法，母子及び寡婦福祉法，老人保健法，社会福祉・医療事業団法（現独立行政法人福祉医療機構法）。

▷3　八法改正の4つの目的
①在宅福祉サービスの積極的推進
②福祉サービスを住民に最も身近な市町村に一元化
③市町村および都道府県老人保健福祉計画の策定
④障害者関係施設の範囲拡大等

(1) 改革の必要性

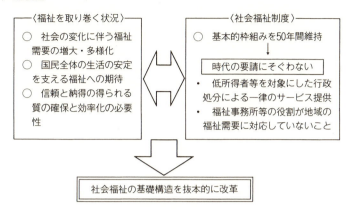

(2) 基本的考え方

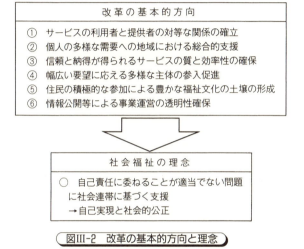

図III-2　改革の基本的方向と理念

(注)　社会福祉基礎構造改革の必要性と基本的方向性，理念が示された。この基本的方向に基づいて，「社会福祉法」への改正がなされた。
出所：厚生省社会・援護局企画課監修『社会福祉基礎構造改革の実現に向けて――中央社会福祉審議会社会福祉構造改革分科会中間まとめ・資料集』中央法規出版，1998年，125頁。

検討を重ねていきました。1998年6月には，「社会福祉基礎構造改革について（中間まとめ）」が発表されます。ここでは，改革の必要性と改革の理念が明らかにされました（図III-2）。その後，12月には，「社会福祉基礎構造改革を進めるに当たって（追加意見）」を報告，1999年4月には，「社会福祉基礎構造改革について」（社会福祉事業法等改正案大綱骨子）が出されました。

○「社会福祉法」成立

　社会福祉の基礎基盤を支えてきた社会福祉事業法が見直され，2000年5月，「社会福祉の増進のための社会福祉事業法等の一部を改正する等の法律」が国会で可決し，社会福祉法が成立しました。この他にも，身体障害者福祉法，知的障害者福祉法，児童福祉法，民生委員法，社会福祉施設職員等退職手当共済法，生活保護法が一部改正されました。また，公益質屋法が廃止されました。改正の趣旨は，増大・多様化する国民の福祉への要求に対応するため，社会福

Ⅲ　社会福祉の歴史と展開

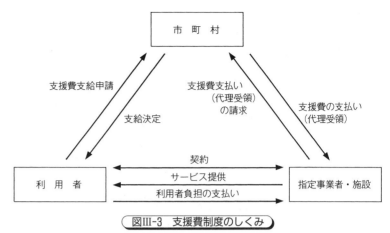

図Ⅲ-3　支援費制度のしくみ

（注）行政が措置によって提供する福祉サービスから利用者が事業者と対等な関係に基づいてサービスを選択する利用制度へと変更された。
出所：「社会福祉の増進のための社会福祉事業法等の一部を改正する等の法律の概要」別紙1, 2000年6月。

祉事業，社会福祉法人，措置制度など社会福祉の共通基盤を見直すことにありました。

3　改正されたポイント

○利用者の立場に立った社会福祉制度の構築

この2000年の改正では，障害者福祉サービスについて，従来の措置制度から利用者が主体的にサービスを選択し，利用する制度に改められました（図Ⅲ-3）。その後，2005年には「障害者自立支援法」が制定，2013年度から「**障害者総合支援法**」に改正され，利用者主体のサービス提供のしくみを構築しています。

利用者とサービス提供者の契約関係で，サービスが提供されるようになると，契約を結ぶことが困難な人たちへの配慮や対等な関係を形成することができる仕組みが必要です。この利用制度の導入に伴って，福祉サービス利用援助事業，苦情解決制度等の利用者の利益を保護する制度も創設されました（図Ⅲ-4）。

○サービスの質の向上

社会福祉事業を経営するもの（社会福祉法人等）は，よりよいサービスを提供するためにさまざまな努力目標が定められました。事業者自身による自己評価や事業運営の透明性，サービス利用者の選択の確保などです。

○社会福祉事業の充実・活性化

社会福祉事業は，社会福祉法を根拠としており，その運営は公益性の高い法人である社会福祉法人がほとんどです。その社会福祉法人についてもいくつかの改正がなされました。

まず，新たに**9種類の事業が社会福祉事業として加えられ**，その事業を目的とした社会福祉法人を設立することができるようになりました。その一方で公

▷4　障害者総合支援法
正式名称は，「障害者の日常生活及び社会生活を総合的に支援するための法律」。⇒Ⅹ-4 参照。

▷5　改正で新たに加えられた社会福祉事業
福祉サービス利用援助事業，身体障害者相談支援事業，知的障害者相談支援事業，障害児相談支援事業，身体障害者生活訓練等事業，手話通訳事業，盲導犬訓練施設，知的障害者デイサービス事業，知的障害者デイサービスセンター。

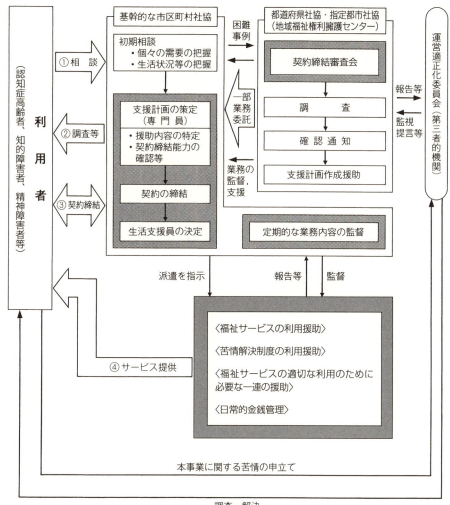

図Ⅲ-4 日常生活自立支援事業の実施方法の例

（注）本事業は社会福祉法では，「福祉サービス利用援助事業」として位置づけられている。
出所：「第四回これからの地域福祉のあり方に関する研究会」資料4，2007年11月。

益質屋は廃止されることになりました。

次に，社会福祉法人の設立要件が緩和されました。障害者の通所授産施設の規模要件が20人から10人に引き下げられました。これは，地域におけるきめ細かな福祉活動を推進することを目的としています。また，社会福祉法人の運営の弾力化をすすめるための改正もなされました。

◯地域福祉の推進

社会福祉を計画的に推進していくために，社会福祉法では地域福祉計画の策定を位置づけています。また，知的障害者福祉等に関する事務が市町村に委譲されました。

地域福祉を推進する団体として，社会福祉協議会，共同募金，民生委員・児童委員もその活性化を目指した改正がなされました。 （小池由佳）

▷6 現行制度では「就労継続支援事業B型」に該当。

Ⅲ 社会福祉の歴史と展開

 # イギリスの社会福祉の展開

① 中間団体（アソシエーション▷1）の衰退と救貧法の成立

　中世封建社会から資本主義を中心とする近代への転換は，グローバルな規模での交易活動の活発化によって，政策的に強く進められました。そのことは，イタリアの諸都市からなる地中海を中心とした地域の衰退を招き，逆にイギリスが，「世界の工場」と言われるまでに産業的発展を遂げる契機になりました。

　こういったなかで，中世社会において権力をもっていたキリスト教も衰退し，イギリスでは宗教改革に端を発したヘンリー8世による改革が行われ，貧民や障害者等のセーフティネットであった修道院などの中間団体が解体されるなどしました。その結果，都市部を中心に生活に困窮する者や浮浪者が増大し，彼らは秩序を脅かす存在として，犯罪者と同等の処罰が与えられるようになりました。1601年のエリザベス救貧法は，こうした背景のなかで成立しました。

② 救貧法の限界と新たな中間団体の活動

　救貧法では，対象を労働能力の有無や扶養者の有無等で判断することを位置づけましたが，これは後に改正された新救貧法（1834年）以降も変わることはありませんでした。この根幹には，貧困は個人の道徳的な問題や努力の欠如に由来するという考えがあり，国家が社会的対策を積極的に講ずるという発想はほとんどありませんでした。

　産業革命も契機となり，生活困窮者はさらに増え続けました。救貧法体制の限界が露呈し，さらに，産業化のなかでライフサイクルが変化し，伝統的地域社会の結びつきも弱まるなか，その隙間を埋める形でボランタリーな支援が17世紀以降増加していきました。18世紀以降には，**友愛組合**▷2などの中間団体が発展し始め，セーフティネットとしての社会保障的な機能を担い始めました。

　また，1869年には慈善組織協会，1884年には**トインビー・ホール**▷3が設置され，ソーシャルワークの源流ともなる活動が民間レベルで展開されました。

③ 福祉国家の成立と展開

　19世紀末から20世紀にかけ，**ブースらによる「貧困調査」**▷4，さらに「救貧法および貧困救済に関する王立委員会」（1905年）が設けられ，救貧法体制への見直しが加速していきます。この委員会では，救貧法を見直し，民間レベルで

▷1　アソシエーション
アソシエーションは，コミュニティと同義ではない。コミュニティとは，「村とか町とか，あるいは地方や国とかもっと広い範囲の共同生活のいずれかの領域を指す」もので，アソシエーションとは，「社会的存在がある共同の関心〔利害〕または諸関心を追求するための組織体（あるいは〈組織される〉社会的存在の一団）である」。
R・M・マッキーヴァー，中久郎・松本通晴監訳『コミュニティ——社会学的研究：社会生活の性質と基本法則に関する一試論』ミネルヴァ書房，1975年。

▷2　友愛組合
労働者による相互扶助組織である。

▷3　トインビー・ホール
バーネット夫妻によって設立された世界最初のセツルメントハウスである。セツルメント活動の歴史的意義だけでなく，現在も活動を続ける拠点として有名である。

▷4　ブースの「貧困調査」
貧困の要因を社会的な側面にあることを示すきっかけとなった。その他にラウントリーの貧困調査も有名であるが，両者に共通していたことは，ワーキングプアの状態にある者の多さでもあった。

の支援活動を進めることを提起する多数派報告と，救貧法を廃止し，国家による最低限度の生活保障を提起する少数派報告が提出されました。

2度の世界大戦と世界恐慌を経験したイギリスは，政策として後者の方向性を選択していくことになります。「社会保険および関連サービス」と題された「ベヴァリッジ報告」（1942年）は，国家が国民の生活を「ゆりかごから墓場まで」保障することを目指し，戦後の福祉国家体制の確立に寄与しました。

1960年代から1970年代前半までは，世界的な経済成長の影響もあり，福祉国家が最も積極的に展開された時代である一方で，「貧困の再発見」などのように，福祉国家政策の具体的な中身が問われ始めました。そのなかで，1968年の「**シーボーム報告**」は，地方自治体の社会サービス部に相談窓口を一本化するなど，コミュニティを基盤としたサービスの再編を提起しました。

④ 福祉国家の見直し

オイルショックを通じた経済成長の停滞は，イギリス福祉国家の見直しをもたらしました。1978年の「**ウルフェンデン報告**」は，公的部門に限定されない多様なサービス提供主体の役割を提起しましたが，それは新自由主義政策に基づいて公的部門の役割の縮小を図る，その後のサッチャー政権による福祉国家の見直しとも結びつくものでした。

こういったなかで，1988年に提出された「**グリフィス報告**」は，契約制度や多元的なサービス供給システムの導入などを提言しました。その結果，1990年には「NHS・コミュニティケア法」が成立しました。これにより，公的部門の主な役割は，サービスの直接供給から，サービスをNPOなどの多様な供給主体から購入することへと転換していくことになりました。

⑤ 「第三の道」とその後の展開

1997年に誕生した労働党のブレア政権は，「ゆりかごから墓場まで」の福祉国家路線でもなく，「小さな政府」でもない，「第三の道」としての改革を進めました。特に，就労による社会的包摂をねらい，たとえば，**ニューディール・プログラム**の導入など，従来までの給付を中心とした福祉政策からの転換を進めました。また，NPOなどの中間団体を積極的に活用し，地域社会の再建を試みた点も特徴的でした。

その後，政権交代を果たした保守党・自由党の連立政権は，就労年齢人口の貧困層の増加，さらには貧富の格差の拡大を理由に，「第三の道」での施策やプログラムの廃止を進めました。さらに，児童手当や障害者手当などを削減するなど，緊縮財政をより鮮明に打ち出しました。2011年には**ワークプログラム**を導入，2014年に**ユニバーサル・クレジット**を導入するなど，ワークフェア政策をより強く打ち出した方向性へ展開しています。

（直島克樹）

▷5　シーボーム報告
「地方自治体と関連する福祉サービスに関する委員会報告書」と言われるこの報告書では，コミュニティを基盤とした家族志向サービスの提供，地方自治体の社会サービス部の設置などが提案され，1970年には，「地方自治体社会サービス法」が制定された。

▷6　ウルフェンデン報告
「ボランタリー組織の将来」と題された報告書。

▷7　グリフィス報告
「コミュニティ・ケア──行動への課題」と題された報告書。

▷8　ニューディール・プログラム
職業訓練，奉仕作業，職場体験，求職支援などを総合して構成されたものであり，たとえば18歳から24歳，ひとり親家庭などと階層別に対応する仕組み。

▷9　ワークプログラム
このプログラムの大きな特徴は，就業支援プログラムを委託された事業者に対して，利用者が仕事に就くだけでなく，継続した雇用が一定期間以上続く場合にのみ，成果に基づいた委託費を事業者は受け取るというものである。

▷10　ユニバーサル・クレジット
これまでの低所得者向けの制度を一本化したもの。児童手当や障害者手当は統合されていない。

III 社会福祉の歴史と展開

5 アメリカの社会福祉の展開

1 救貧法と自助の精神

　植民地時代のアメリカは豊かな土地と資源に恵まれる反面，貧しい移民などの貧窮者の問題に直面していました。そこで，各植民地はイギリスにならって救貧制度を創設し，独立後も継続して州単位の救貧制度を実施しました。

　その後，工業化の進展に伴って賃金労働者が増加する一方，循環的に発生する恐慌は，低賃金，失業という不安定な生活を引き起こしました。大部分の州は救貧院を設置して困窮者を救済しましたが，労働可能な貧民は救済対象から除外されていました。

　当時のアメリカは自由放任思想が支配的であり，救貧法は道徳的に悪で，経済的にも不健全だとみなされていました。さらに，未開の土地と資源が自助の精神と労働能力さえあれば自活できる，という考え方を助長しました。

2 民間慈善活動と社会事業の萌芽

　19世紀には生活に困窮する労働者がさらに増大し，制限的な公的救貧制度に対して，民間の活動がさまざまに展開されました。その1つは慈善事業の組織化です。イギリスの影響を受けて，1877年にバッファローに慈善組織協会（COS）が設立されました。これは，乱立する民間慈善事業活動を組織的，効率的に運営することを目指すものです。活動の重点は，各慈善団体の情報交換，友愛訪問員のケース調査，物品の施与に代わる人格的関わりに置かれました。

　もう1つは**セツルメント運動**です。この時期には都市人口が急激に増大し，都市にスラム地区が目立ち始めました。スラム地区の劣悪な環境を改善するために，イギリスのセツルメント運動がアメリカにも導入され，1889年にアダムズ（Addams, J.）がシカゴに「ハル・ハウス」を設立し，社会改良運動に取り組みました。

　1910年から1920年頃には，従来の慈善，博愛，社会改良などの活動を包括的に表現するものとして社会事業（social work）という用語が用いられるようになりました。たとえば，1917年には全米感化救済事業会議が全米社会事業会議と変更され，また博愛学校が社会事業学校と名称を変えています。

3 社会保障法の成立

　1929年の大恐慌は大量の失業者を発生させ国民の生活を直撃しました。この

▷　セツルメント運動
19世紀末にイギリスで発生した社会改良策の1つ。都市のスラム地区の劣悪な環境のなかで生活している貧困者に対して，民間の人々がスラム地域に住み込んで，人格的接触を図りながら，貧困の解決のための支援活動を展開した。

状況に対して、当時のフーバー（Hoover, H. C.）大統領は自助の精神を強調する政策を継続し、なんら具体的な対応策を実施しませんでした。

新しく大統領となったルーズベルト（Roosevelt, F. D.）は、ニューディール政策を発表し、公共事業による労働力の確保・連邦政府による救済事業のための補助金の交付などの計画を明らかにしました。そして、具体的に公共事業による失業対策を推し進めていきます。

さらに、1935年には自助の精神を強調する反対派を押し切り、世界で初めて社会保障法を成立させました。その内容は、連邦政府が関わる2種類の社会保険制度、各州が運営する3種類の特別扶助、および社会福祉サービスから構成されていました。

❹ 貧困の再発見

社会保障法はアメリカの社会で支配的であった自由放任の思想を転回させ、政府が貧困者に対して社会的サービスを提供することを促しました。しかし、1960年代にはアメリカ社会が豊かさと繁栄の陰に、貧困と人種差別問題を抱えていることが表面化してきました。公的扶助受給者が増加の一途をたどり、対策としての引き締め策は効果がありませんでした。一方で、さまざまな統計調査が多数の貧困者が存在することを示し、連邦政府は貧困の存在を認めざるを得なくなりました。

そこで、政府は「貧困との戦い」を宣言し、一連の貧困対策を実施しました。しかし、これらのサービスは、自助を前提としたものであり、貧困問題の根本的解決にはなりませんでした。逆に、貧困戦争に対する批判と公民権運動を喚起させました。

❺ 社会保障法タイトルXXの成立

社会保障法は社会保険と公的扶助を軸にしており、社会福祉サービスがその補完的役割をしていました。しかし、1960年代には、まだ公共福祉サービスが体系化されず、支出に対しての責任もあいまいな状態でした。そこで、しだいに現金給付と社会福祉サービスの分離が必要になってきました。

こうして、1975年に所得保障とソーシャルサービスを分離した社会保障法タイトルXXが制定されました。ソーシャルサービスは州の権限とされて、地域社会で生活するための個別的なサービスを提供するパーソナル・ソーシャルサービスとして確立されました。

1980年代にはレーガン大統領が、連邦が資本主義に介入することに反対して「新連邦主義」（new federalism）を唱え、州に権限を委譲し、社会保障から私的事業を重視する方向へと転回していきました。

（狭間香代子）

III 社会福祉の歴史と展開

 # スウェーデンの社会福祉の動向

▷1 社会サービス法
1980年に成立した社会福祉政策の基本的な枠組みを示した法律。住民に身近な自治体（コミューン）が主体となって行政区域内の社会福祉サービスの整備や充実を進めていくという方向性を明確にした。

▷2 コミューン（kommun）
日本の市町村に相当する基礎自治体。スウェーデンの行政制度は、国と県（landsting：ランスティング）およびコミューンから構成されている。

▷3 エーデル改革
高齢者ケアに関する費用の削減とサービスの質の向上とを、同時に実現することを目標とした取り組み。「エーデル」とはこれを審議した委員会の頭文字。

▷4 LSS
1993年に成立した「機能障害者を対象とする援助およびサービスに関する法律」の略称。ノーマライゼーションの一層の推進を図るための具体的なサービスについて規定した。

▷5 社会的入院
介護を必要とする高齢者が、入院して治療する必要がないにもかかわらず、福祉サービスの不足など社会的な理由により病院等に入院し続ける状態で、医療財政の圧迫にもつながる。

1 社会サービス法の成立と地域重視の取り組み

スウェーデンは、ノーマライゼーションの理念に基づいた高齢者福祉や障害者福祉の先進国として注目されてきました。しかし、1970年代後半になると、経済の低成長とともに、高齢化の進展に伴う福祉財政のひっ迫、また大きな国民の負担（高い税金）などが問題になってきました。そして、限られた財政や社会資源の中でスウェーデンの社会福祉をどうしていくのかという議論を経て、1982年に施行されたのが「**社会サービス法**」です。これにより社会福祉の推進が、住民に最も身近な自治体である**コミューン**の責任のもとで行われることになりました。この流れに沿って、以下の**エーデル改革**の実施や**LSS**の制定がなされていくことになります。また、社会福祉以外の行政サービスについても教育や住宅、環境など多くが地方分権・地方自治の体制で実施されています。このように、住民の生活に身近なことについては各コミューンが責任を負うという体制はスウェーデンの行政における重要な特徴といえます。

2 高齢者の在宅生活支援とエーデル改革

1992年に高齢者ケアに関するエーデル改革が行われました。この改革の特徴は、図III-5に示すように、それまで県が担当していた高齢者医療の一部をコミューンの責任で実施することにより、地域における高齢者の生活支援のための医療および福祉サービスの統合を可能にしたことです。

この改革により、高齢者ケアがコミューンの役割として一本化され、地域における医療・福祉サービスの効果的な活用や地域性に応じたサービスの整備が、コミューンの責任で行われるようになりました。また、在宅サービスの充実によりそれまで問題となっていた**社会的入院**も減少したといわれています。高齢になっても、本人が望む限り住み慣れた自宅での生活を可能にするための支援体制づくりが目指されているのです。

3 障害者の自立生活支援とLSSの成立

障害の有無にかかわらず、可能な限りの自宅での生活、そして一般の人々と同様の社会生活を可能にすることはスウェーデンの障害者福祉の基本的な考えであり、そのことは社会サービス法にも規定されています。そしてこの考えは

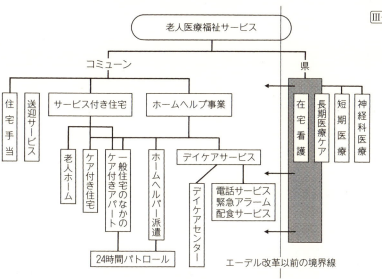

図III-5 高齢者ケアにおける県とコミューンとの役割分担

（注） エーデル改革により，それまで県が運営していた高齢者医療のうち，在宅看護と長期医療ケアの一部がコミューンによる運営となった。
出所：丸尾直美・塩野谷祐一編『先進諸国の社会保障5　スウェーデン』東京大学出版会，1999年，246頁。

1994年のLSS（機能障害者を対象とする援助およびサービスに関する法律）の施行により一層明確化されました。地域における障害者の自立生活支援のために，日常生活における個人的な援助としての介助（パーソナル・アシスタンス）は不可欠であり，これを公費によって保障するとしたのがLSSです。各コミューンからの介助者の派遣を要請したり，あるいは自分で専属の介助者を選ぶこともでき，その費用が公費から支給されるというシステムは，障害者の地域における自立生活を根底から支えるものといえます。その他に，外出時の付き添いサービスとしてのガイドヘルプサービスや，孤立化の防止のために同世代の者がいわば友人のような関わりをもつ**コンタクトパーソン**の制度もLSSに規定された重要なサービスです。スウェーデンでは，脱施設化やノーマライゼーションの一層の進展に向けて，LSS施行後も障害者の社会参加および自立生活を支える取り組みがコミューンを中心として行われています。

▷6　コンタクトパーソン
少額の報酬により障害者への個別援助を行う者。日常生活において必要な助言や援助をしながら一定の時間をともに過ごすことにより，障害者の孤立化・孤独化を防止する。

❹ スウェーデンの社会福祉と日本の課題

社会サービス法の成立を初めとする今日のスウェーデンの社会福祉を巡る動きには，高齢社会の進展に伴う社会福祉の財政難の問題が背景にあります。しかし，この動きは単なる財政削減や一方的な福祉サービスの抑制ではありません。増大する国民の福祉ニーズに対して，国民の財政負担を高めることなく，かつこれまでのサービスの質を保障しながらいかに対応していくのか，いわば矛盾するともいえる2つの内容の両立を試みようとするものです。限られた財政や社会資源の中で，今援助が必要な人々へのサービスを効率的かつ効果的に提供し，同時にその質を維持・向上させていくこと，これは決してスウェーデンだけでなく，21世紀の日本の社会福祉の課題でもあるのです。（空閑浩人）

Ⅳ 社会福祉の仕組みと運営

 # 社会福祉の法律

1 社会福祉の法律における原理――日本国憲法

現在のわが国における社会福祉の法体系は，戦後に成立した日本国憲法第25条における生存権保障を具体化する形で構築されていきました。この第25条は，単に生きることの保障だけでなく，「健康で文化的」に生きることを保障した点に特徴があり，社会福祉のあらゆる法律において目指されなければならない原理となっています。同時に，国が責任をもって社会福祉や社会保障等を進めていく責任をもつことも明記されています。

また，日本国憲法第13条の幸福追求権（個人の尊重）や，第14条の平等権（法の下の平等）なども社会福祉の法律における原理の1つとなっています。

2 具体的な社会福祉の法体系

現在の社会福祉の法体系は，社会福祉を目的とするすべての事業の共通的基本事項等を定めた**社会福祉法**を中心に，対象者や問題別に定められた具体的なサービス供給を規定する法律から成り立っています（図Ⅳ-1）。たとえば，社会福祉法が社会福祉事業の目的や，社会福祉事業の種類などを分類・規定している基本法なのに対し，いわゆる**社会福祉六法**は，基本的にそれぞれの対象者あるいは問題に対応することを定めた法律となっています。

そのなかでも生活保護法は，貧困問題に対応する法律であり，日々の生活費から住宅費，医療，教育費など，捕捉性の原理に従いながら生活におけるほぼすべてを1つの法律でカバーするように設計されています。海外の国々が，生活におけるそれぞれの側面に応じた単独の制度や給付形態を取っているケースが多いなかで，日本の法体系の特徴的な側面と言えるかもしれません。

そして，これらと関係するような形で他の様々な社会福祉関連の法律が位置付けられています。

3 社会福祉における法律と法体系の動向

わが国の社会福祉の法体系が，憲法で定める生存権の保障を具体的に展開するものとして整備されてきたことは間違いありません。一方で，1970年代後半からの福祉の見直し，その後の社会福祉基礎構造改革は，生存権保障の社会福祉から，サービス利用に関する権利擁護システムへの転換を進めました。その

▷1 日本国憲法第25条第2項では「国は，すべての生活部面について，社会福祉，社会保障及び公衆衛生の向上及び増進に努めなければならない」と規定されている。

▷2 社会福祉法
1951年に，社会福祉事業法として成立，社会福祉基礎構造改革を受けて2000年に改正され，現在の名称となった。

▷3 社会福祉六法
生活保護法・児童福祉法・身体障害者福祉法・知的障害者福祉法・老人福祉法・母子及び父子並びに寡婦福祉法を指している。

▷4 法律の他にも，政令や省令，規則，通知といったものもあり，それらは社会福祉の実施において重要なものである。

IV-1 社会福祉の法律

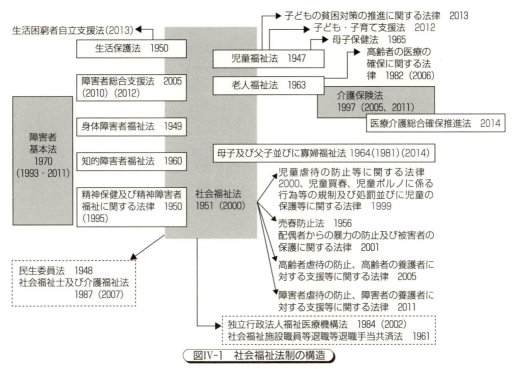

図IV-1 社会福祉法制の構造

出所：社会福祉士養成講座編集委員会編『現代社会と福祉 第3版（新・社会福祉士養成講座4）』中央法規出版，2012年，236頁を一部改変．

結果，判断能力が不十分な利用者に対する後見人制度も整備されました。

同時に，サービス利用に関して，利用者個々の主体性を法的に保障することを目指し，特に高齢者領域と障害者領域において，介護保険法などの契約制度を前提とする法律が導入されました。近年では，子どもの領域においても，認定こども園について，利用者と事業者の直接契約とすることが法的に規定されています。社会福祉の法体系も直接契約の法体系へとシフトしてきています。

また，わが国の社会福祉に関する法律を考える上で，国際条約等の影響を無視することはできません。たとえば，児童の権利に関する条約は，児童福祉法の改正，里親委託の推進や，子どもの貧困対策推進法の制定などの子どもの貧困対策の原動力ともなっています。さらに，2018年4月1日より施行される，障害を理由とする差別の解消の推進に関する法律（障害者差別解消法）の制定は，障害者の権利に関する条約を受けた国内法の整備の一環でもありました。

このように，わが国の社会福祉の法律や法体系は，国内における問題への対処だけでなく，国際的な動向をも受けて変化していることが理解できます。同時に，これまでの縦割り的な対応ではなく，関係省庁の連携の重要性が認識されてきたこともあり，近年では内閣府などが法律等の改正の中心となることも増えてきています。

（直島克樹）

IV 社会福祉の仕組みと運営

2 社会福祉行政の仕組み（国と地方）

1 国レベルの社会福祉の仕組み

社会福祉に関する国レベルの行政機関は厚生労働省であり，戦後のわが国の厚生行政の中核的役割を担ってきました。厚生労働省は，他の省庁と同様に国家行政組織法に基づいて設置されています。また，厚生労働省設置法において任務，所掌事務，権限が定められており，その第3条において国民の保健，社会福祉事業，社会保険事業などが任務として定められています。社会福祉関係の部局としては，社会・援護局，老健局，雇用均等・児童家庭局があります。

社会・援護局◁1は，社会福祉に関する基本的な政策の企画・立案や推進，社会福祉事業の発達，改善および調査に関する事務をはじめ，社会福祉士・介護福祉士・精神保健福祉士に関する事務，障害者の福祉の増進や保健の向上に関する事務等をつかさどっています。社会・援護局では，社会福祉法，生活保護法，社会福祉士及び介護福祉士法，精神保健福祉士法，民生委員法，障害者基本法，障害者自立支援法，身体障害者福祉法，知的障害者福祉法，精神保健及び精神障害者福祉に関する法律などを所管しています。

老健局◁2は，高齢者の福祉の増進や保健の向上，介護保険事業に関する事務，福祉用具の開発研究・普及の促進等の事務をつかさどっています。老人福祉法，介護保険法などを所管しています。

雇用均等・児童家庭局◁3は，2001年1月の中央省庁再編に伴い労働省の女性局と厚生省の児童家庭局が統合され設置された部局で，児童の福祉に関する基本的な政策の企画・立案や推進，児童の心身の育成や発達，児童の保育，養護，虐待の防止や児童手当に関する事務等をつかさどっています。雇用均等・児童家庭局では，児童福祉法，児童扶養手当法，児童手当法，母子及び父子並びに寡婦福祉法，母子保健法などを所管しています。これらの部局の他，総務省，内閣府，文部科学省等の各省庁も社会福祉行政と関連する業務を行っています。

2 地方レベルの行政の仕組み

社会福祉行政は，その性格上，専門的知識を有する職員や専門的な機関の設置を必要としており，都道府県や市町村の担当部局だけでなく，法律に基づいて専門行政機関が設置されています。福祉事務所はその代表的な機関であり，児童相談所，家庭児童相談室，身体障害者更生相談所，知的障害者更生相談所，

▷1 **社会・援護局**
総務課，保護課，地域福祉課，福祉基盤課，援護企画課，援護課，業務課の7課が置かれている。また内部部局の障害保健福祉部には，企画課，障害福祉課，精神・障害保健課の3課が設置されている。

▷2 **老健局**
総務課，介護保険計画課，高齢者支援課，振興課，老人保健課の5課が置かれている。

▷3 **雇用均等・児童家庭局**
総務課，家庭福祉課，保育課，母子保健課，雇用均等政策課，職業家庭両立課，短時間・在宅労働課の7課が置かれている。

IV-2 社会福祉行政の仕組み（国と地方）

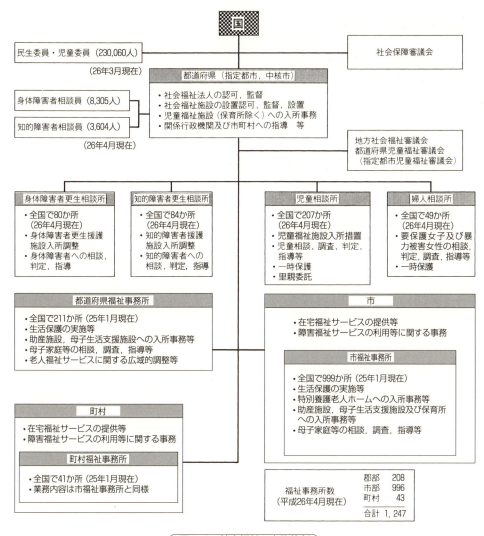

図IV-2　社会福祉の実施体制

出所：厚生労働省編『厚生労働白書（平成27年版）』日経印刷，2015年，資料編，192頁。

婦人相談所等も福祉サービスの運営において福祉事務所と連携してその業務を行っています。

都道府県には，地方自治法，条例の規定により知事の部局として社会福祉の部局が置かれており，地域によって民生部，生活福祉部等名称は異なりますが，管轄地域の住民の福祉サービスの業務を担っています。これらの部局の下に社会課，児童課，福祉課等が設けられています。市，特別区および町村では，市区町村長の事務部局として，都道府県と同様に必要な部課が設けられています。指定都市や中核市については，都道府県と同様の事務を処理することが定められ，ほぼ同様の組織となっています。

（岡田忠克）

Ⅳ 社会福祉の仕組みと運営

 社会保障審議会

 国における審議会の現状

社会福祉における国の役割は，国の社会福祉の方向性や方針を示し，社会福祉全体の枠組みを決定していくことです。日本において国レベルでその役割を果たしているのが厚生労働省です。厚生労働省には，厚生労働大臣の諮問に対して，様々な重要事項を調査審議し，厚生労働大臣や関係する行政庁へ意見具申を行う審議会として，社会保障審議会などが設置されています。この社会保障審議会などで出された意見は，国の社会保障・社会福祉政策を考えていく上で極めて大きな影響力をもっています。たとえば，原則3年に1度行われる介護報酬の改定については，社会保障審議会が諮問機関を担っています。

厚生労働省設置法第6条によれば，現在法律または政令によって設置されている社会保障関係の審議会等は，社会保障審議会，厚生科学審議会，労働政策審議会，医道審議会，薬事・食品衛生審議会，中央最低賃金審議会，労働保険審査会，中央社会保険医療協議会，社会保険審査会，独立行政法人評価委員会，がん対策推進協議会，肝炎対策推進協議会，過労死等防止対策推進協議会となっています。

2 社会保障審議会の構造と機能

社会保障審議会とは，主に社会保障制度や人口問題の重要事項について調査審議を行い，厚生労働大臣や関係する各大臣の諮問に答え，関係行政庁へ意見具申していく役割を担っていきます。調査審議等に必要であれば，関係行政機

統合・再編前	
人口問題審議会	40人
厚生統計協議会	25人
医療審議会	30人
中央社会福祉審議会	25人
身体障害者福祉審議会	30人
中央児童福祉審議会	55人
医療保険福祉審議会	37人
年金審議会	20人

→

統合・再編後

社会保障審議会
（定数30人以内）＊

＊臨時委員・専門委員を置くことができる（社会保障審議会令第1条第2項・第3項）。

図Ⅳ-3　社会保障関連の審議会の再編

出所：「第1回社会保障審議会資料」（2001年）厚生労働省ホームページ（http://www.mhlw.go.jp）。

表Ⅳ-1 社会保障審議会に設置されている分科会

名　称（担当課）	所　掌　事　務
統計分科会（大臣官房統計情報部企画課）	統計の総合的企画，調査，研究，統計の改善および整備，統計の知識の普及・指導に関する事項を調査審議する。
医療分科会（医政局総務課）	医療法の規定によりその権限に属させられた事項を処理する。
福祉文化分科会（雇用均等・児童家庭局育成環境課）	児童福祉法，身体障害者福祉法，社会福祉法第125条の規定によりその権限に属させられた事項を処理する。
介護給付費分科会（老健局老人保健課）	介護保険法，介護保険法施行法の規定によりその権限に属させられた事項を処理する。
医療保険保険料率分科会（保険局総務課）	健康保険法，船員保険法，健康保険法等の一部を改正する法律の規定によりその権限に属させられた事項を処理する。
年金記録訂正分科会（年金局事業企画課）	厚生年金保険法，国民年金法第14条の3第2項および第14条の4第3項並びに厚生年金保険の保険給付および保険料の給付の特例等に関する法律の規定によりその権限に属させられた事項を処理する。

出所：厚生労働省（2015）「社会保障審議会令」を一部改変。

関の長に対して，資料の提出や説明などの協力を求めることができます。

社会保障審議会は，もともと，厚生労働省の前身である厚生省に，中央社会福祉審議会，身体障害者審議会，中央児童福祉審議会，そして医療保険福祉審議会が設置されていましたが，**中央省庁の再編**に伴って現在の形態になりました（図Ⅳ-3）。

社会保障審議会は，学識経験のある者から選ばれた委員30人以内から構成され，状況に応じて臨時委員や専門委員も置くことができます。これらの委員を任命するのは厚生労働大臣です。委員は非常勤扱いであり，任期は2年とされています。再任も可能です。臨時委員や専門委員は，必要な審議や調査が終了すれば解任されます。社会保障審議会には会長を置くことになっていますが，会長は委員の互選によって選任されます。また，関係する行政機関から幹事となる職員を置き，委員を補佐していくことになっています。

審議会は3分の1以上の委員と臨時委員の出席がなければ，会議を開き，議決を取ることができません。また，審議会の議事に関しては，会議に出席した委員（臨時委員も含む）の過半数で議決となり，可否同数の場合は会長が決することになります。

現在，社会保障審議会には6つの分科会が置かれています（表Ⅳ-1）。審議会の庶務は厚生労働省政策統括官が統括し，分科会の庶務は表Ⅳ-1のような担当課が処理しています。年金記録訂正分科会は2015年1月に設置されました。また，審議会や分科会は，必要に応じて部会を置くことができると定められています。部会とは，たとえば年金部会や介護保険部会，福祉部会，障害者部会や児童部会などです。この部会の議決を審議会や分科会の議決として扱うこともできます。

（直島克樹）

▷ 中央省庁再編
行政のスリム化・効率化や透明化を狙った行政改革の一環として2001年に行われた。省庁を1府22省庁から1府12省庁に再編した。

Ⅳ　社会福祉の仕組みと運営

 社会福祉の財政

1　国レベルの社会福祉を支える財政

わが国の財政システムは単年度会計をとっており，当該年度ごとに国会の審議を経て，歳出予算・歳入予算が見積もられ，決算されています。わが国の社会保障・社会福祉関係費は，今日一般会計予算においてかなりの割合を占めるようになっています。直接的な行政サービス経費としては，他の行政サービスに比べ群を抜いています。1996年度には14兆2,879億円が計上されており，一般歳出に占める割合としては19.0％と全体の約5分の1となっています。1996年度以降は微減傾向が続いていますが，2008年度予算では21兆7,824億円（26.2％）と再び増加しています。

社会保障給付費の部門別推移をみると，2009年度では「年金」に51兆7,246億円（51.8％），「医療」に30兆8,447億円（30.9％），「福祉その他」に17兆2,814億円（17.3％）の費用がかかっています。社会保障給付費は，年々増加しており近年の社会保障構造改革によって早急の対応が要請されています。わが国の歳入状況は，近年の経済不況によって税収入が落ち込んでおり，また，公債に依存する形で予算が組まれ，将来に負担を残す状況となっています。このような財政状況をふまえ，新たな社会保障システムの再編が求められています。

地方レベルの社会福祉を支える財政

社会福祉サービスの推進においてかかる費用を**民生費**といいます。民生費は，生活保護費，児童福祉費，老人福祉費，心身障害者や知的障害者などの福祉対策や他の福祉費等に分類できない総合的な福祉対策にかかる費用である社会福祉費，災害救助費によって構成されています。民生費は，土木費，教育費に次いで多い支出となっています。図Ⅳ-4は民生費の目的別歳出の年次推移です。2009年度の歳出は，12年前（1997年度）に比べ生活保護費1.79倍，児童福祉費1.57倍，老人福祉費1.47倍，社会福祉費1.51倍となっています。このうち老人福祉費は，高齢化に対応するために策定されたゴールドプラン・新ゴールドプラン・ゴールドプラン21による財政支援を背景に，支出増加が著しい結果となっています。児童福祉費や社会福祉費についても少子化対策や子育て支援，障害児・障害者支援など各施策の充実によって増加傾向がみられています。

▷1　年金
厚生年金，国民年金等の公的年金，恩給及び労災保険の年金給付等が含まれる。

▷2　医療
医療保険，老人保健の医療給付，生活保護の医療扶助，労災保険の医療給付，結核，精神障害その他の公費負担医療，保健所等が行う公衆衛生サービスに係る費用等が含まれる。

▷3　福祉その他
生活保護の医療扶助以外の各種扶助，児童手当等の各種手当，施設措置費等社会福祉サービスに係る費用，医療保険の傷病手当金，労災保険の休業補償給付，雇用保険の失業給付等が含まれる。

[IV-4] 社会福祉の財政

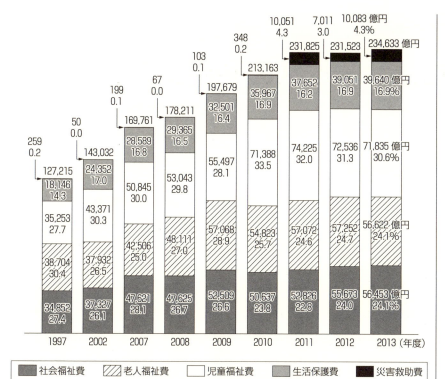

図IV-4 民生費の目的別歳出の年次推移

出所:総務省編『地方財政白書(平成27年版)』日経印刷,2015年。

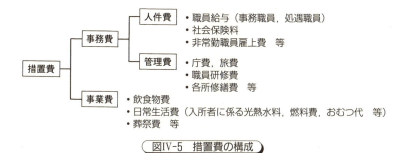

図IV-5 措置費の構成

出所:厚生省社会・援護局企画課監修『社会福祉基礎構造改革の実現に向けて』中央法規出版,1998年,180頁。

▷ 4 民生費

民生費の財源構成は、①地方税(都道府県民税、市町村民税、自動車税、固定資産税など)、②地方譲与税(国が徴収した税を一定割合地方に譲与する)、③地方交付税交付金(所得税、酒税の32%、法人税の34%、消費税の29.5%、たばこ税の25%の合算額が地方に割り当てられる)、④国庫支出金(負担金、委託金、補助金)、⑤地方債、⑥その他(分担金、負担金、寄付金、使用料、手数料など)。①②③は一般財源とされており、その使途は地方自治体の裁量に任されており制限はない。国庫支出金は特定財源で、その支出目的が制限されており、民生費においてはかなりの割合を占めている。

3 社会福祉サービスにかかる費用の仕組み──措置費制度

　社会福祉サービスの提供にかかる費用、とりわけ各社会福祉法に基づいて地方自治体が行う(社会福祉法人等への委託を含む)社会福祉施設の入所の措置にかかる費用を**措置費**といいます。措置費は、入所者の日常生活費や飲食費にかかる事業費と職員の給与や社会保険料、職員研修費などにかかる事務費に大別することができます(図IV-5参照)。この措置費の国庫負担の割合は、地方財政法、社会福祉六法、それらに基づく政令によって設定されています。

(岡田忠克)

▷ 5 措置費

措置費の呼び方は、各法律によって異なり、老人福祉法では「措置に関する費用」、児童福祉法では「施設の最低基準を維持するために要する費用」、身体障害者福祉法では「行政措置に要する費用」となっている。

Ⅳ 社会福祉の仕組みと運営

 社会福祉サービスの利用システム

 措置制度

　第二次世界大戦後のわが国における社会の状況は，生活困窮者や孤児，障害のある人々などが街に溢れ，また国民全体が窮乏するなかで，緊急的な対応を必要とする状況でした。この深刻な事態において，援助を必要とする人々に，行政（都道府県ならびに市町村など）の専門的な判断で社会福祉サービスの提供を可能とするために措置制度が導入されました。

　措置制度とは，行政機関が社会福祉サービスの利用が可能かどうかを判断し，サービス内容を決定し，どこの指定事業所からサービスを受けるかということを決定するシステムです（図Ⅳ-6）。これを措置委託方式と言います。行政庁の判断で優先順位の高い要援護者から支援することが可能となり，全国のどこにいても一定水準以上のサービスを平等に提供することができます。

　一方で，措置制度の大きな問題点は，サービスを主体的に利用する権利を法的に利用者がもっておらず，あくまでも権利が行政の判断によって反射的に与えられるものでしかないという点にあります。その他の措置制度の問題点として，競争原理のなさによるサービスの画一性や予算上の制約などがあげられることもありますが，この点は国が主となる福祉サービスをできるだけ減らしていこうとする政治的力動とも深い関係があります。実態としては，措置制度のほうが有効に機能する状況ももちろんあります。ただ，一人ひとりの主体的権利としてのサービス利用システムへの転換は必要であり，そのなかで推進されてきている利用システムが契約制度なのです。

▷1　①一定の年齢に達した利用者は介護保険に加入し，一定の基準と方法により，保険料を負担する。②介護サービスを利用しようとする者は，保険者としての市町村に対して介護の要否と程度に関する認定の申請を行う。この申請は，第一義的には，被保険者としての請求権によるものである。③市町村は，要介護認

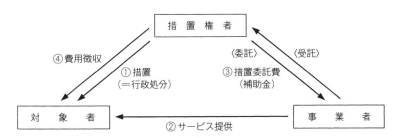

図Ⅳ-6　措置制度の仕組み

出所：厚生省社会・援護局企画課監修『社会福祉基礎構造改革の実現に向けて』中央法規出版，1998年，176頁。

IV-5 社会福祉サービスの利用システム

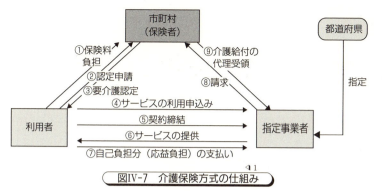

図IV-7 介護保険方式の仕組み

出所：仲村優一ほか監修，岡本民夫ほか編『エンサイクロペディア社会福祉学』中央法規出版，2007年，773頁。

定基準に基づいて介護の要否と程度の認定を行い，要介護認定者について利用可能な介護費の額を決定し，利用者に通知する。④利用者はケアプラン作成事業者の助言を受けてケアプランを策定し，指定事業者にサービスの利用申し込みを行う。⑤利用者は，サービスの内容や条件などについての指定事業者の説明を聞いて契約を締結する。⑥指定事業者は，契約に基づいて所定の介護サービスを提供する。⑦利用者は，自己負担分の支払いをする。⑧指定事業者は，利用者からの負担分を除いた費用について保険者に支払いの請求をする。⑨市町村は介護給付の支給を行い，指定事業者は，これを代理受領する。

2　契約制度

　契約制度によるシステムの一番の特徴は，サービス利用者が使いたいサービスや事業者を自ら選択して決める権利をもち，直接事業者とサービスの利用契約を結ぶという点にあります。この契約制度の導入の動きは，保育所サービスの利用において，利用したい保育所を選択することができる選択利用方式から始まりました。

　そして高齢者分野では介護保険制度の施行（図IV-7），障害者分野では支援費制度（後に障害者自立支援法へ移行，現在は障害者総合支援法）の施行に伴って契約制度が本格的に導入されています。近年では，認定こども園の利用に関して，利用者が事業者と直接契約する仕組みが導入され，契約制度による利用システムが推進されています。そのため，判断能力が不十分な場合に，それをサポートしていく権利擁護システムの重要性が高まっています。

　一方，契約制度は，過度の自己責任論とも結びつきやすいものであり，契約制度の移行が決して行政等の社会的な責任を弱めるものであってはなりません。また，契約そのものの思考と福祉における思考に一定の隔たりがあることも忘れてはなりません。

▷2　秋元美世「福祉契約の特質と課題をめぐって」『週刊　社会保障』第56巻第2214号，2002年，20～23頁。

▷3　もともと障害者福祉サービスは応能負担であったが，障害者自立支援法の施行に伴い，2006年より応益負担が導入された。しかしながら，多くの批判があり，結果として2012年4月より，障害者自立支援法（現在は障害者総合支援法）は従来の応益負担から応能負担へと変更された。

3　利用者のサービス費用負担の方式──応能負担と応益負担

　サービス利用システムの理解を深めるためには，利用者の費用負担方式も理解する必要があります。社会福祉サービスの費用負担方式としては，応能負担と応益負担の2種類に分けることができます。

　応能負担とは，サービス利用者等の収入に応じてサービス利用負担額が決まる仕組みであり，障害者福祉サービスや保育サービスなどがこの方式の代表的なものです。応益負担とは，利用したサービスの量に応じて，一定の金額を支払う方式であり，介護保険サービスは原則1割負担となっています。

（直島克樹）

▷4　2014年6月に成立した医療介護総合確保推進法により，介護保険サービスの利用に関しては，2015年8月から，年間の年金収入が単身で280万円以上の人は2割負担となった。高齢者全体の約20%に該当すると言われている。

IV 社会福祉の仕組みと運営

6 社会福祉サービスの提供システム

1 社会福祉における公私論

社会福祉サービスの提供システムとは，公的な社会福祉と民間の社会福祉との位置づけのあり方を理解することでもあります。近年積極的に推進されている地域福祉も，本質的にはこの公私関係のあり方を問うています。

社会福祉の公私関係に関わる公私論として歴史的に有名なのが，第一に，平行棒（the parallel bars theory）と繰り出し梯子（the extension ladder theory）に例えられる2つの考え方です。前者はケースの性質によって公私の役割を分割するものであり，民間では対応できない深刻なケースのみに公的部門を限定した，平行的な公私の関係性を想定するものです。つまり，そこに公的な側面の積極的な発展はなく，あくまでも二次的なものとして考えるということです。

後者は，平行棒理論のように民間部門が前提ではなく，公的部門の果たすべき役割がまずあり，その上で公的部門では果たせない独創的かつ柔軟な活動を，民間部門が梯子のように担うという考え方です。つまり民間部門の開発性かつ開拓性を，公的部門を前提として考えるものです。これらの公私関係に関する展開は，生活の保障に対する公的なサービス提供システムの役割を前提にするかしないかという違いがあると言えます。

他方で，福祉国家の構築に貢献したとされるのがベヴァリッジ報告ですが，ベヴァリッジは「**ボランタリー・アクション（Voluntary Action）**」[1]という私的文書も第三報告書として公表しています。これは，市民が国家と個人の間の**中間団体**[2]を形成し，ボトムアップ的に支援活動をつくり上げていくことこそ，福祉国家の目指すべき公私関係のあり方であるという考えでもありました。

2 サービス提供システムの変遷

さて，第二次世界大戦以前の日本において，公的なサービス提供は非常に限定されており，社会事業家の活動など，寄付等を通じた民間レベルでのサービス提供が大きな役割を果たしていました。戦後は占領軍による指導（たとえば**SCAPIN775**[3]など），日本国憲法に国の責任が明記されたこともあり，社会福祉サービスの提供を公的な責任のもとで積極的に進めていくことになりました。

たとえば，社会福祉法人に関する規定は，民間事業者であっても公的な責任の下でサービスを提供していくためにつくられたものでもありました。高度経

▷1 **ボランタリー・アクション（Voluntary Action）**
国家の役割をナショナル・ミニマムを保障するものとし，市民によるボランタリー・アクションがあって初めて社会進歩が実現されるとした。

▷2 **中間団体**
⇒Ⅲ-4参照。

▷3 **SCAPIN775**
SCAPINとは連合国最高司令官司令のことであり，775号は，公的扶助の3原則（無差別平等，国家責任の明確化，最低生活の保障）について，日本政府に対する司令である。

済成長を通じて，公的なサービス提供はさらに対象者等を拡大していきました。

しかし，オイルショック以降の福祉の見直しは，公的なサービス提供を縮小し，規制緩和が進められるなかで，民間による社会福祉サービスの拡大が図られました。その結果，現在ではNPOなどの営利を目的としない非営利組織のみならず，営利を目的とした民間企業も社会福祉サービスの提供主体として位置づけられ，多様な主体による社会福祉サービスの提供が行われています。

3 福祉多元主義

福祉多元主義とは，ボランティアや市場などの長所を積極的に取り入れていこうとする立場を意味しています。官僚性の生み出すサービスの硬直性，国が提供するサービスの非効率性などに対する批判が込められたものでもあります。

つまり，国が社会福祉サービスを一元的に管理するのではなく，営利企業も含め，多様な主体がそれぞれのもっている特徴を生かして役割分担をしていくことが望ましいということを意味しています。1978年のイギリスの「ウルフェンデン報告（The Future of Voluntary Organization）」は，まさにそういった社会福祉サービスの提供システムを提起するものでした。

4 サービス提供システムの今後の課題

福祉多元主義は，これからの社会福祉サービスの提供システムのあり方として考えられることが多いですが，一方で，家族やインフォーマル部門などの活用は，公的責任の減退，放棄となる可能性もあり，両手をあげて無条件に歓迎できるものではありません。また，福祉多元主義は多様な主体の最適な組み合わせが生じることを前提としていますが，必ずしもその最適な組み合わせが予定したとおりに進むものではないという点も忘れてはいけません。

実際，公的なサービスを市場原理を通じて管理・供給していく"準市場"が形成され，国や地方自治体の役割は，公的資金を投入して形成されるその準市場が機能するような仕組みを整え，管理することへとシフトしています。このことは，新自由主義が目指す条件整備国家の形成を補強するものでもあります。そして，その補強があたかも地域福祉の推進という形で進められていることに大きな問題があると言えるでしょう。

また，介護保険などの枠組みに従った行政の下請けのような形で経営を成り立たせているNPOなども多く，これまでの公的福祉とは異なる，新たな管理体制ができあがっている実態に対しても目を向けていくことが必要です。一方で，近年では「**社会的企業**」としての形態をとるNPOも増えてきており，委託業務だけでなく，自ら事業を開拓していく活動が活発化しています。いずれにしても，改めて社会福祉の公私論やそこからの**公共性**について，積極的に議論を深めていくことが必要不可欠となっています。

（直島克樹）

▷4 **社会的企業**
社会福祉においての社会的企業とは，「生活支援にかかわる社会サービスを地域住民の社会参加と社会貢献を事業化して提供する」ことである。
牧里毎治「社会起業のゆくえ」神野直彦・牧里毎治編著『社会起業入門——社会を変えるという仕事』ミネルヴァ書房，2012年，287～291頁。

▷5 **公共性**
公共性という言葉は，決して行政や国家のみを指しているわけではない。「公」と「私」の協働関係を意味しており，行政優位の言葉ではない。右田（1993）は，"あらたな公共"を打ち出しており，それは，分権化の流れのなかで，新保守主義による福祉国家からの転換現象でもある地方福祉国家化に対峙するための基礎概念でもある。"あらたな公共"は，これまでの行政優位の公共概念では決してなく，住民が主体となる住民主導の概念提起でもある。右田紀久惠「分権化時代と地域福祉——地域福祉の規定要件をめぐって」右田紀久惠編著『自治型地域福祉の展開』法律文化社，1993年，3～28頁。

Ⅳ 社会福祉の仕組みと運営

社会福祉の計画的推進

社会福祉の計画とは

　ここでの社会福祉の計画とは，主に社会福祉の政策的側面を焦点とする行政による行政計画を意味しています。国や地方自治体は，政策の一定のビジョンを具体的に国民や住民に示すために計画を策定します。そのため計画では，一定の目的に沿って，その目的の達成のために必要となるサービスの量的・質的整備の目標や具体的方法などについて定めます。また，関係機関との連絡調整も，公的機関の各部署に限らず，**民間機関**や地域住民も含めて行われます。

　基本的に，国は長期的な計画を策定し，具体的なサービスに関わる地方自治体は分野別の社会福祉に関する計画を定めています。そして，主に都道府県の計画は市町村を支援することなどを目的とした基盤計画であり，市町村が策定する計画は具体的な実施計画となります。

　計画を定めるにあたっては，行政のみではなく，社会福祉事業者とも連携・協働する必要があり，地域住民などの意見を計画に反映することが求められます。特に，地域福祉計画などにおける地域住民の参加と協働は必要不可欠です。それゆえ，策定に際しては，地域住民も含めた計画策定委員会が置かれます。

　また，策定した計画を評価することも重要です。たとえば，計画した実施内容の費用や過程，効果を関連付けて評価するものをプログラム評価と言います。

> 1　民間機関
> 社会福祉協議会，民間社会福祉施設，NPO，自治会，ボランティア・グループ，当事者団体等がある。

社会福祉の計画化推進の背景

　社会福祉の計画的推進が日本で求められた1つの背景として，行政のバラマキ型予算が批判され，優先順位をもって効果的かつ効率的に福祉的課題に取り組んでいく必要性が生じたという点があります。さらに，高齢化や障害，少子化などの社会的課題が表出してくるにつれ，それらを総合的に捉え，限られた財政基盤のなかで最大限の成果をあげることが行政に求められたという点もあります。また，戦後の行政主導の社会福祉サービスにおいては，地域で生活する住民の主体性を奪い，その結果，硬直的かつ画一的な社会福祉サービスの展開を招いたという批判もありました。地域住民の主体性は社会福祉の理念上重要であり，その主体性を育むためにも，計画という政策決定過程等への参加と行政との協働を促進していくことを焦点に説明されることもあります。

　このように，社会福祉の計画化の推進は，財政的効率化，社会的課題への総

表IV-2　わが国の社会福祉計画の構成

分野	ねらいと内容	国の基本計画	都道府県・指定都市	市区町村
地域福祉関係	地域福祉の推進	個別福祉法等の計画等を包括する	地域福祉支援計画（策定努力義務規定）＊平成15年施行	地域福祉計画（策定努力義務規定）＊平成15年施行
老人福祉関係	老人福祉サービスの整備	ゴールドプラン，新ゴールドプラン，ゴールドプラン21，オレンジプラン	老人福祉計画（策定義務規定）〈平成5年〜〉	老人福祉計画（策定義務規定）〈平成5年〜〉
介護保険関係	介護給付等対象サービスの確保・整備	介護保険事業の基本指針，オレンジプラン	介護保険事業支援計画（策定義務規定）〈平成12年〜〉	介護保険事業計画（策定義務規定）〈平成12年〜〉
児童福祉関係	子育て支援施策の基本方向	エンゼルプラン，新エンゼルプラン，子ども・子育て応援プラン，子ども・子育てビジョン	児童育成計画（策定は任意）〈平成7年〜〉／次世代育成支援都道府県行動計画（策定義務規定）〈平成17年〜〉／子どもの貧困対策計画（策定努力義務規定）〈平成25年〜〉	児童育成計画（策定は任意）〈平成7年〜〉／次世代育成支援市町村行動計画（策定義務規定）〈平成17年〜〉
障害者福祉関係	障害者福祉サービスの整備	障害者プラン，障害者基本計画（新障害者プラン），障害者基本計画（第3次）	障害者計画（策定義務規定）	障害者計画（策定義務規定）

出所：岡田忠克「社会福祉の計画的推進」山縣文治・岡田忠克編『よくわかる社会福祉（第9版）』ミネルヴァ書房，2012年，59頁を一部改変。

合的対応の必要性，加えて地域住民の主体性など，政策的かつ実践的な側面が絡み合って説明されます。

3　現在のわが国における社会福祉の計画化の動き

　1990年に都道府県や市町村に老人保健福祉計画（現：**老人福祉計画**）の策定が義務づけられて以降，わが国の社会福祉の計画的推進の動きは，すべての領域において進みつつあります（表IV-2）。

　高齢者領域では，2000年から介護保険事業計画も策定されています。また，近年では国の認知症対策としてオレンジプランが始まり，2015年以降，介護保険事業計画等に反映されることが期待されています。

　障害者領域では，障害者基本計画を規定する障害者基本法が2011年に改正され，障害の範囲等が見直されたこともあり，今後の具体的な計画の段階で生かされることが期待されています。都道府県や市町村が策定する障害福祉計画は，2004年以降策定が義務化されています。

　また，児童の領域においては，2010年に子どもを主体に考えた政策の必要性が示されました。さらに，**次世代育成支援行動計画**は，101人以上の従業員のいる事業主にも行動計画の策定を義務づけています。

　そして**地域福祉計画**は，地方分権の進展と地域住民の主体性が求められるなかでその重要性が増しています。この地域福祉計画と一体的に策定されるのが，社会福祉協議会の地域福祉活動計画（アクションプラン）です。一方で，未だすべての市町村などが地域福祉計画を策定しているわけではなく，さらに住民参加のあり方など，今後の大きな課題となっています。

（直島克樹）

▷2　市町村老人福祉計画
老人保健福祉計画が位置づけられて以降，便宜的に老人保健福祉計画と称していたが，2008年の老人保健法廃止以降は，老人福祉計画となっている。

▷3　次世代育成支援行動計画
この計画の根拠法である次世代育成支援対策推進法は，2015年度までの時限立法であったが，2025年度までの延長が決まっている。

▷4　地域福祉計画
2000年の社会福祉法によって位置づけられた行政計画。従来の高齢・障害・子どもという分野を総合して考えるものである。努力義務として策定が位置づけられている。

Ⅳ 社会福祉の仕組みと運営

社会福祉と地方分権

1 社会福祉において地方分権をすすめること

○地方分権とは

　地方分権とは，憲法で定める地方自治の理念に立脚しその地域住民のニーズに応答し，全般的な住民の福祉を達成するために，地域業務に関わる権限と責任を中央政府から地方自治体に委譲することをいいます。福祉改革が進展していく中，わが国の社会福祉行政は転換しようとしていますが，その背景には，これまでのあり方を問い直すパラダイム転換が起こっています。とりわけ「中央から地方へ」，「地方の時代」と長年唱えられてきた地方分権は，近年の社会福祉運営に影響を与えた最も有力な考え方といえるでしょう。

　これまで社会福祉のみならず，すべての行政分野において，分権化は地方自治体にとってみずからの行政を行う上で必要不可欠のものでした。地方自治体が，地方自治の理念に立脚しその地域住民のニーズに応答し，全般的な住民の福祉を達成するためには，みずからの業務に関わる権限と責任が必然的に要請されます。しかしながら，わが国では，**機関委任事務**▷1によって，事業の実施は地方自治体により行われてきた経緯があり，その権限は中央省庁に残されるという仕組みが事務システムに存在していました。社会福祉に関しては，1986年の団体委任事務化により，生活保護を除く業務が**団体委任事務**▷2として位置づけられるようになりましたが，政令や省令により中央政府のコントロールが依然として存在していました。地方自治体が，地方自治法に基づき「**地方自治の本旨**」▷3に立脚した行政を行うためには，一層の分権化が要請されたのです。

○わが国の地方分権の動き

　1990年代に入り，分権化の流れは一層加速していきました。社会福祉関係八法改正による高齢者福祉分野，身体障害者福祉分野の措置権限の町村への委譲は，住民に最も身近な基礎自治体である市町村の役割に期待したものであり，同時に各自治体に住民に対する責務の遂行という新たな課題を課したものといえるでしょう。

　1995年5月には地方分権推進法が制定，地方分権推進委員会が発足し，地方分権が具体的に検討される中，社会福祉分野にあっては，生活保護事務の法定受託事務化や福祉事務所所員の必置規制の緩和，社会保険業務の地方事務官の廃止等が検討されました。委員会はその後続けて**勧告**▷4を行い，1998年5月には，

▷1　**機関委任事務**
基本的には国の事務であるが，法律またはこれに基づく政令により自治体の一機関である長（首長）に委任された事務。1999年の地方分権一括法によってその一部は法定受託事務となった。

▷2　**団体委任事務**
法律や政令によって地方自治体に委任された事務。機関委任事務とは異なり，委任された地方自治体の事務として扱われる。1999年の地方分権一括法によって自治事務となった。

▷3　**地方自治の本旨**
日本国憲法第8章に規定されており，その内容は，①住民自治（住民自らが自らの地域のことを考え，自らの手で治めていくこと）と，②団体自治（地域のことは，地方公共団体が自主性・自立性をもって，自らの判断と責任の下に地域の実情に沿った行政を行っていくこと）によって構成されている。これは，地方自治の健全な発達は，あくまでも住民の自主的な活動によって達成されるものであって，国家が家父長的な態度で指導することがあってはならないという考え方に基づいている。

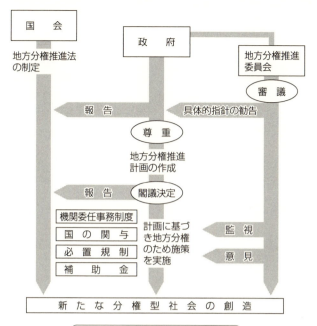

図IV-8 地方分権推進法の仕組み

出所：総務省ホームページ (http://www.soumu.go.jp)。

地方分権推進計画が策定され，1999年7月には，地方分権一括法が成立し，社会福祉分野の地方分権は一歩進みました。その後2001年7月には，地方分権推進会議が発足し，一層の地方分権の推進が図られています。

2 社会福祉における国と地方自治体

地方分権により事務や権限が，地方自治体に委譲されることになりましたが，このことは同時に，国，都道府県，市町村それぞれの役割と責任の明確化を要請しています。分権化により権限を委譲した国の役割がなくなるのではなく，また，権限をもつことになった市町村が絶対的なものとして位置づけられるものでもありません。重要なのは，地域住民が安全に生活できるように，福祉サービスを提供するためにはどのような機能・役割を，国，都道府県，市町村の各機関に担わせるかを考えることであるといえます。国と地方自治体の関係における社会福祉の機能をあげてみると，

①社会福祉サービスの企画・立案・調査，②サービスの執行・実施，
③**財政責任**，④**行政責任**，⑤サービス評価・監査，
⑥サービスの執行・実施における施行細則の策定，
⑦執行・実施における管理・調整，⑧マンパワーの確保・整備，
⑨施設・設備の設置，整備，⑩他の関連部局との調整

の10点をあげることができます。これらの機能が分担され社会福祉が運営されるわけですが，ただ分担されただけに終わってはならず，これらの機能が有機的に連携・協働しなければならないでしょう。機能の「分担」と「協働」は連動しています。つまり，各機能が分担された国，都道府県，市，町村の各行政主体の連携・協働が必然的に要請されています。 （岡田忠克）

▷4 地方分権推進委員会勧告
地方分権推進委員会は，中間報告（1996年）をはじめとして第一次勧告（1996年），第二次勧告（1997年），第三次勧告（1997年），第四次勧告（1997年），第五次勧告（1998年）と5回の勧告を行い，2001年6月には，最終報告を行っている。

▷5 財政責任
社会福祉サービスの提供や運営管理に関する財務を適正に執行していく責任と，その会計を処理する責任。

▷6 行政責任
行政組織あるいはそれに属する行政官が，与えられた任務を適正に果たす責任。これは①行政官の上司に対する責任と，②行政組織の国民に対する責任に分類される。

Ⅴ 社会福祉の機関と施設

厚生労働省

1 厚生労働省の誕生

2001年1月,「国家の存続」,「国富の確保・拡大」,「国民生活の保障・向上」「教育や国民文化の継承・醸成」という4つの基本的な国家機能の下,**中央省庁**再編が行われました。この再編により,日本の行政は,内閣府をはじめとする12の各府省によって担われることになりました。厚生労働省は「国民の生涯を通じた生活の支援・保障・向上を担当し,あわせて経済の発展に寄与することを第一義的な目的とする省庁」です。

厚生労働省は,再編の中で旧厚生省と旧労働省とが統合され誕生したものです。この統合により,社会福祉・社会保障・公衆衛生という旧厚生省の施策と,働く環境の整備・職業の安定・人材の育成という旧労働省の施策とが総合的・一体的に実施されることになりました。

2 厚生労働省の仕事

疾病・貧困・育児・障害・高齢など社会生活上の支援を必要とする事態と,社会生活を営む上での資材を得る就労はもともと深く関連しています。たとえば,乳幼児をもつ母親の就労を支えるには,保育所をはじめとする育児支援施策だけでなく,育児休業や労働時間短縮などの就業環境の整備が不可欠です。また,**ノーマライゼーション**理念に添った障害者の生活支援には,在宅福祉サービスの充実とともに就労機会の提供も欠かせません。

貧困対策には,職業紹介等の雇用対策だけでなく,疾病や傷病の際の社会保障制度のセーフティネットが必要です。

2008年12月に提出された「厚生労働行政の在り方に関する懇談会 中間まとめ」では,厚生労働省がその業務として「年金,医療,福祉,労働など,国民一人ひとりの生命・健康や日常生活に直接影響をもつ重要な制度を運営している」ことに言及し,「国民一人ひとりの立場を大切にしながら与えられた使命を着実に遂行していくこと」を,厚生労働行政に求めています。

3 厚生労働省の組織

厚生労働省の組織図のうち,社会福祉行政と関わりが深いのは,雇用均等・児童家庭局,社会・援護局,老健局です。雇用均等・児童家庭局は,厚生省の

▷1 **中央省庁**
内閣府・総務省・法務省・外務省・財務省・文部科学省・厚生労働省・農林水産省・経済産業省・国土交通省・環境省・防衛省の1府11省。

▷2 厚生省監修『厚生白書(平成12年版)』ぎょうせい,2000年,229頁。

▷3 ノーマライゼーション
⇒Ⅰ-9参照。

▷4 「厚生労働行政の在り方に関する懇談会 中間まとめ」2008年12月25日(http://www.mhlw.go.jp/shingi/2009/01/dl/s0115-3i.pdf 参照)。

図V-1　厚生労働省の組織

（注）　2001年1月に改変された厚生労働省の組織図。保健医療，労働・雇用，福祉，年金・保険といった「揺りかごから墓場まで」を支える，生活に密着した行政が行われる。

出所：厚生労働省編『厚生労働白書（平成25年版）』日経印刷，2013年，資料編，284頁より一部修正。

「児童家庭局」と労働省の「女性局」が統合してできました。男女の雇用機会と待遇の均等化，職業生活と家庭生活の両立支援（ワーク・ライフ・バランス），さまざまな家庭を対象とした子育て支援，児童虐待防止対策，母子家庭・寡婦の自立支援，児童の健全育成，児童手当・子ども手当などの対策を担当しています。社会・援護局では，福祉事務所，福祉人材確保，ボランティアの基盤整備，生活保護制度の運営，ホームレス対策など，幅広い業務を行っています。また，第二次世界大戦の遺族や戦傷病者への年金の支給や中国残留邦人対策など，戦後処理もこの部署が担っています。社会・援護局の中にある障害保健福祉部では，ノーマライゼーションの理念のもと障害者の自己決定を重んじた障害者自立支援法に関わる業務などを行っています。老健局では，超高齢化社会を見据えた介護保険，高齢者の健康づくり等に関わる業務を行っています。

「社会保障政策と労働政策を一体的に推進する5」という命題のもと，厚生労働大臣の他，2人の副大臣，2人の政務官の計5名の政治家と厚生労働省職員とが政策決定にあたります。この他，厚生労働省には，それぞれの分野の政策について専門的な審議を行う審議会があります。男女共同参画型社会の実現，少子高齢化社会の進行という流れの中で，今後，医療・雇用・年金・社会福祉という国民の生活を支える施策が効果的に実施されていくことが望まれます。

（土田美世子）

▷5　「厚生労働省について」（http://www.mhlw.go.jp/kouseiroudou-shou/）。

Ⅴ 社会福祉の機関と施設

 福祉事務所と家庭児童相談室

 福祉事務所の設置と職員

　福祉事務所は，社会福祉法に基づき，都道府県と市に設置が義務づけられている「福祉に関する事務所」の通称です。町村は任意設置で，複数の町村で連合体をつくり，その区域を対象とする福祉事務所を設置することもできます。2014年4月現在，全国の設置数は，都道府県208，市996，町村43の1,247か所です。

　福祉事務所には，所長，実際のケースを担当する現業員，現業員を指導監督する査察指導員，事務担当職員の他，老人福祉指導主事・身体障害者福祉司・知的障害者福祉司等がおかれています。現業員は，担当地区の住民の福祉の向上・予防・必要な措置等の業務を行います。

 福祉事務所の業務

　各担当地区内の住民の福祉に関する窓口的な行政機関で，社会福祉六法に基

都道府県福祉事務所（郡部）	市
・全国で211か所（2013年1月現在） ・生活保護の実施等 ・老人福祉サービスに関する広域的調整等 ・助産施設，母子生活支援施設への入所事務等 ・母子家庭等の相談，調査，指導等	・在宅福祉サービスの提供等 ・障害福祉サービスの利用等に関する事務
町　村	市福祉事務所
・在宅福祉サービスの提供等 ・障害福祉サービスの利用等に関する事務	・全国で999か所（2013年1月現在） ・生活保護の実施等 ・特別養護老人ホームへの入所事務等 ・助産施設，母子生活支援施設及び保育所への入所事務等 ・母子家庭等の相談，調査，指導等
町村福祉事務所	
・全国で41か所（2013年1月現在） ・業務内容は市福祉事務所と同様	

福祉事務所数 （2014年4月現在）	郡部　208 市部　996 町村　 43 合計　1,247

福祉事務所職員総数 14万5,025人
（2011年10月現在）

図Ⅴ-2　福祉事務所の概要

（注）都道府県福祉事務所の業務には，「広域的調整等」などの都道府県全体を視野に入れた連絡・調整業務があるのに対し，市福祉事務所では「入所事務等」の住民生活に密着した，より具体的な業務の多いことがわかる。
出所：厚生労働省編『厚生労働白書（平成27年版）』日経印刷，2015年，資料編，192頁より一部修正。

表V-1 査察指導員・現業員数

	査察指導員	現業員 常勤	現業員 非常勤
総数	3,221	19,406	3,451
郡部	358	1,455	109
市部	2,863	17,951	3,342
生活保護担当	2,596	13,881	655
郡部	343	1,246	36
市部	2,253	12,635	619

出所：厚生労働省「平成21年度福祉事務所現況調査」。

づく援護・育成・厚生の措置の事務を行います。日本国憲法第25条の生存権の具現化としてさまざまな理由で生活が困窮した時に受給することができる生活保護業務は，福祉事務所の中で大きな位置を占めます。この他，身体障害者福祉法・知的障害者福祉法・児童福祉法・母子及び父子並びに寡婦福祉法・老人福祉法に基づく施設への入所事務や在宅福祉サービス，日常生活の相談などを担当しています。今日，地域福祉が重視される中で，住民に身近な市町村での福祉サービス提供の比重が高まり，都道府県福祉事務所の役割は，生活保護の事務を除いては機能が縮小しつつあります。

　福祉事務所は，単独で全ての福祉サービスを提供するのではなく，住民の福祉に関する相談窓口として，他の専門機関との連携も重要な役割となります。住民のニーズをフロントとして受け止めサービスに結びつけるには，職員の専門性の確保も必要です。また，近年の厳しい経済状況の中，増加する生活保護世帯への適切な支援を行うため，職員配置についても検討されてきています。

③ 家庭児童相談室

　児童に関する専門機関としては児童相談所がありますが，より身近な相談機関として，福祉事務所内に家庭児童相談室が設置されています。家庭児童相談室は，児童相談所と相互に連携を取り業務にあたります。たとえば，育児やしつけ，市町村が扱うべき一般的な相談はより身近な家庭児童相談室で担当しますが，重篤な虐待等，児童相談所の機能を必要とするような相談は，児童相談所に送致します。

　家庭児童相談室には，家庭相談員（非常勤）と社会福祉主事が配置されています。福祉事務所に設置されていることで，地域の児童福祉に関する情報やサービスと連携が取りやすいという利点があげられます。児童福祉法の改正により，市町村が家庭児童相談を実施し，虐待等にも対応する相談機能をもつことが明文化されました。市町村福祉事務所内の家庭児童相談室は，これまで相談に関わってきた経験を生かし，地域で子どもの権利を守り支えるネットワークの要となることも期待されています。

（土田美世子）

V 社会福祉の機関と施設

児童相談所

1 児童相談所の設置

児童相談所は、児童福祉法に基づき設置される、市町村で実施される家庭児童相談と連携して子どもに関するより専門的な相談に応じる行政機関です。都道府県・指定都市が義務設置で、指定都市以外にも政令で指定する市（児童相談所設置市）も、児童相談所を設置することができます。2015年4月現在、全国に208か所の児童相談所が設置されています。相談援助活動を有効にするために他の関連する相談所との併設も認められており、「子ども家庭センター」、「子ども相談センター」などの名称をつける児童相談所もあります。

2 児童相談所の業務

児童相談所の業務は、①市町村に対して、広域的な連絡調整、情報提供その他必要な支援を行うこと、②子どもに関する家庭その他からの相談のうち、専門的な知識・技術を要する相談に応じること、③子ども・その家庭について必要な調査を行ったり、医学・心理学・教育学・社会学・精神保健の立場から必要な判定を行うこと、④調査・判定に基づき子どもやその保護者に必要な指導を行うこと、⑤子どもの**一時保護**を行うこと、⑥施設入所等の措置を行うこと、です。この他、親権者が虐待等、子どもの福祉を損なう行為を行う場合には、**親権喪失宣告**や**親権停止**の請求を家庭裁判所に対して行うこともできます。また児童相談所は、市町村との連携のもと関係機関とネットワークを組み、児童虐待防止のための取り組みを行うなど、地域の実情に応じた児童養育環境の整備に努めることも期待されています。

3 児童相談所の職員

児童相談所の職員は、所長・児童心理司・児童福祉司等です。児童福祉司の主な職務は、保護を必要とする子ども等の家庭調査や個別指導です。1人あたりの担当区域は人口4万人から7万人ですが、児童虐待等の深刻なケースが増えている現状から、地域の実状に応じて児童福祉司の増員が図られています。市町村に家庭児童相談が義務づけられたことに伴い、児童相談所の役割は、より専門性を有する困難な事例への重点的な取り組みや、市町村の児童相談を充実させそれをサポートする役割等に、重点がおかれるようになってきています。

▷1 一時保護
子どもの処遇が決定するまでの間、家庭で過ごすことが不適切な場合（保護者の不在や虐待等）に実施する。緊急に保護が必要な場合は、親権者の同意がなくても子どもを一時保護所で生活させることができる。一時保護所は児童相談所に併設されている。

▷2 親権喪失宣告
保護者は子どもの健やかな成長を援助する立場であることから、子どもを育てる権利「親権」をもつ。親権には子どもの居所を指定する権利や子どもをしつける権利も含まれるが、この権利を濫用した虐待などが重篤で子どもの福祉を損うときは、家庭裁判所の決定により親権を保護者から取り上げることができる。

▷3 親権停止
上記と同様、保護者が親権を濫用しているが、指導等により親としての回復が見込める場合は、2年を限度としてその親権を一時停止し、子どもを保護することができる。

4 児童相談所の相談と援助

児童相談所に寄せられる相談は，大別して ①障害相談（心身に障害がある児童に関する相談），②育成相談（しつけ，性格行動，不登校，その他児童の育成上の問題に関する相談），③養護相談（保護者の病気・家出等による養育困難，棄児，被虐待児，養育放棄等，養育環境上問題のある児童に関する相談），④非行相談（窃盗，傷害，放火等の触法行為[4]，浮浪，乱暴等の問題行為のある児童に関する相談），⑤その他，です（表V-2）。この中で相談件数が最も多いのは障害相談で，全体の約半数を占めています。障害相談は，療育手帳の交付に関わる判定のための相談が大きな割合を占めます。全体の相談件数としては減少傾向にありますが，その中で養護相談は，被虐待児の問題が社会問題化するのと同調するように2005年から毎年増加しつづけています。

これらの相談を受け付けた際，児童相談所は児童福祉司らによる社会診断，児童心理司らによる心理診断，医師による医学診断，一時保護部門の児童指導員，保育士らによる行動診断をもとに，協議をして判定を行い，子どもの援助方針を作成します（図V-3）。

（土田美世子）

▷4　触法行為
少年法に規定されている。14歳未満の少年が窃盗や傷害などの刑罰法令に触れる行為をしたときを指す。

表V-2　児童相談所における受付件数，相談の種類

総数	養護相談		保健相談	障害相談						非行相談		育成相談				その他の相談	いじめ相談（再掲）	児童買春等被害相談（再掲）
	児童虐待相談	その他相談		肢体不自由相談	視・聴覚障害相談	言語発達障害等相談	重症心身障害相談	知的障害相談	発達障害相談	ぐ犯行為等相談	触法行為等相談	性格行動相談	不登校相談	適性相談	育児・しつけ相談			
416,056	91,139	54,710	1,967	2,527	473	13,717	3,972	145,470	16,387	8,919	7,435	26,714	5,935	8,117	8,037	20,537	1,016	30
	145,849			182,546						16,354		48,803						

出所：厚生労働省「平成26年度福祉行政報告例」2015年。

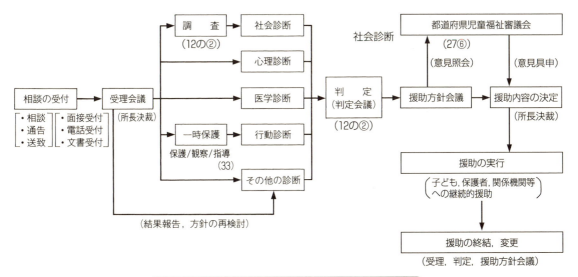

図V-3　児童相談所における相談援助活動の体系・展開

（注）児童相談所に寄せられた相談は，子どもの社会・心理・医学・行動など，さまざまな角度から専門職が診断を行う。診断結果は判定会議にかけられ，子どもの利益を最大限に考慮した援助が行われる。図の中の（　）内の数字は，根拠となる児童福祉法の条文を指す。

出所：厚生労働省「児童相談所運営指針」2011年。

Ⅴ 社会福祉の機関と施設

4 身体障害者更生相談所・知的障害者更生相談所

 身体障害者福祉に関する相談体制

身体障害をもつ人が日常生活について相談する機関としては，日常の身近な相談窓口として市町村福祉事務所や市町村の障害福祉担当課と，より専門的な相談窓口として身体障害者更生相談所があります。身体障害者更生相談所は，都道府県に義務設置（政令指定都市は任意設置）され，2013年4月現在，全国80か所に設置されています。身体障害をもつ人の福祉サービスは基本的に市町村単位で実施され，福祉事務所がサービスの窓口となります。市町村福祉事務所には身体障害者福祉司や障害者福祉を担当する職員が配置されていますが，サービス提供のために専門的な知識・指導を必要とする場合には，身体障害者更生相談所の助言・援助・指導を求めることになっています。

この他，身体障害をもつ人・家族などが市町村等から委託を受ける身体障害者相談員の制度があります。今までの生活経験を生かして，身体障害者の相談・援助にあたります。

▷ 身体に障害をもつ人が福祉サービスを受けるときに必要となる「身体障害者手帳」は，都道府県知事の名で発行される。

 身体障害者更生相談所の仕事

身体障害者更生相談所には，身体障害者福祉司の他に，医師・心理判定員・作業療法士・理学療法士などの専門職員が配置されており，障害者に適切なサービスを実施するための相談・判定にあたっています。具体的には，①身体障害者が施設サービスを利用する際の診査，②専門的な知識，技術を必要とする相談および指導，③医学的・心理的・職能的な判定，④補装具の処方および適

表Ⅴ-3 身体障害者更生相談所における相談の種類（来所一巡回別）

	計	自立支援医療（更生医療）	補装具	身体障害者手帳	職業	施設	生活	その他
総数	275,257	108,578	99,501	48,657	757	2,163	2,129	13,472
来所	259,798	107,926	87,273	47,387	732	2,081	1,785	12,614
巡回	15,459	652	12,228	1,270	25	82	344	858

（注） 生活相談よりも自立支援医療・補装具に関わる相談が大きな割合を占めている。
出所：厚生労働省「平成24年度福祉行政報告例」2013年。

合判定，などです。相談は，来所の他，巡回相談も行っています。身体障害者更生相談所はサービスの実施に関して市町村の指導にあたる他，実施判断材料を提供する役割を果たしています。

 知的障害者福祉に関する相談体制

　知的障害者福祉法には，知的障害者が能力を活用して社会参加を目指す，自立への努力を求めるとともに，知的障害者に対して，社会・経済・文化その他のあらゆる分野の活動に参加する機会を与えられることが明記されています。知的障害者の日常生活を支えるサービスを提供するのは市町村福祉事務所ですが，その職業能力の判定等については，知的障害者更生相談所が担当します。都道府県に義務設置（政令指定都市は任意設置）されており，2013年4月現在，全国で82か所の知的障害者更生相談所があります。この他，知的障害児・者の保護者などが市町村等から委託を受ける，知的障害者相談員の制度があります。知的障害をもつ子どもに関わった経験を生かして，知的障害者やその保護者の相談・援助にあたります。

 知的障害者更生相談所の仕事

　知的障害者更生相談所の役割として，①知的障害者に関する問題について，家庭その他からの相談に応じること，②18歳以上の知的障害者の医学的・心理的・職能的判定を行い必要な指導を行うこと，③市町村におかれている知的障害者福祉司に対して技術的指導を行うこと，が定められています。判定が必要となるのは，療育手帳の交付や交付後に障害程度の確認を受ける時，施設サービスを利用する時，職業の適正について判断が必要な時，などです。

　職員は医師，心理判定員，職能判定員，知的障害者福祉司，その他です。知的障害者更生相談所では，来所相談の他に，巡回相談，訪問相談も行っています。

（土田美世子）

表Ⅴ-4　知的障害者更生相談所における相談の種類（来所―巡回別）

	計	施設	職親委託	職業	医療保健	生活	教育	療育手帳	その他
総数	101,979	3,381	14	3,515	3,440	10,071	2678	64,955	13,925
来所	84,029	2,530	9	3,176	3,088	8,376	1973	51,974	12,903
巡回	17,950	851	5	339	352	1,695	705	12,981	1,022

（注）　療育手帳の交付に伴う相談・判定が大きな割合を占めている。表中の「職親」とは，知的障害者を自宅などで預かり，職業指導をする人のこと。
出所：厚生労働省「平成24年度福祉行政報告例」2013年。

Ⅴ 社会福祉の機関と施設

社会福祉協議会

福祉団体としての特性

○組織の性格と活動の内容

　社会福祉協議会（社協）は，図Ⅴ-4のように東京都に所在する全国社会福祉協議会（全社協）をはじめとして，全国の都道府県や市町村および政令指定都市内の各区にある，社会福祉法人格をもった民間の福祉団体です。これ以外に市区町村内の地区や学区などの小地域にも，未法人の社協（もしくは福祉委員会など）が必要に応じて組織されています。

　日常的に地域住民と関わる活動を行うのは市区町村社協であり，その主な活動内容には，地域福祉の推進を図ることを目的とする事業の企画・実施，それに関する調査・普及・宣伝・連絡調整・助成，社会福祉に関する住民参加の援助などがあります（社会福祉法第109条）。一方，都道府県社協は，広域的な見地に立った事業や市区町村社協の相互の連絡調整といった業務を行います。

　1992年に策定された『新・社協基本要項』では，住民主体の理念に基づいて地域の福祉課題の解決に取り組み，誰もが安心して暮らすことのできる地域福祉の実現を図ることを社協の基本的な性格としています。そして次の8つを市区町村社協が進めるべき具体的な事業としてあげています。

　　① 福祉課題の把握，地域福祉活動計画の策定，提言・改善運動の実施
　　② 住民，当事者，社会福祉事業関係者等の組織化・支援
　　③ ボランティア活動の振興
　　④ 福祉サービス等の企画・実施
　　⑤ 総合的な相談・援助活動および情報提供活動の実施
　　⑥ 福祉教育・啓発活動の実施
　　⑦ 社会福祉の人材養成・研修事業の実施
　　⑧ 地域福祉財源の確保および助成の実施

○組織の構成と財政の現況

　社協の組織は，地域の住民組織と公私の社会福祉事業関係者などを構成員とします。都道府県社協と政令指定都市社協においては，範域内にある市町村社協や区社協の過半数，これに社会福祉事業または更生保護事業を経営する者の過半数が参加することを原則とします。市区町村社協においても，その区域内の社会福祉事業または更生保護事業を経営する者の過半数の参加を定めていま

```
┌─────────────────────────────────────────────┐
│ 全国社会福祉協議会                           │
│ 都道府県社会福祉協議会                       │
│ 政令指定都市社会福祉協議会──区社会福祉協議会│
│ 市町村社会福祉協議会────┬（校区社会福祉協議会）│
│                          └（地区社会福祉協議会）│
└─────────────────────────────────────────────┘
```

図Ⅴ-4　全国の社会福祉協議会の全体像

す。また関係行政庁の職員は，市区町村社協の役員を担うことができますが，役員の総数の5分の1を超えてはならないとしています。こうした規則がある一方で，行政の首長が役員である社協会長を兼ねている自治体も少なくないため，純粋な民間団体としての性格を損ねているという批判も受けています。

　『新・社協基本要項』では，上記の構成員を基礎とした理事会・評議員会を構成して社協の運営にあたることを定めています。さらに市区町村社協に対しては，部会・運営委員会・連絡会・問題別委員会などを設置して，事業の推進を図ることを示しています。市区町村社協の事務局には，事務局長を筆頭に福祉活動専門員や専任職員などの職員が配置されます。なかでも福祉活動専門員には，コミュニティワーカーとしての専門性が求められています。

　市区町村社協の財政は，福祉サービス事業の受託に関する委託金が多くを占め，行政からの補助金がそれに続き，この2つでほとんどの社協における財源の半分以上を占めています。その他には，共同募金・寄付金・会費，各種の基金収入などがあります。

❷ 社協の歴史と沿革

　日本の福祉団体の歴史は，1908（明治41）年に結成された中央慈善協会を源流としますが，本格的な社協は，戦後，GHQ公衆衛生福祉局が厚生省に示した6項目の主要目標に基づき当時の主要な福祉団体を統合し，1951年に中央社会福祉協議会（現在の全社協）を発足させたことにより始まりました。それから地方に至るまで社協が結成されたのですが，こうした上からの行政指導により組織化したという経緯は，その後団体の民間性を確立する上で長く社協を苦慮させました。

　民間団体としてのあり方の確立は，アメリカのコミュニティ・オーガニゼーション論を導入したいくつかの方針文書を経て，1962年の『社協基本要項』の策定まで待たなければなりませんでした。けれども基本要項の策定以降も，財政面では依然として行政依存の体質を抜け切れないままであったため，数多くの福祉サービス事業を市区町村社協は受託するようになりました。このため今日まで，コミュニティワークの実践主体として地域の福祉課題の解決を図る側面と，福祉関連の事業の実施主体としてサービスを供給する側面の両立を図る課題を持ち続けています。

（瓦井　昇）

Ⅴ 社会福祉の機関と施設

 社会福祉施設

1 利用者の生活を守る社会福祉施設

○社会福祉施設とは何か

　社会福祉サービスは，行政が行う制度的なサービス（生活保護費の支給，児童扶養手当の支給，児童養護施設への入所事務等）と，実践としてのサービス（老人ホームでの介護，保育所での保育，障害者施設での生活支援等）の大きく2つに分けることができます。前者の制度的なサービスを提供する場である福祉事務所や児童相談所などは，社会福祉の機関としてとらえられています。社会福祉施設とは，一般に実践としてのサービス提供を行っているものを指しています。これらの社会福祉施設は，社会福祉法等に基づく社会福祉事業を行うことで，利用者の生活を守る役割を果たしています。各社会福祉施設が対象としている利用者は，社会福祉六法等に定められています。

○わが国の社会福祉施設の状況

　厚生労働省は毎年社会福祉施設の調査を実施し，その現状を把握しています。対象としている社会福祉施設は，表Ⅴ-5の通りです。2014年10月現在で，6万1,307施設があります。最も多い施設は保育所であり，全体の40%近くを占めています。

2 尊厳を守る取り組み

○個人の自己実現を目指すために

　社会福祉施設は，いつの時代も，その時代の中で何らかの生活障害を抱えている人たちに生活の場を提供してきました。今日の社会では，生命を守ることを第1としながら，よりよい生活の場を提供することが求められています。
　そのために用いられるようになったのが，グループホームやユニットケアの取り組みです。大人数を相手に画一的なサービスを提供するのではなく，少人数単位（ユニット）で生活をすることで，利用者一人ひとりのニーズに応じたり，自己実現や社会訓練に役立てたりすることが期待されています。この取り組みは，高齢者・障害者・児童といずれの分野でも取り組まれ始めています。高齢者分野では，特別養護老人ホームで，全室個室・ユニットケアを原則とすることを定めています。子ども家庭福祉分野では，社会的養護関係の施設において，小規模化の推進がうたわれています。

表V-5　社会福祉施設一覧

保護施設	救護施設，更生施設，医療保護施設，授産施設，宿所提供施設
老人福祉施設	養護老人ホーム，軽費老人ホーム，老人福祉センター，老人介護支援センター
障害者支援施設等	障害者支援施設，地域活動支援センター，福祉ホーム
旧身体障害者福祉法による身体障害者更生援護施設	肢体不自由者更生施設，視覚障害者更生施設，聴覚・言語障害者更生施設，内部障害者更生施設，身体障害者療護施設，身体障害者福祉ホーム，身体障害者入所授産施設，重度身体障害者授産施設，身体障害者通所授産施設，身体障害者小規模通所授産施設，身体障害者福祉工場
婦人保護施設	婦人保護施設
児童福祉施設	助産施設，乳児院，母子生活支援施設，保育所，児童養護施設，障害児入所施設，児童発達支援センター，情緒障害児短期治療施設，児童自立支援施設，児童館，児童遊園，児童家庭支援センター，幼保連携型認定こども園
旧知的障害者福祉法による知的障害者援護施設	知的障害者デイサービスセンター，知的障害者入所更生施設，知的障害者通所更生施設，知的障害者入所授産施設，知的障害者通所授産施設，知的障害者小規模通所授産施設，知的障害者通勤寮，知的障害者福祉ホーム，知的障害者福祉工場
母子・父子福祉施設	母子・父子福祉センター，母子・父子休養ホーム
旧精神保健及び精神障害者福祉に関する法律による精神障害者社会復帰施設	精神障害者生活訓練施設，精神障害者福祉ホーム，精神障害者授産施設（入所），精神障害者授産施設（通所），精神障害者小規模通所授産施設，精神障害者福祉工場，精神障害者地域生活支援センター
身体障害者社会参加支援施設	身体障害者福祉センター，在宅障害者デイサービス施設，障害者更生センター，補装具製作施設，盲導犬訓練施設，点字図書館，点字出版施設，聴覚障害者情報提供施設
その他の社会福祉施設	盲人ホーム，無料低額診療施設，隣保館，へき地保健福祉館，へき地保育所，地域福祉センター，老人憩の家，老人休養ホーム，有料老人ホーム

出所：厚生労働省「社会福祉施設等調査報告」2012年より筆者作成。

◯開かれた社会福祉施設であるために

　その一方で，社会福祉施設において，利用者の尊厳を傷つけたり，生活や生命の保障がなされなかった事件もありました。社会福祉施設がもっていた閉鎖性という性格が，施設内で起こっている虐待等を発覚しにくくしている体制がありました。また，利用者にしてみても，施設内で起こっていることを訴える術をもち合わせていなかったり，施設から退所させられることを恐れて明らかにすることができなかった，という背景もありました。社会福祉基礎構造改革では，社会福祉施設に運営の透明性と情報提供，また第三者機関の設置が謳われました。特に，第三者機関については，2001年3月に厚生労働省の福祉サービスの質に関する検討会が「福祉サービスにおける第三者評価事業に関する報告書」をまとめています。ここでは，福祉サービスを提供している社会福祉施設が適切なサービスを提供することができているかどうか，第三者評価機関が国の定めた基準をもとに評価することを報告しています。利用者の生活を守る社会福祉施設が，よりよいサービスを提供していく役割は，今後もさらに高まることと思われます。

（小池由佳）

Ⅴ 社会福祉の機関と施設

社会福祉施設の設備及び運営に関する基準

 社会福祉施設の設備及び運営に関する基準とは何か

○利用者の生活を保障するための「基準」

　利用者の生活の場となる社会福祉施設では，その生活や人権を保障するために，設備や運営について一定の基準が設けられており，社会福祉施設を運営する者は，その基準に基づいた設備を備えること，運営を守ることが定められています。社会福祉事業に関する事項を規定する社会福祉法には，この社会福祉施設の基準について規定しています。

　社会福祉法第65条において，都道府県は社会福祉施設の設備の規模及び構造並びに福祉サービスの提供の方法，利用者等からの苦情への対応その他の社会福祉施設の運営について，条例で基準を定めることとなっています。ただし，いくつかの事項については，厚生労働省が定める基準に従って定めるものあるいは厚生労働省令に定める基準を標準として定めるものがあります。具体的には，①社会福祉施設に配置する職員及びその員数，②社会福祉施設に係わる居室の床面積，③社会福祉施設の運営に関する事項で，利用者の適切な処遇の確保及び安全の確保並びに秘密の保持に密接に関連するものとして厚生労働省令で定めるもの，④社会福祉施設の利用定員です。①～③は厚生労働省で定める基準に遵守するものとされており，④は厚生労働省令で定める基準を標準とすることとされています。

　その他の事項については，厚生労働省令で定める基準を参酌するものとされています。設備や運営については，自治体ごとに抱えている課題の違いもあるため，施設の利用者に不利益が生じない範囲において，柔軟性が確保されています。

表Ⅴ-6　主な設備及び運営に関する基準

児童福祉施設の設備及び運営に関する基準
里親が行う養育に関する最低基準
指定地域密着型サービスの事業の人員，設備及び運営に関する基準
障害者の日常生活及び社会生活を総合的に支援するための法律に基づく障害福祉サービス事業の設備及び運営に関する基準
母子福祉施設の設備及び運営について
指定介護老人福祉施設の人員，設備及び運営に関する基準
養護老人ホームの設備及び運営に関する基準
救護施設，更生施設，授産施設及び宿所提供施設の設備及び運営に関する基準

表V-7　主な設備及び運営に関する基準の運営に関する基本方針

	運営方針に関する規定（一般原則・基本方針）
救護施設，更生施設，授産施設及び宿所提供施設の設備及び運営に関する基準 （1966年制定，2011年最新改正）	・利用者に対し，健全な環境のもとで，社会福祉事業に関する熱意及び能力を有する職員による適切な処遇を行うよう努める。
児童福祉施設の設備及び運営に関する基準 （1947年制定，2012年最新改正）	・入所者の人権への配慮及び人格を尊重した運営。 ・地域社会との交流及び連携，児童の保護者及び地域社会に対する運営内容の適切な説明。 ・運営内容に関する自己評価及び結果公表。
指定介護老人福祉施設の人員，設備及び運営に関する基準 （1999年制定，2012年最新改正）	・施設サービス計画に基づき，可能な限り居宅生活への復帰を念頭に，介護，相談及び援助，日常生活上の世話，機能訓練，健康管理，療養上の世話を行うことで，入所者の能力に応じた自立生活を営むことができるようにすることを目指す。 ・入所者の意思及び人格の尊重，利用者の立場に立ったサービスの提供。 ・明るく家庭的な雰囲気，地域や家庭との結びつきを重視した運営。他のサービス提供者との連携。
障害者の日常生活及び社会生活を総合的に支援するための法律に基づく障害者支援施設の設備及び運営に関する基準 （2006年制定，2013年最新改正）	・個別支援計画の作成，これに基づいた施設障害福祉サービスを提供，その効果について継続的な評価を実施。 ・利用者の意思及び人格の尊重，常に当該利用者の立場に立ったサービスの提供に努める。 ・利用者の人権擁護，虐待防止等のために必要な体制整備及び職員の研修等を実施。

出所：筆者作成。

◯運営に関する基本方針及び一般原則

　主な社会福祉施設における設備運営基準は表V-6のとおりになります。これらに共通する内容は，設備規模，構造，福祉サービスの提供方法，利用者等からの苦情対応となります。それに加えて，各設備運営基準には，設備に関する一般原則と運営に関する基本方針が示されています。運営に関する基本方針は，各施設が提供する施設サービスの目的となります。主な運営に関する基本方針をまとめると表V-7のとおりになります。

② 自治体に委ねられる「設備基準」

　社会福祉施設に関する設備基準は，施設利用者の最低限の生活保障を行う基準を提示するものです。しかし，最低限の生活保障を行えば良いわけではありません。児童福祉施設の設備及び運営に関する基準では，都道府県知事は都道府県児童福祉審議会の意見を聴き，監督する児童福祉施設に対し，最低基準を超えて，設備・運営を向上させるよう勧告することができること，都道府県は最低基準を常に向上させるように努めること，各児童福祉施設は，最低基準を超えて，常に設備・運営の向上することが明記されています（第3条，第4条）。よりよいサービスの提供の目指すためにも，これらの基準が有効に活用されることが必要です。

（小池由佳）

Ⅴ　社会福祉の機関と施設

 社会福祉法人

 福祉サービスの提供者である「社会福祉法人」

○社会福祉法人とは何か

　社会福祉法人は，社会福祉事業を行うことを目的に設立されている法人です。今日，福祉サービスを提供する主体は，国，地方公共団体をはじめとして，多種多様となっていますが，そのなかで民間の中心的な担い手となっているのが，社会福祉法人です。社会福祉法人は，公益法人の1つですが，利用者の生活を守ることが社会福祉法人の主たる目的であり，これが守られない場合には，利用者の尊厳を守ることができないため，他の公益法人と比較すると厳しい規制が定められています。社会福祉事業を展開する団体は，社会福祉法人以外にもNPO法人等がありますが，社会福祉法人は「公共性」，「非営利性」，「安定性」を特徴としています。全国に1万9,823法人があります（2014年度末）。社会福祉法人の中で最も多いのは「施設経営法人」であり，全体の87.5％を占めています（表Ⅴ-8）。

○法的な位置づけ

　社会福祉法人は社会福祉法で，「社会福祉事業を行うことを目的として，この法律の定めるところにより設立された法人」（第22条）と位置づけられています。社会福祉法人を設立するためには，必要事項を取り決めた上で，厚生労働省から認可を受ける必要があります（第31条）。所轄庁は，都道府県知事であり，2つ以上の都道府県で事業を行う場合には，厚生労働大臣となります。

▷1　「公共性」とは地域社会のために活動している，「非営利性」とは利益を目的としていない，「安定性」とは事業の継続性が確保されていること（全国社会福祉施設経営者協議会『ここが知りたい！社会福祉法人・なんでも質問箱』より）。

表Ⅴ-8　社会福祉法人数の年次推移

各年度末現在

	2010年度	2011年度	2012年度	2013年度	2014年度	対前年度 増減数	増減率（％）
総　　数	18,727	19,246	19,407	19,636	19,823	187	1.0
社会福祉協議会	1,848	1,901	1,901	1,901	1,901	0	0.0
共同募金会	46	47	47	47	47	0	0.0
社会福祉事業団	132	133	131	129	129	0	0.0
施設経営法人	16,408	16,842	16,981	17,199	17,375	176	1.0
その他	293	323	347	360	371	11	3.1

（注）　2つ以上の都道府県の区域にわたり事業を行っている法人（厚生労働大臣及び地方厚生局長所管分）は含まれていない。2010年度は東日本大震災の影響により，福島県（郡山市及びいわき市以外）を除いて集計した数値である。
出所：厚生労働省「平成24年度福祉行政報告例結果の概要」2013年。

◯社会福祉法人の管理

　社会福祉法人としての業務決定や意思決定をするために，社会福祉法人には役員が置かれています。役員には理事および監事があり，理事の役割は「すべて社会福祉法人の業務について，社会福祉法人を代表する」とされています（第38条）。つまり，社会福祉法人に代わって，社会福祉事業の運営管理を行っているのが，理事です。また，社会福祉法人には，評議員会を置くことができます（第42条）。評議員会は，理事会に対する諮問機関という位置づけであり，社会福祉法人が，その目的から外れた事業等を行うことがないように，適正な事業運営を図ることを目的に設置されています。

2 社会福祉法人の経営

◯健全な経営のために

　社会福祉法人は，社会福祉事業を行うために必要な資産をもつこととされています（第25条）。そのために社会福祉事業に支障のない限り，**公益事業**または**収益事業**を行うことが認められています（第26条）。新たな社会福祉法人の設立についても，資産についての用件が定められています。

◯人の尊厳を守る「経営」

　社会福祉法では，社会福祉法人に「経営の原則」を定めています。これは，「社会福祉事業の主たる担い手としてふさわしい事業を確実，効果的かつ適正に行うため，自主的にその経営基盤の強化を図るとともに，その提供する福祉サービスの質の向上及び事業経営の透明性の確保を図らなければならない」というものです（第24条）。

　社会福祉法人が法に示されるようになって，60年がすぎました。その間，多くの社会福祉法人が，利用者の尊厳を守り，生活を保障するためのサービスを提供してきました。しかしながら，措置制度のなかでは，社会福祉事業を経営する者が積極的に質の高いサービスを提供するという気風は生まれにくい状況でした。社会福祉法が制定されることで，経営の透明性を確保するために，第三者サービス評価委員会などが導入されました。これからもサービス提供において中心的な役割を担う社会福祉法人は，よりよいサービスの提供主体としての役割を期待されています。

◯多様なニーズに応える「経営」

　2006年に出された「社会福祉法人経営研究会」報告書では，社会福祉法人は「自立・自律」と「責任」に基づいて，「施設管理」から「法人単位の経営」の確立へと移行していくことが示されています。これまで，1つの法人が1つの社会福祉事業を行う体制でしたが，これからは，1つの法人が多角的な事業を経営する「法人単位の経営」体制にすることで，今日の福祉ニーズや新たに発生するニーズへの対応をしていこうとしています。

（小池由佳）

▷2　公益事業
社会福祉と関係のある公益を目的とする事業。有料老人ホーム等。

▷3　収益事業
その収益を社会福祉事業または公益事業にあてることを目的とする事業。駐車場の経営等。

▷4　社会福祉法人は，効率的な法人経営及び経営実態をより正確に国民や寄付者に説明する責任を果たすために，2012年度より新しい社会福祉法人会計基準が作成されている。2015年度までに新会計にすべての法人が移行した。

Ⅵ 社会福祉の援助と方法

 # ソーシャルワークと
ソーシャルワーカー

 「ソーシャルワーク」の担い手としての「ソーシャルワーカー」

　「ソーシャルワーク」とは、社会福祉の領域で専門職として働く人たちが用いる援助技術の体系のことです。つまり、福祉的課題や生活課題をもつ人たちを援助する際に必要となる専門技術を理論的に整理したものです。このソーシャルワークの担い手が「ソーシャルワーカー」です。支援を必要としている人たちに対する社会福祉の援助は、社会的責任をともなう専門的な取り組みです。したがって、思いつきによる行き当たりばったりの援助であってはならないのは当然のことです。ソーシャルワーカーとは、ソーシャルワークという理論を、社会福祉の実践として具体化する専門職といえます。

　ソーシャルワークは、社会福祉の実践を支える価値・知識・技術という3つの要素から構成されます。そのなかでも、「ソーシャルワークとは価値の実践である」といわれることがあるように、ソーシャルワーカーに必要なことは知識や技術だけでなく、価値を含む点に大きな特徴があります。この「価値」とは、ソーシャルワーカーの実践を方向づける理念、思想、哲学のことです。その具体的な内容としては、人の存在自体に価値をおくこと、本人の主体性を最大限に尊重すること、社会における相互援助を重視することなどが考えられます。したがって、ソーシャルワークの価値・知識・技術を含む理論は、ソーシャルワーカーの実践の拠り所となるものなのです。

▶ 岩間伸之「実践の根拠としての『価値』を極める」岩間伸之『支援困難事例と向き合う』中央法規出版、2014年、152〜171頁。

 「ソーシャルワーカー」とは誰か

　それでは、「ソーシャルワーカー」とは具体的に誰のことをさすのでしょうか。ソーシャルワーカーとは、ソーシャルワークの担い手となる社会福祉専門職の総称です。実際には、社会福祉の実践の場は、各種の公私機関・施設から民間団体まで多岐にわたりますし、そこで従事する人たちの業務内容も、面接・相談から介護が中心となるものまで多様です。このなかに、公的機関や医療機関、施設等において相談・面接を主な業務としている、文字どおり「ソーシャルワーカー（ケースワーカー）」として活動している人たちがいます。
　しかしながら、ソーシャルワークの担い手とは、こうした相談・面接を主な

業務とするソーシャルワーカー（ケースワーカー）と呼ばれる人たちだけでなく，社会福祉において何らかの援助を提供する人たちのすべてを含んでいるという理解がきわめて重要です。つまり，介護や家事援助が主な業務となる専門職（ケアワーカー，ホームヘルパー等）であっても，ソーシャルワークの価値・知識・技術にもとづいた実践が必要になるということです。そこでは，本人の主体性を尊重し，自己決定を促すといったソーシャルワークの価値に基づいた実践が当然重視されますし，家族関係や社会関係の調整，社会資源の活用等も業務に含まれます。

さらに，ソーシャルワーカーとは，こうした面接・相談といった個別性の高い対人援助の専門職という側面だけでなく，もっと大きな地域や社会を視野に入れた専門職であるところに特徴があります。それは，不況になれば失業者が増えるといったように，個人の生活は社会の側の動向と密接に連動しているからです。英国や米国におけるソーシャルワークの成り立ちをみれば，ソーシャルワーカーと呼ばれる人たちが社会改革や地域改良の担い手であったことがわかります。ソーシャルワーカーにとっては，地域の組織化，社会への啓発，新たな社会資源の開発，社会組織の変革などもますます重要な仕事となるでしょう。

ソーシャルワークが社会問題を取り扱う限り，その社会問題の変化にともなって，ソーシャルワークに期待される役割も変わってくるといえます。

❸ 創造的なソーシャルワーク実践の営み

ソーシャルワーカーは，ソーシャルワークの理論と実践とをつなぐ大切な存在です。したがって，きっちりとしたソーシャルワーク理論を構築することが急務の課題といえますが，それと同時にソーシャルワーカー（社会福祉援助者）の「質」の向上もきわめて大切です。援助者は，援助を必要としている人たちに直接影響を与える存在であるからです。

ソーシャルワークの理論を用いて援助するソーシャルワーカーは，「自分自身」を道具として使うことになります。専門職であるためには，自分のありのままを知ってそれを受け入れること（自己覚知）と，その自分自身を利用者やクライエントと呼ばれる援助を必要としている人たちに向けて使うこと（自己活用）が求められます。このことは，援助のスタイルや方法は決して1つではないこと，ワーカーとクライエントとの間に結ばれる援助関係は唯一無二のものであるということを意味します。

こうしてみてみると，ソーシャルワークの援助とは，理論に基づいた専門的活動であると同時に，きわめて創造的な活動といえるでしょう。

（岩間伸之）

VI 社会福祉の援助と方法

 ソーシャルワークの体系

 人間の生活を支援するソーシャルワーク

　ソーシャルワークの実践は，社会生活上の困難を抱える人々に関わり，必要な制度やサービスの利用に結びつけたり，さらには家族や集団，地域などその人を取り巻く環境に働きかけながらその生活を支援する援助活動です。そして，ソーシャルワークの代表的な援助技術としては，個人，集団，地域に関わる技術（それぞれケースワーク，グループワーク，コミュニティワークといわれるものです）があります。しかし，それらは全く別々のものではなく，いずれも共通して人間の生活を支援する技術として不可欠なものです。つまり，ソーシャルワークの実践においては，各援助技術を相互に関連するものとして統合化してとらえ，利用者の生活を支えるために，個々の援助場面に応じて活用していくことが必要になります。

② ソーシャルワークの共通基盤

○人間の社会生活機能

　人間の生活を支援するソーシャルワークは，個人や家族に関わることもあれば，集団あるいは地域に働きかけるなどその実践の形態は多様です。しかし，ソーシャルワークの実践あるいは援助技術として共通する基盤があるとし，それを明らかにしたのがバートレット[1]です（図VI-1）。

　バートレットが示したように，ソーシャルワークは人間の社会生活機能に焦点をあてます。私たちは生きていく上で，自分を取り巻く環境に働きかけながら，また環境に自分を合わせながら，いわば周囲とのバランスをとって日々の生活を営んでいます。つまり人間の社会生活は，環境との相互作用から成りたっていると理解することができます。ソーシャルワークの主たる関心はこの「人と環境との相互作用」にあるのです。たとえば誰かが何らかの生活上の困難（生活問題）を抱えている場合，単にその人の側に問題があるとか，また反対に周囲の側に問題があるとかではなく，その人と環境との関係，すなわち相互作用のあり方に問題があると考え，その状態を改善することを目指すのです。

　このような考え方に基づいて，ソーシャルワークは，常に周囲の人々やその他環境との関係において生活する個人（「状況の中にある人：person-in-situation」）という人間観をもって，援助が必要な人々に関わることになります。

▷1　バートレット
（Bartlett, H. M.; 1897-1987）
アメリカのソーシャルワーク実践・研究者。ソーシャルワークの実践全体に共通する要素を探求し，共通基盤を明らかにした。

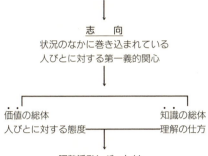

図VI-1 ソーシャルワーク実践の共通基盤

（注）ソーシャルワークの共通基盤として，中心的な焦点（人間の社会生活への視点）および人間観（生活者としての人間理解），また実践を構成する3つの要素（援助者が身につけるべきもの）の関係を表した図。

出所：H. M. バートレット著，小松源助訳『社会福祉実践の共通基盤』ミネルヴァ書房，1978年，141頁。

このような，人と環境，さらに両者の関係（相互作用）への視点から援助活動を展開するところにソーシャルワークの特徴があります。

◯ソーシャルワークの構成要素

バートレットは，ソーシャルワークの実践を構成する要素として，①人々に関わる時の援助者の態度の基本となる**価値**，②問題を抱える人々やその問題に対する理解から，実際に援助を展開するにあたって必要となる幅広い**知識**，③そしてそれらに基づいて展開される個人や集団，あるいは地域などに関わるさまざまな援助活動や技術としての**調整活動**のレパートリー，という3つをあげています。いうまでもなく，単に知識があるだけでは実際に人を援助することはできません。

しかし一方で，いかに多くの援助技術を身につけていたとしても，たとえば相手を対等な人間として尊重する姿勢がなければ，対人援助という名の暴力や支配になりかねません。

また，個人と環境との関係を調整あるいは改善することにより，人間の社会生活を支援するという目的のためには，直接的に個々人へと関わる援助技術だけでなく，それぞれが所属する地域社会や組織などの環境へと働きかける技術も必要になります。ソーシャルワークを構成するこれらの3つの要素は，いい換えれば，援助者がソーシャルワークを実践する者（ソーシャルワーカー）として必ず身につけなければならないものであるともいえます。

▷ 2　調整活動（intervention）
「介入」と訳されることが多い。人間の生活を支援するために，個人と環境との関係（相互作用）に焦点をあて，多様な援助技術を活用して働きかけるソーシャルワーカーの活動を表す。

VI 社会福祉の援助と方法

3 ソーシャルワークの体系

●ソーシャルワークにおける多様な援助技術

援助者として必要な価値と知識とを前提として，人々が現実に抱えている個別的な生活問題を理解し，個々の状況や場面に最もふさわしい援助技術により問題状況への介入が行われ（調整活動のレパートリー），ソーシャルワークの実践が展開されることになります。ソーシャルワークに含まれるあるいは関連する援助技術を一覧にしたものが，表VI-1です。

▶3 社会福祉実践の方法体系については IX-8 の図IX-8を参照。

●直接援助技術

直接援助技術とは，個人や家族あるいはグループなど，援助を必要とする人々との直接的な関係を軸に援助活動を展開する援助技術です。個別援助技術（ケースワーク）は，生活問題を抱える個々人が，援助者と協働して問題状況の改善に取り組み，社会福祉サービスなどの活用を通じてみずからの生活の安定を図っていけるように，支援する技術です。また，集団援助技術（グループワーク）は小集団におけるメンバー相互の関係を援助者が意図的に活用することによって，個々のメンバーの成長やそれぞれが抱える問題の改善を促すもので，個々のメンバーと援助者との関係に加えて，メンバー同士の関係も相互援助関係としてとらえることができます。

●間接援助技術

主として個人を取り巻く環境的側面への関わりや働きかけを行うことで，人々の生活を支えていこうとする技術です。地域援助技術（コミュニティワーク）とは，地域住民の組織化や地域活動への参加を促したり，さまざまな社会福祉関係機関，施設や団体間の連携などを通じて，住民にとって住み良い地域社会づくりを目指した援助技術です。また，たとえば地域における高齢化の状況等に合わせて，どのような社会福祉サービスがどれくらい必要かなどを見極

表VI-1 ソーシャルワークの体系

直接援助技術	個別援助技術（ケースワーク） 集団援助技術（グループワーク）
間接援助技術	地域援助技術（コミュニティワーク） 社会福祉調査法（ソーシャルワーク・リサーチ） 社会福祉計画法（ソーシャル・プランニング） 社会活動法（ソーシャルアクション） 社会福祉運営管理（ソーシャル・ウエルフェア・アドミニストレーション）
関連援助技術	ケアマネジメント ネットワーク カウンセリング スーパービジョン コンサルテーション

（注）援助の対象や援助技術の性格により，大きく直接援助技術，間接援助技術および関連援助技術に分類されるが，これらの援助技術はそれぞれ別々のものではなく，相互に関連するものとしてとらえることが大切である。

めるための資料を得ることを目的に調査を行い，そのような調査をもとにして地域福祉の推進を図るための具体的計画を作成する方法としての社会福祉調査法（ソーシャルワーク・リサーチ）や社会福祉計画法（ソーシャル・プランニング），さらに社会福祉施策やサービス内容の改善，あるいは何らかの社会福祉サービスを新たに整備することを国や地方自治体に働きかける社会活動法（ソーシャルアクション）といった技法もあります。そして，さまざまな社会福祉サービスを提供する施設や機関が常にサービスの質の向上を図り，またそれぞれの連携によって効果的なサービス提供を可能にするためには，社会福祉運営管理（ソーシャル・ウエルフェア・アドミニストレーション）の技術も必要となります。

● 関連援助技術

ソーシャルワークに関連する援助技術として，近年**在宅福祉**推進の流れの中で注目されてきたものにケアマネジメントやネットワークといわれるものがあります。前者はさまざまな社会福祉サービスを含めた**社会資源**を利用者の生活状況に合わせて一体的に提供することで，有効に活用できるようにするための援助技術です。後者は専門家の援助や公的なサービスと共に家族や近隣の人々，またボランティア活動なども加えて，地域における生活支援のネットワークを形成しようとするもので，ソーシャル・サポート・ネットワークともいわれます。またカウンセリングは，面接を中心として，主に心理的な問題を中心に扱いながら援助を行うものですが，ソーシャルワークにおいても利用者との面接を通じた問題状況の理解や，援助活動を進めるために不可欠な利用者との信頼関係の構築のために，カウンセリングの技術から学ぶことは多くあります。

スーパービジョンやコンサルテーションは，ソーシャルワークを実践する援助者を支える活動として理解することができます。スーパービジョンは援助者を支え，指導や訓練を通じて専門性の維持や向上を図るためのものであり，またコンサルテーションは援助活動を進める上で，医師や弁護士などの関連領域の専門家によりアドバイスを受ける活動を意味します。いずれもより良い援助をするために，また優れた援助者として成長するために必要なものであるといえます。

❹ ソーシャルワークの出発点

ソーシャルワークにおいて大切なことは，あくまでも利用者の現実の生活状況を出発点に，ふさわしい援助のあり方を模索しながら，さまざまな援助技術を活用して実践を展開していくということです。援助技術はソーシャルワーク実践の単なるマニュアルではなく，また，ソーシャルワークは決して特定の援助技術に利用者をあてはめることではありません。利用者の立場に立った援助のあり方を尽きることなく探求し，創造していくことが求められるのです。

（空閑浩人）

▷4　在宅福祉
施設入所中心の福祉のあり方に対して，できる限り住み慣れた家庭での生活を支えていこうとする考え方。高齢社会の進展に伴い，増加する要介護高齢者への援助のあり方として重視されるようになった。

▷5　社会資源
人間の社会生活を支える制度やサービス，機関や人材等の総称。大きくフォーマルなもの（専門家による援助や社会福祉サービスなど）とインフォーマルなもの（家族，近隣，ボランティアなど）に分けられる。

Ⅵ 社会福祉の援助と方法

 ソーシャルワークの展開過程

援助の過程としてのソーシャルワーク実践

ソーシャルワークは個人や集団あるいは地域をいかに援助するかという，まさにその過程（プロセス）が問われる援助方法や技術であり，したがって援助の過程とはソーシャルワークの実践そのものであるといえます。過程がソーシャルワークの重要な要素であるという指摘は古くからありました。たとえば以下のリッチモンド（Richmond, M.; 1922）やパールマン（Perlman, H. H.; 1957）によるケースワークの定義の中にも，過程という言葉がみられます。

「ソーシャル・ケースワークは人間と社会環境との間を個別に，意識的に調整することを通してパーソナリティを発達させる諸過程からなり立っている[1]」。

「ソーシャル・ケースワークは，人々が社会的に機能する間におこる問題をより効果的に解決することを助けるために福祉機関によって用いられる過程である[2]」。

ソーシャルワークの展開過程は，個人や地域が抱える問題解決に向けた援助者による一連の行為の積み上げからなる援助活動全体の流れです。それはおおよそ図Ⅵ-2に示したような各局面が展開されることにより成り立ちます。そしてこの流れは，ケースワークやグループワーク，コミュニティワークそれぞれの展開過程の下地となるものです。

ソーシャルワークの展開過程の具体的内容

○導　入

援助の出発点となる局面です。援助者が利用者と出会い，ともに問題の解決に向けて取り組んでいく関係（**援助関係**[3]）を樹立しようとする段階で，その後の援助活動の展開を左右する重要な局面といえます。

○情報収集とアセスメント[4]

利用者が直面している生活上の困難，あるいは地域が抱える問題を理解するために多方面から必要な情報を集め，どのような援助が必要なのかを見極めることにつなげていく過程です。集められた情報から利用者の生活状況の全体を，あるいは集団や地域の独自性などを把握しながら，問題状況に対する認識を深め，援助の目標やその達成のために取り組むべき課題を見出します。

▷1　M. リッチモンド著，小松源助訳『ソーシャル・ケースワークとは何か』中央法規出版，1991年，57頁。

▷2　H. パールマン著，松本武子訳『ソーシャル・ケースワーク——問題解決の過程』全国社会福祉協議会，1967年，4頁。

▷3　援助関係
ソーシャルワークにおいて援助者と利用者との間に結ばれる専門職業的な関係。援助過程を展開していく軸になるものである。

▷4　アセスメント
（assessment）
事後評価としてのエバリュエーションに対し，事前評価と訳されることもある。利用者が抱える問題状況の理解を通じて，援助過程の展開および問題解決の方向性を見出していく。

○援助計画作成

問題の解決に向けた具体的な取り組みを明らかにします。援助者の一方的な考えによる計画の作成ではなく，利用者の参加を得ながら，利用者の立場に立った計画作成が求められます。また，この計画は，固定化されたものでなく状況の推移に応じて柔軟に修正や変更ができるものとしてとらえることが大切です。

○援助計画実施

援助活動の中心となる局面です。援助計画をもとに，目標の達成に向けて必要なサービスなどの社会資源を活用するなどして，援助を展開していきます。利用者と利用者をとりまく環境との両方に働きかけながら，両者の関係（相互作用のあり方）を改善していくことで，問題状況の解決・緩和を促していきます。

○評　価（evaluation）

これまで行ってきた援助活動が適切，有効であったかどうか，また新たな問題が発生していないかなどについての検討を行います。必要であれば改めて情報収集やアセスメントへとフィードバックします。

○終　結（termination）

目標の達成により，利用者の生活の安定や地域の問題の改善などがみられたと判断された時，援助の過程は終結の局面へと向かいます。しかし，援助の終結は，利用者にとっては新たな生活の出発点を意味します。終結後の生活を視野に入れた働きかけが必要とされる重要な局面です。

○追跡調査（follow-up study）

終結から一定期間が経過したのちに，援助を行った利用者の生活状況や地域の状況，集団の各メンバーの状況などについて調査を行います。必要であれば新たに援助を開始することになります。

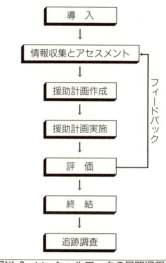

図VI-2　ソーシャルワークの展開過程

出所：白澤政和・尾崎新・芝野松次郎編『社会福祉援助方法』有斐閣，1999年，59頁。

3　ソーシャルワークの展開過程の理解

以上のような各局面の展開による援助の過程は，実践の中では決して直線的に進むものではありません。人間の現実の生活状況は常に流動的で変化していくものです。

ソーシャルワークの展開過程は，そのような変化の中で，情報収集やアセスメント，計画の作成や実施，そして評価を何度も繰り返しながら問題の解決に向かっていく，いわば循環的に展開される過程なのです。

また，この過程は決して援助者が一方的に進めるものではありません。利用者個人や集団の各メンバー，あるいは地域住民との信頼関係やパートナーシップを基盤とした協働作業により展開される過程であるという理解が大切です。

（空閑浩人）

VI 社会福祉の援助と方法

4 ソーシャルワークの歴史的展開

1 ソーシャルワークの源流

○慈善組織協会

ソーシャルワークは、貧困問題への対応から始まりました。19世紀後半にイギリスで生まれた**慈善組織協会**▲1（Charity Organization Society: COS）は、多くの慈善団体間の連絡や調整を行うことにより、貧困家庭への効率的な支援を目指しました。また、そこで行われた**友愛訪問員**▲2と呼ばれるボランティアによる貧困家庭への個別訪問活動（友愛訪問：friendly visiting）に、ソーシャルワークの中心となるケースワークの源流をみることができます。COSの活動はアメリカに渡り、研修を受けた有給職員による友愛訪問が行われました。そして、この活動からケースワークを体系化したのが**リッチモンド**▲3（Richmond, M.）です。彼女は、「人間と環境との間の調整」を通じた人々への援助活動がケースワークであるとして、現在のソーシャルワークにとっても非常に重要な点を指摘したのです。

○セツルメント運動と青少年団体の活動

COSの活動と同時代に、貧困問題を抱えるスラム街に、学生や知識人が住み込み、同じ住民として貧困者の生活を支援しながら、同時に彼らを取り巻く社会環境の改善を目指した**セツルメント**▲4の運動が生まれました。また、クラブ活動やレクリエーション活動などを通じて青少年の健全な育成を目指したYMCA（Young Men's Christian Association：キリスト教男子青年会）やYWCA（Young Women's Christian Association：キリスト教女子青年会）の活動もイギリスからアメリカに、そして世界各国へ広がっていきました。これらの活動にグループワークやコミュニティワークの源流をみることができます。

2 個人か社会か──ソーシャルワークの視点の揺らぎ

○個人の内面への志向

第一次世界大戦後の1920年代のアメリカでは、戦争による精神的なストレスなどの後遺症の問題が深刻なものになっていました。同時にソーシャルワークもその問題に対応していくことになります。特に精神分析学の影響を強く受けたケースワークは、個人のパーソナリティの治療を目指した活動に傾倒していき、生活問題をとらえる社会環境への視点を失っていきました。心理・精神医

▷1 **慈善組織協会**
多くの慈善団体による貧困者への濫救（複数の団体からの援助の重複）や、漏救（どこからも援助を受けられない）の状態を防ぐ目的で設立された。その活動はケースワークの原型となり、今日のコミュニティワークにもつながる。

▷2 **友愛訪問員**（friendly visitor）
貧困は個人の道徳的・性格的な欠陥から生じるという考え方から、「施しではなく友人を」の精神に基づき、貧困家庭を訪問して、調査や自立のための道徳的な指導を行った。

▷3 **リッチモンド**
（Richmond, M.；1861-1928）
『社会診断』（1917年）や『ソーシャル・ケースワークとは何か』（1922年）等を著し、ケースワークを専門職として体系化した。後に「ケースワークの母」と呼ばれる。

▷4 **セツルメント**（settlement）
1884年にロンドンに建てられ世界初のセツルメントハウスとされるトインビーホール、また、世界最大規模のものとして1889年にアダムズ（Addams, J.）らによりシカゴに開設されたハル・ハウスなどが有名。

学的なものへ拠り所を求めたその頃のケースワークやグループワークは，心理療法や精神療法のようなものになっていったのです。しかし，それはソーシャルワークを，その有効性や専門性が社会的に認められる専門職として確立したいという，ソーシャルワーカーや研究者の努力の現れでもありました。

○社会への視点の取り戻し

1960年代になると，貧困や失業の問題だけでなく，犯罪や青少年の非行，人種差別の問題などさまざまな社会問題が起こり，個人の内面への関わりに傾倒していたソーシャルワークのあり方がきびしく問われることになりました。そして，生活問題への認識や対応における社会環境への視点とそれへの働きかけ，つまりソーシャルワークのソーシャルな側面を取り戻そうとする動きが生まれてきました。ソーシャルアクションなどの社会環境の改善を促す援助技術が生まれるとともに，個人への関わりにおいても，社会環境との関係の中で社会生活を営む生活者としての人間理解への視点が重視されるようになりました。

3 人間の生活への視点と援助観の変化

その後，人間が直面する多様な生活問題の解決には，個人と社会との両方への働きかけが必要であるという認識が深まっていきます。個人や集団，地域への関わりと実践の形態は多様であっても，それらを**ソーシャルワークとして統合化**していこうとする試みがなされるようになりました。また，ソーシャルワークにおける援助の考え方として，問題を引き起こす原因を突き止めて治療を施すといった**医学モデル**から，個人と環境そして両者の相互関係のあり方をとらえることで，人間の生活や問題状況を全体的に理解することを中心に援助を展開しようとする**生活モデル（ライフモデル）**の考え方が重視されるようになりました。このような個人と環境との両方への視点をもち，その相互作用の把握から人間の生活実態を理解し，援助を行う専門的活動として，ソーシャルワークの援助技術や展開過程のあり方が，今日においても洗練され続けています。

4 日本のソーシャルワークの発展に向けて

以上のような主にアメリカで発展したソーシャルワークの歴史は，ソーシャルワークが常にその時代の社会状況とのつながりの中でみずからの存在意義や目的を見出し，専門性を確立させようとしてきた歴史であったともいえます。日本のソーシャルワークは，戦後アメリカのソーシャルワークから多くを学び，その形を整えてきました。しかし，大切なことは諸外国のソーシャルワークに学びつつも，日本におけるそのあり方を探求することです。人間の生活を支援する活動および方法として，時代や国を超えて普遍的な部分とその社会や文化に応じた独自の部分とを見極めつつ，日本での人々の生活状況に根ざしたソーシャルワークのあり方が問われ続けています。

（空閑浩人）

▷5 ソーシャルワークの統合化
それまで別々に発展してきたケースワーク，グループワーク，コミュニティワークについて，ソーシャルワークとしての共通する基盤を明らかにし，統合していこうとする動き。

▷6 医学モデル
医学における診断・治療にならって，ソーシャルワークを展開しようとする考え方。生活問題を個人または社会環境が抱える疾病とみなして，原因を特定することにより治療を施すという立場をとる。
⇒X-2 参照。

▷7 生活モデル（ライフモデル）
人間の生活とは周囲の人々や環境との不可分の関係から成り立つという考えをもとに，ソーシャルワークを展開しようという考え方。生態学理論（ecological theory）に多くを依拠している。

Ⅵ 社会福祉の援助と方法

 # ケースワーク（個別援助技術）の展開過程

 ケースワークの展開過程とソーシャルワーク

　ケースワークの展開過程とは，ケースワークの理論をワーカーによる専門的な働きかけとして具体的に明示することです。個人を援助対象とするケースワークは，ソーシャルワークの中核となる最も基礎的な技術として発展してきました。ケースワークの古典的な援助過程は，①社会調査，②社会診断，③社会治療という医学からの影響を強く受けたものでした。ところが，このケースワーク，グループ（小集団）を援助対象とするグループワーク，地域を援助対象とするコミュニティワークを一体的にとらえようとするその後のソーシャルワーク全体の理論的進展によって，援助（展開）過程も統一的に認識されるようになってきました。

　こうした理論的動向は，ソーシャルワークにおける援助の特性と強い関係があります。ソーシャルワークの援助というのは，課題をかかえる個人だけに焦点をあてるのではなく，その本人をとりまく環境をも視野に入れる点に特徴があります。つまり，社会生活を送る個人は，家族やグループ，組織の一員であり，また地域社会を構成する住人の1人でもあるという見方が重要となります。ですから，ケースワークの展開過程においても，ソーシャルワーク全体を視野に入れたとらえ方が大きな意味をもつことになります。

　こうしたソーシャルワークの理論的動向を念頭におきながら，ケースワーク（個別援助）に焦点をあてた取り組みを，次の7つの段階にわけて取り上げましょう。

２ ケースワークの展開過程

　①インテーク（初回面接）：機関としてケースワーク過程に沿った援助に取り組んでいくかどうかを決定するケースワークの最初の段階です。この段階での面接を特にインテーク面接と呼んでいます。また，そこでの来談者は，厳密にいえばクライエント（利用者）になる前段階のアプリカント（申請者）ということになります。

　②情報収集：クライエントを正確に理解し，援助の方針を立てるのに必要な

情報を収集する段階です。その情報源は，クライエント自身，クライエントと関係をもつ社会環境，その他の資料等となります。

③アセスメント：収集された情報をもとにクライエント自身やその環境，抱える課題について専門的に評価・判断する段階です。古典的なケースワーク過程では「社会診断」と呼ばれていた段階で，その後の援助内容に直接的に影響を与えることになります。

④プランニング：アセスメントの結果に基づいて，具体的な援助の計画を立てる段階です。長期的な目標とそれに沿った短期的な目標を定めます。この段階で大切なことは，ワーカーが一方的に決めるのでなく，クライエント自身の参加を促しながら共同作業として取り組むことです。最終的なプランニングの内容は，ワーカーとクライエントが合意に達した内容となります。

⑤援助活動：ソーシャルワークの援助活動では「介入」とも表現される段階で，クライエントに向けて具体的な援助が提供される段階です。ケースワークの場合，直接援助と間接援助の2つに分けて説明されることがよくあります。直接援助とは，クライエント自身に焦点をあてて，課題解決をはかる方法です。ケースワークでは，クライエントが自分の課題を自分自身で解決していけるように援助することが重視されます。ケースワークにおける面接技術は，そのための具体的な方法として位置づけられます。具体的には，ケースワークの過程において，傾聴，支持，共感，受容，励まし，洞察，助言等の取り組みがなされます。もう一方の間接援助とは，クライエントをとりまく社会環境に焦点をあてて課題解決をはかる方法です。ソーシャルワークにおいては，従来からクライエントを「状況（環境）の中の人」としてとらえてきたことからもわかるように，クライエントと社会との関係のあり方を重視してきました。具体的な間接援助には，家族や地域住民といったクライエントをとりまく社会環境の側に働きかけることによって両者間の関係の調整をはかったり，社会福祉制度やサービス，ボランティアといった種々の社会資源を活用できるようにすることなどが含まれます。

⑥評価：ケースワークが専門職による専門的な活動である限り，ケースワークの援助によって目標（課題解決）がどの程度達成されたかについて評価することが求められます。具体的には，援助の効果や効率を測定する調査ツール（道具）を用いる場合もありますが，基本的には，ワーカーとクライエントとの援助関係の中でクライエントの参加を得ながら，評価や振り返りの作業をすることが不可欠となります。

⑦終結：ケースワークでは，目標が達成された場合，計画した時間が経過した場合，これ以上の取り組みが無意味になった場合などに終結に至ることになります。新たな課題設定を含めてクライエントが次の段階に円滑に進めるように援助することになります。

（岩間伸之）

Ⅵ　社会福祉の援助と方法

グループワーク（集団援助技術）の展開過程

 グループワークの展開過程とソーシャルワーク

　グループワークの展開過程とは，グループワークの理論をワーカーによる専門的な働きかけとして具体的に明示することです。グループワークとは，グループの力を活用して個人の成長や課題の解決を促すソーシャルワークの専門技術のことです。もっとわかりやすくいえば，同じ悩みや課題を抱えた人たちでグループを形成し，そこにグループワーカーが専門的に働きかけることによって，グループのメンバー自身が課題を分かち合い，気づきを深め，課題の解決に向けてともに取り組むことです。こうしたグループワークの取り組みにおいては，「複数の援助関係」が存在するといわれるように，ワーカーとクライエントとの援助関係だけでなく，メンバー同士の関係や力動を活用する点に大きな特徴があります。

　たとえば，高齢者へのサービス提供機関などにおいて，在宅で高齢者を介護する人のためのグループワークを開催する場合を取り上げてみましょう。そこでは，同じ境遇にあるメンバーが介護の大変さを共感し合い，各メンバーが自分の立場を再認識・再発見し，さらに各自の課題解決（介護負担の軽減等）に向けてお互いに手を差し延べ合うという活動が展開されます。当然のことながら，こうした過程は，ワーカーの専門的な働きかけによって効果的に促進されることになります。

　こうした一連の取り組みをグループワークの展開過程として整理する場合，依拠するグループワークのモデルによっても違ってきますし，近年ではグループワークもソーシャルワーク全体に吸収される形でとらえられるようになってきています。

　以下のグループワークの展開過程では，グループワークにおける援助の特性をわかりやすく示すために，準備期，開始期，作業期，終結・移行期の4つに分けて整理し，とりわけ取り組みの中心となる作業期においては，グループワークにおける理想的な状態である「相互援助システム」の形成と活用について取り上げます。

2 グループワークの展開過程

①**準備期**：グループでの取り組みを実際に始める前の段階です。この段階では、グループの場にやってくるメンバーの気持ちを受けとめることができるようにワーカーは事前に準備をしておく「波長合わせ」と、メンバーに関する事前の情報収集がおもな内容となります。グループワークといえどもメンバー一人ひとりを個別化する視点は、ソーシャルワークと共通です。

②**開始期**：グループワークの取り組みの初期段階では、各メンバーとワーカーとの間に援助関係を形成することに焦点があてられます。グループワークであっても個別の援助関係はソーシャルワークの基本要素です。さらに、グループの目標やメンバーおよびワーカーの責任について明確にすることにも取り組みます。この作業によって、グループの存在意義が明らかになっていきます。

③**作業期**：グループワークとは、グループを媒体として個々のメンバーの問題の解決や課題の達成を促すことに主眼がおかれます。つまり、「よいグループ」をつくることを目的とするのではなく、グループの力動をメンバー個々の援助に向けて活用するという視点が大切となります。そこで、重要となる概念が「相互援助システム」です。作業期では、この相互援助システムの形成と活用がワーカーの中心的な取り組みとなります。

まず、ワーカーはグループづくりに本格的に着手します。具体的にはグループの共通基盤の形成、グループ固有のルールである集団規範の形成、リーダーシップやサブグループといったグループ構造を活用します。これらが、グループを用いてメンバー個々の課題を解決していくための土台となります。

次が、グループワーク実践の中心となる相互援助システムの形成と活用です。ここでは、そこでの取り組みの内容を提示しておきましょう。まず、相互援助システムの形成では、(1)メンバーのもつ課題の同質性と異質性をメンバー自身が認識する、(2)課題の事情や背景をメンバー相互に個別化する、(3)「今、ここで」の人間関係を強化する、(4)メンバー間のコミュニケーションを高める、(5)柔軟なグループ構造を構築する、(6)ワーカーの役割を変える、といった取り組みがあげられます。また、相互援助システムの活用では、(1)個人情報の分かち合いと受容を促す、(2)共通する課題の見方や解決策について考察を深める、(3)自分の課題に対する気づきを深める、(4)各メンバーの課題解決に向けた考察を深める、(5)実際の取り組みについてグループへフィードバックを促す、といった取り組みがあげられます。

④**終結・移行期**：この最後の段階では、グループ終結の作業をすすめ、メンバーが円滑に次の段階に移行できるように援助します。その過程では、ワーカーとメンバーが一緒にこれまでのグループの取り組みを振り返るとともに、メンバー個々の変化についても評価していくことになります。　　　（岩間伸之）

▷　相互援助システムの形成と活用に関する詳しい内容については、次の文献を参照。
黒木保博・横山穣・水野良也・岩間伸之『グループワークの専門技術――対人援助のための77の方法』中央法規出版、2001年、197〜227頁。

VI 社会福祉の援助と方法

コミュニティワーク（地域援助技術）の展開過程

実践の基本的な展開過程

　間接援助技術の1つであるコミュニティワークは，福祉サービスを必要とする人が地域で暮らしていくために，地域の社会資源を整備し，それらの資源の連携を図って，利用しやすくするように環境を整備する働きをもつ技術です。

　コミュニティワークの展開過程は，地域問題の発見を契機として，以下の段階で進行していきます。第1は準備段階です。これはアセスメントの段階であり，地域の問題，ニーズの発見が中心になります。第2は活動主体の組織化です。ここでは問題を解決するために地域住民や組織に働きかけて，活動の中心

表VI-2　コミュニティワークの展開過程

活動の発端 地域問題との出会い	・福祉サービス業務をとおして問題を発見 ・利用者・家族の相談をとおして発見 ・福祉事業関係者の話しあいのなかで
ステップ1 活動の準備段階	・地域踏査，当事者からの聞き取り調査 ・保健・医療・福祉等からの聞き取り ・既存資料，データ収集・分析 ・地域援助技術で支援する可能性の検討
ステップ2 活動主体の組織化	・既存組織で対応するか新たに組織化する ・関係者への問題提起，働きかけ ・協働活動の組織化 ・当事者の組織のない場合は，組織づくりに着手する
ステップ3 活動計画の作成	・活動組織内部で，目標・解決手段検討 ・必要なニーズ把握調査の実施 ・解決手段に関わる情報収集，視察 ・活動に関わる役割分担
ステップ4 活動計画の実施	・活動に関する広報，イベント ・計画の具体化，目標実現の行動 ・地域住民の参加機会の創造 ・社会資源の動員，活用 ・必要に応じて議会や行政への働きかけ ・追跡調査
ステップ5 活動の評価，次の展開	・活動評価アンケート実施 ・活動記録のまとめ ・活動評価会議の開催 ・次の目標設定

出所：福祉士養成講座編集委員会編『新版　社会福祉士養成講座9　社会福祉援助技術論II』中央法規出版，2001年，107頁。

となる組織を形成します。第3は活動計画の作成です。これはプランニングに当たる過程で，活動目標を策定し，検討する過程です。第4は活動実施であり，計画を具体的に実施していきます。第5は評価の段階で，活動全般にわたって結果を検討します。展開過程は表VI-2のようにまとめられます。

2 コミュニティワークの基本的方法

展開過程に沿って実践を進行していくためには，各段階でさまざまな方法が用いられます。基本的方法として以下のものがあげられます。

①地域社会の診断方法（地域類型，歴史的背景などの特徴を把握）
②地域集団，組織の診断方法（住民による集団，組織についての現状を把握）
③ニーズ把握と分析方法（既存の資料，行政統計を利用したり，またさまざまな調査法を用いてニーズを把握）
④情報の収集，広報，動機づけ（社会資源についての情報を系統的に収集し，それらを地域の関係者に提供）
⑤「地域福祉活動計画」の策定方法（法律に基づく福祉計画，住民自身による福祉計画の策定）
⑥住民組織活動の支援方法（地域での住民組織，集団を支援し，また組織化づくりを援助）
⑦社会資源の開発，活用方法（問題解決に活用できるすべての資源を把握し，欠如する場合は新たな資源を開発）
⑧集団および組織・機関の連絡方法（地域の多様な組織の連絡調整方法を作る）
⑨記録と評価（活動記録を取ること，活動の評価を広く得る）

3 コミュニティワークの援助原則

コミュニティワークを展開する場合に，援助者が基本的に心得るべき原則があります。ここでは代表的な3つの原則をあげます。

第1は地域主体の原則です。コミュニティの問題を解決するのは，住民による組織，団体です。これらが主体となって，解決のためのさまざまな活動を行い，意思決定できるように導くことが大切です。

第2は資源開発の原則です。コミュニティには次々と問題が生じます。これらに対して，ワーカーはコミュニティにある潜在的な資源を探し出すとともに，既存の資源の組み合わせを変えることで新しい資源を生み出すなど，常に資源の開発を心がける必要があります。

第3は協働活動の原則です。コミュニティの問題を解決するためには，さまざまな組織，機関などが1つの目標に向かって，役割分担をして協力していくことが必要です。コミュニティワークの過程は，協働的な関係で進められることが重要です。

（狭間香代子）

VI 社会福祉の援助と方法

8 社会福祉援助方法における社会調査の意義

1 社会福祉調査と社会調査

　間接援助技術の1つとして位置づけられている社会福祉調査は，社会福祉問題解決のために，多様なニーズや実態を把握，分析し，さらにそこから解決方法を導き出すこと，また社会福祉サービスが効果的かどうかを検証することを目的とする技術です。

　社会福祉調査には次の役割があります。第1は，現状把握のための実態調査としての役割です。これは新しく福祉サービスを開始したり改善する場合，また福祉ニーズを発見し，新しい福祉問題に取り組む時などに必要となります。第2は福祉サービスの整備計画など，中長期的な視野から福祉サービスを計画立案する場合，基礎資料としての事実や統計的データの収集の役割です。第3は人間の内面性，行動，生活史などを理解するためです。第4は，社会福祉援助が実施された場合の効果を測定するための役割です。

　これらの役割を果たすためにさまざまな調査方法が用いられますが，基本的には社会調査の手法を用います。したがって，社会福祉調査は社会調査の一形態であり，応用したものといえます。

　歴史的にみると，社会調査は19世紀の慈善組織協会やセツルメント運動を契機に社会福祉の領域に取り込まれました。さらに，イギリスでのブース（Booth, C）による**ロンドン調査**▷1，ラウントリー（Rowntree, B. S.）による**ヨーク調査**▷2など，労働者の生活実態調査等の影響も受けています。このようにして，社会福祉援助技術の科学化のために，調査手法が積極的に組み込まれてきました。

　さらに，1940年代頃からは，社会福祉援助技術の効果測定の重要性が認識されるようになり，効果測定の方法として集団比較実験計画法などの調査方法が取り入れられています。

2 社会調査の種類

　社会福祉援助技術で用いられる社会調査には，さまざまなものがありますが，ここでは量的調査である統計調査，質的調査として事例調査，および効果測定

▷1　ロンドン調査
C. ブースによって1886年から1902年にかけて行われた生活調査で，報告書『ロンドン民衆の労働と生活』にまとめられている。そこではロンドンの人口の約3分の1が貧困状態にあることが明らかにされた。

▷2　ヨーク調査
S. ラウントリーが，1899年から3回，イギリス・ヨーク市において行った生活実態調査で，貧困線の概念を用い，貧困線以下の生活状態にあるものを「第一次貧困」，貧困線上の生活を送るものを「第二次貧困」として，ライフサイクルと貧困の関係を明らかにした。

法を概説します。

○統計調査

調査対象を客観的にとらえるための調査手法であり，個々の対象の共通点を集団として一定の基準によって体系的に把握するための方法です。個別対象はそれぞれに異なりますが，それらを一定の基準によって相対化，抽象化，定量化することで集団としてとらえ，量的に把握し，客観化します。そのために平均，比率，相関関係，分散分析，回帰分析，因子分析，統計的検定などの統計的技術を用います。

統計調査の優れた点は，標準化と体系化された技法によって信頼性の高いデータの収集が可能であること，統計解析などの客観的な分析方法によって一般化ができることがあげられます。一方で，数量化が可能な側面のみを対象とするために，個別的，具体的，質的な面がとらえにくいという欠点があります。

この調査方法では，主に質問紙を用いた方法によって調査がなされます。質問紙は調査票のことであり，あらかじめ質問事項を作成し，それを調査対象に配布して，回答を求めてデータを収集するものです。

質問紙の記入については，対象者自身が記入する自計式と調査員が記入する他計式とがあります。自計式には配票調査法，集合調査法，郵送調査法があり，他計式には個別面接調査法，電話調査法などがあります。

○事例調査

少数の限られた家族，社会集団，地域社会などを対象として，それらを個別的に，多数の側面にわたって全体関連的に，主観的で洞察的な手法によって，質的データを収集する方法です。個別的事例の全体性を主観的な状態で取り出そうとする手法といえます。個別的事例を対象とするために，特殊な状況での特殊な例を扱うことになり，その結果から普遍性，一般性を抽出できるかどうかについては問題があります。しかし，ミクロ的視点から全体性をとらえることは，個別性を重要視する社会福祉援助技術にとっては意義があります。

この調査には，調査者と対象者の間の自由な会話を用いてデータ収集を行う自由面接法，調査者が外部者として観察する非参与的観察法，対象集団の一員として調査対象を観察する参与的観察法などがあります。

○効果測定法

これは，直接サービスの提供において，その処遇評価，効果測定などのために用いられる調査手法などのことです。代表的な方法としては，単一事例実験計画法があります。これは，1つの事例について，処遇前の問題行動を事前評価し，サービス利用後にも引き続き問題行動を観察して，両者の測定値を折れ線グラフで表して比較します。

（狭間香代子）

Ⅵ 社会福祉の援助と方法

 社会福祉援助方法の倫理

専門職としての倫理綱領

社会福祉実践者には，実践場面における行動の指針となる専門職としての倫理があります。これは，実践者個々人がもつ価値観とは異なり，専門職全体が共有すべき価値観ともいうことができます。

医療・福祉などの分野で働く対人援助職は，専門職団体ごとに倫理綱領を策定しています。倫理綱領とは，専門職者の業務遂行についての職業上の基本的行動を示した指針のことをいいます。専門職として成り立つためには，倫理綱領は不可欠なものです。専門職団体は倫理綱領を定めて，会員に対して綱領を守ることを要求するとともに，社会に対して専門職としての責務，行動基準などを公に宣言しています。

社会福祉援助専門職の倫理綱領としては，1986年の**日本ソーシャルワーカー協会**による「ソーシャルワーカーの倫理綱領」があります。日本社会福祉士会は1993年に，この倫理綱領を採択しました。その後，ソーシャルワーク専門職能4団体で構成する**社会福祉専門職団体協議会**を中心に，この倫理綱領の見直しがなされ，2005年4月に社会福祉専門職団体協議会全体会議で，改訂された「ソーシャルワーカーの倫理綱領」が共通倫理綱領として承認されました。日本社会福祉士会は，共通倫理綱領の「ソーシャルワーカー」を「社会福祉士」と読み替えて，同年6月に「社会福祉士の倫理綱領」として採択しています。

2 「ソーシャルワーカーの倫理綱領」（2005年改訂）

この倫理綱領は，前文・価値と原則・倫理基準に大別され，さらに，倫理基準では，4領域にわたる具体的な倫理責任が明記されています。

◯前 文

ソーシャルワーカーの存在意義について明確に述べるとともに，国際ソーシャルワーカー連盟が採択したソーシャルワークの定義を組み込んで，実践の拠り所とすることを示しています。

> ソーシャルワークの定義
> ソーシャルワーク専門職は，人間の福利（ウェルビーイング）の増進を目指して，社会の変革を進め，人間関係における問題解決を図り，人々のエンパワメン

▷1 日本ソーシャルワーカー協会
1960年に設立された社会福祉専門職の職能団体。現在の組織は，1983年に再建されたもので，ソーシャルワーカーの「倫理綱領」の制定や会報，機関誌の発刊，資格制度の推進等さまざまな活動を行っている。

▷2 社会福祉専門職団体協議会
わが国のソーシャルワーカーの専門職能団体である日本ソーシャルワーカー協会・日本社会福祉士会・日本医療社会事業協会・日本精神保健福祉士協会の4団体の代表者が参加して構成される。倫理綱領の改訂に際しては，当協議会に設置された倫理綱領委員会が行った。

ト解放を促していく。ソーシャルワークは，人間の行動と社会システムに関する理論を応用して，人びとがその環境と相互に影響し合う接点に介入する。人権と社会正義の原理は，ソーシャルワークの拠り所とする基盤である。(IFSW；2000.7.)

○価値と原則

ここでは，社会福祉士としてもつべき5つの「価値」とそれに基づく「倫理原則」を明言しています。第1の価値である「人間の尊厳」とは，すべての人びとをかけがえのない存在として尊重することであり，ソーシャルワーク実践の基礎となる根源的価値です。第2の「社会正義」とは，ソーシャルワーカーが差別，貧困，抑圧，排除，暴力，環境破壊などによって人々の生活が脅かされることのない社会を目指すことを示しています。第3の「貢献」は「人間の尊厳と社会正義」という価値の実現を目指すことを意味しています。第4は「誠実」であり，ソーシャルワーカーのこの倫理綱領に対する真摯な姿勢を表明しています。最後の価値は「専門的力量」であり，ソーシャルワーカーの専門性の向上を強調しています。

○倫理基準

価値と倫理原則から倫理基準が導き出されます。これは対象や実践現場の別に，ソーシャルワーカーがすべきことや禁止行為などを示しています。まず，「利用者に対する倫理責任」では，個人・グループ・家族などの利用者に対して，専門的援助関係の重視・利用者の利益優先・受容・説明責任・自己決定の尊重・意思決定能力への対応・プライバシーの尊重・秘密保持・記録の開示・情報の共有・性的差別や虐待の禁止・権利侵害の防止の諸責任が明記されています。次に「実践現場における倫理責任」では，実践の場を広範に捉え，施設や機関だけでなく，利用者と関わる多様な援助場面を含んだ現場での責務が示されています。さらに，「社会に対する倫理責任」では，変革の対象としての社会に対する働きかけを述べています。最後に「専門職としての倫理責任」では，専門的力量の向上に関する責務が明確化されています。

3 専門性と福祉倫理

専門職としてのあるべき行為を規定する倫理は，社会福祉の価値実現の過程でもあり，修得した知識や技術をいかに実践の場で具体化できるかということの根底にあって，その方向づけをするものです。

専門職としての社会的な承認は，ソーシャルワーカーと利用者の間での関係性の中で成立するものであり，ワーカーの仕事が利用者にどのように受け止められるかが重要です。そのためには，常に専門性の根底にある価値と倫理に立ち戻ることが必要です。

（狭間香代子）

Ⅵ 社会福祉の援助と方法

スーパービジョン

スーパービジョンとは何か

　社会福祉実践の場で，経験の浅いソーシャルワーカーが業務を遂行していくためには，養成，訓練が必要です。初心者のソーシャルワーカーが，実際に利用者と関わってサービス提供をしていくことは，不十分なサービス提供になったり，場合によっては危険なことさえあります。このような時，経験のあるソーシャルワーカーが指導者となり，初心者が学習してきた知識や技術を実地の経験と結びつけることが有効になります。

　このようなよりよい実践をしていくための養成，訓練の過程をスーパービジョンといいます。そして，スーパービジョンを受ける人をスーパーバイジー，スーパービジョンを行う指導者をスーパーバイザーと呼びます。

　スーパービジョンの目的には次の2つがあげられます。第1はソーシャルワーカーの養成，訓練のためです。専門的知識，技術，倫理を修得し，専門職として成長していくためにはスーパービジョンは不可欠です。第2は所属する機関，組織の機能，役割にそった職務を遂行し，機関に期待される援助をするためです。したがって，機関や組織に固有の機能を修得しなければなりません。

　スーパービジョンは，ソーシャルワークの発展とともに展開してきました。当初は，指導者である管理者から初心者に対してなされ，管理的色彩が強いものでした。しかし，1960年代以降は，仲間，同僚間でのピア・スーパービジョンなども登場しました。

② スーパービジョンの機能

　スーパービジョンは，ある機関でその職員のために実施されるものですが，その機能として，次の3つがあげられます。

◯教育的機能

　ソーシャルワークにとって必要な理論，方法，面接の仕方，アセスメント，介入などの知識や技術を実践の場で活用できるように，スーパーバイザーが教育していく働きです。ここでは，スーパーバイザーが支持，受容的な関係をつくって，教育していくことが必要です。

◯支持的機能

　スーパーバイジーが実践の場で成長していくには，スーパーバイザーによる

支持的，心理的なサポートが必要です。スーパーバイジーが実践の場で壁にぶつかったり，悩んだりしている時に，スーパーバイザーの支持が重要になります。

○ 管理的・評価的機能

機関の機能，組織，その他業務内容などについての必要な知識を与え，それらについて管理，監督をする機能を管理的機能といいます。また，勤務態度，勤務内容，業務成果などを評価することが評価的機能です。

3 スーパービジョンの形態と方法

スーパービジョンの形態には，個別スーパービジョン，グループスーパービジョン，ライブスーパービジョン，ピアスーパービジョンなどがあります。

個別スーパービジョンは，スーパーバイザーとスーパーバイジーとの一対一の関係でなされます。この形態では，中身の濃い養成，指導ができ，援助技法がきめ細かく修得できるという利点があります。しかし，深い対人関係の中でなされるために，スーパーバイザーの個人的属性の影響を受けやすく，特に上下関係が固定化したり，依存的関係に陥りやすくなります。

グループスーパービジョンは，グループを対象にしてメンバー間の相互作用を活用して訓練するものです。個別的形態に比較すると集団の力を通して，自発性が形成されやすくなります。また，多くの人々の経験を共有することで，視野を広げることができます。しかし，同一の職場で多くの人数を拘束することになるので，業務に支障をきたす可能性があります。

ライブスーパービジョンとは，スーパーバイザーとスーパーバイジーが同一の実践に関わっていくことで，直接的に教育，訓練をしていくものです。ピアスーパービジョンとは，仕事上の同僚との間で，また学生同士で事例検討などを通して学習を重ねていく方法です。

スーパービジョンを行うために用いられる方法には，個別，集団を問わず，話し合いが多く用いられます。ここでは，特にスーパーバイザーとスーパーバイジーとの人間関係が重要になってきます。信頼関係に基づいて，スーパーバイジーが合理的な判断と理解ができるように指導することが大切です。

また，実践記録の利用も重要な方法です。この場合には，フォーマルな記録ではなく，スーパーバイジー自身が個人的に実践記録を取り，それに基づいて話し合いと並行して，スーパービジョンがなされるのが一般的です。

グループスーパービジョンでは，**ロールプレイ**も活用されます。実践場面を設定し，それぞれの役割を演じることで，ソーシャルワークの基本的技法を修得することを目的としています。その他に，録音テープやビデオテープなども活用されます。

（狭間香代子）

▷ ロールプレイ
役割演技のこと。さまざまな役割を演じることで，人間関係能力を向上させたり，専門職業の訓練をすること。

VI 社会福祉の援助と方法

エンパワメントとストレングス視点

エンパワメントとストレングス視点の接点

　エンパワメントとは，もともと法律用語で「権利，権限を与えること」という意味でしたが，今日では，社会福祉も含めてさまざまな分野で用いられるようになりました。

　アメリカのソーシャルワーク実践論では，1970年代後半にソロモン（Solomon, B. B.）が，抑圧されている黒人のパワーの欠如状態に焦点をあて，その状態を減らすことを目的としたアプローチを提唱しました。その後，エンパワメントをキーワードとするアプローチが多く展開されています。

　一方，ストレングス視点とは，従来ソーシャルワークにおいて支配的であった病理的・欠陥的視点に対する批判という形で提唱され始めました。社会福祉サービスを必要としている人々は，何らかの生活上の困難があり，社会福祉はそれらを支援するためのものです。したがって，困難を何らかの問題，つまり病理としてとらえ，その原因を探し出し，治すことで解決するという視点に立ったものでした。反対に，人は心理的，身体的，情緒的，社会的，精神的なあらゆる側面にわたって未活用の能力をもつとみなし，それに焦点をあてるのがストレングス視点です。

　エンパワメントとストレングス視点は着目点に相違がありますが，目指すべき方向は共通であり，最近では組み合わせて用いられる場合が多くあります。

② エンパワメントアプローチの基本的枠組み

　社会福祉援助技術の中には，複数のエンパワメントを指向するアプローチがあります。それらに共通する枠組みをまとめると次の4点をあげることができます。

　第1は，個人的変容と社会的変容の相互変容を目指し，両者の関係性に焦点化していることです。第2は，パワーの不均衡に着目することは，利用者とソーシャルワーカーの間のパワーにも敏感であることを意味します。したがって，両者の関係は対等な関係，協働的なパートナーシップとして把握されます。第3は個人の心理的変化をエンパワメントの前提条件として位置づけていることです（表VI-3参照）。ここでは利用者みずからが，パワーを獲得する過程が重要視されます。第4は援助過程が個人的，対人関係的，社会政治的過程の各次元

表VI-3　エンパワメントの前提条件となる心理的変化

自己効力感の強化	自分の生活は自分で管理しているという信念の強化，支配感やストレングスの強化と類似の概念
集団意識の発達	個人的・集団的経験に対する政治構造の影響に気づき，社会的批判意識を促す，集団としての凝集力を高める
自己非難の減少	パワーレスな状態を社会的視点からとらえることが，自己非難を少なくする
変化に対する自己責任感の強化	将来の変化に対して責任をとることが，主体性の形成と積極的な参加を促す

出所：仲村優一・秋山智久編『新・セミナー介護福祉5　社会福祉援助技術』ミネルヴァ書房，2001年，176頁。

を包含して展開する点です。

ストレングス視点の基本的原理

　ストレングスとは，生得的な能力，獲得した才能，発達させたスキル，将来性，個人がうまくできると思うことなどの意味を含みます。これらはすべてが活用されていることはなく，未活用なままで潜在的状態にあるものもあります。個人，集団，コミュニティがもつストレングスに焦点化した援助がストレングス視点です。

　ストレングス視点の主要な提唱者であるサリービー（Saleebey, D.）は，ストレングス視点の基本的な原理として以下の5つをあげています。

　第1はすべての個人，集団，家族，コミュニティはストレングスを保持するという見方です。ストレングスは，利用者を客体化して，分析し，原因を探すという見方からは見出せません。ソーシャルワーカーは，利用者が語るストーリー，語り，説明や，それらの中にみられる経験の解釈に沿うことによって，ストレングスを導き出すことができます。第2は外傷経験，虐待などは苦しみであるが，また挑戦と機会の源泉ともなるという見方です。第3は成長と変化の能力の上限はわからないとみなし，個人，集団，コミュニティの願望を真剣に受け取ることです。ストレングス視点は，利用者の希望，ビジョン，価値を引き出し，それらを実感できるような経験を重視します。第4は利用者にとって，ソーシャルワーカーが役立つのは，協働的関係においてです。専門的権威をもつものとしての立場は，利用者のストレングスを抑圧するかもしれません。第5はすべての環境が資源に満ちているという見方です。環境の中に潜在的な資源があったり，また見方を変えることで資源となりうる場合があります。

　このように，ストレングス視点はソーシャルワーカーが利用者の潜在的な力を信頼することで，利用者自身が自らの力を信頼できるように支援していく見方です。これによって，利用者自身のエンパワメントが可能になると考えます。ストレングス視点とエンパワメントは異なった経緯をもって提唱されてきましたが，基本的には共通の方向性をもったアプローチだといえます。（狭間香代子）

VII 社会保障・公的扶助

 社会保障の機能

1 社会保障の機能

社会保障制度の働きにはどのようなものがあり，どのような役割を果たしているのでしょうか。

社会保障をテーマに取り上げた『厚生白書（1999年版）』では，社会保障の機能として，①社会的安全装置（社会的**セーフティネット**），②所得再分配，③リスク分散，④社会の安定および経済の安定・成長，の4つをあげています。

2 社会的安全装置（社会的セーフティネット）

社会保障には，失業，傷病，老齢退職，死亡など，生活を脅かすライフサイクル上のさまざまなリスクに対して，生活の安定を図り，安心をもたらすための社会的な安定装置（セーフティネット）の役割があります。中でも，**公的扶助**は，**社会保険**をはじめとする他の制度では防ぎきれない生活困窮のケースについて，国の責任において最低限度の生活を保障するもので，国民の最後のよりどころという意味で，社会の最後のセーフティネットであるということができます。社会的セーフティネットとしての社会保障制度が整備されていることによって，人々は人生におけるリスクを恐れずに，安心して日常生活を送ることができるのです。

3 所得再分配

自由経済体制のもとで，市場経済の成り行きだけに任せていると，市場経済のルールに乗りにくい障害者や高齢者，乳幼児を抱えたひとり親などの世帯は低所得になりがちです。そこで，社会保障制度や税制度は，市場システムを通して分配された所得の一部を吸い上げて，低所得者等に再分配する機能を果たしています。これを所得再分配機能といいます。

社会保障制度の中で，公的扶助は，所得の高い人から所得の低い人に向けての垂直的再分配を行っています。一方，社会保険は，たとえば，健康な人から病気の人への所得移転のように，同一所得階層内での水平的再分配を行っています。社会保障には，このように，所得格差を縮小したり，低所得者の所得を引き上げたりする所得再分配の機能があります。図VII-1は，所得再分配によって所得階級別の世帯分布がどのように変化するかをみたものですが，再分配後

▷1 セーフティネット
もともとは，サーカスなどで地上高く張られたロープの上で演技等をする場合に，落下してもけがをしないように下に張る網のことで，そこから転じて，万一の事故や災害で発生する被害に備えるための政策・制度等を指して用いられる。

▷2 公的扶助
租税を財源として，現に生活に困窮している人に対して，その困窮の程度に応じて，現金または現物を給付することによって，最低生活を保障する制度。資力調査（ミーンズテスト）を受給の要件とする。

▷3 社会保険
保険のリスク分散システムを活用して，生活を困難に陥れるような一般的なリスクに対して人々があらかじめ保険料を支払い，そうしたリスクが発生した場合に，その個人に必要な給付を支給する制度。国や公的な団体を保険者とし，被保険者は強制加入が原則である。

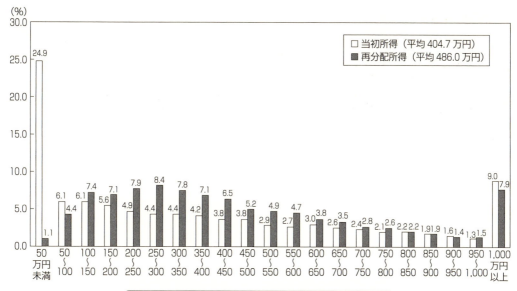

図Ⅶ-1 所得再分配による所得階級別の世帯分布の変化

出所：厚生労働省「所得再分配調査報告書」2011年。

の世帯分布は当初の分布より中央に集中しており，所得再分配によって所得格差が縮小したことがわかります。

4 リスク分散

わたしたちは，人生において，傷病や失業など，予測しがたい，あるいは個人の力だけでは対応しにくいリスクに遭遇することがあります。社会保障は，こうしたリスクが発生した場合に，経済的に保障することにより，リスクがもたらす影響を極力小さくするというリスク分散のしくみをもっています。社会保険制度が，主としてこの機能を担っています。

5 社会の安定および経済の安定・成長

社会保障は，個人に十分な所得がある時に保険料等を拠出させて消費を抑え，傷病や失業などにより所得が減ったり途絶えた時に給付を行って消費を助けるので，社会全体でみた場合には，景気がよくて所得が増える時には消費を減らし，景気が悪くて所得が減った時には消費を増やすという効果があります。自動的に景気の変動に対して逆方向に安定化させるように働く，社会保障のこうした機能は，景気の自動安定装置（ビルト・イン・スタビライザー）と呼ばれています。

また，社会保障は，所得格差を是正したり，貧困の予防と救済を行うことによって，人々の生活に安心感を与えることができます。こうした機能を通じて，社会保障は現在の政治・経済体制に対する人々の不満を緩和し，社会を安定化させるという役割を果たしています。

（寺本尚美）

VII 社会保障・公的扶助

 ## 社会保障における社会保険方式と公費負担方式

1 社会保障の財政方式としての社会保険方式と公費負担方式

社会保障の財源調達にはいろいろな方法がありますが，大別すると，社会保険方式と公費負担方式に分けることができます。それぞれの財政方式にはどのような特徴があり，どのような社会保障制度に適しているのでしょうか。

2 社会保険方式

●社会保険方式とは

社会保険方式とは，保険制度への加入を条件に保険料を主たる財源として給付を行う方法です。保険料は通常，被用者保険では被用者と事業主が分担しますが，**労働者災害補償保険**では事業主が単独で負担します。保険料の負担方法として一般的な方法は報酬に対する一定比率として保険料を課す報酬比例制ですが，その他に定額制もあります。主要財源は保険料ですが，補足的財源として国庫負担が投入されることがあります。

●社会保険方式のメリット・デメリット

財源調達の方法として社会保険方式を採用した場合の主たるメリットは，保険料という独自財源をもつので，租税を財源とする場合のようにその配分において他の政策と競合する心配がなく，財源の安定性を確保しやすいことです。また，保険料の使途が保険給付に限定されており，保険料の負担が重くなってもその分給付が充実するため，被保険者の比較的高い拠出意欲が期待できることがあげられます。さらに，保険料の負担方法として報酬比例制が採用される場合には所得水準の上昇に応じた保険料収入の増加が期待できるので，財政的に安定的であり，給付の改善も行いやすくなります。

しかし，その反面，制度そのものへの未加入や，保険料の未納・滞納に関わる問題が避けられないことがデメリットとしてあげられます。これは保険料の徴収率を低下させ，制度の財政基盤を危うくします。それとともに，保険料を未納・滞納した者は受給権を取得できなかったり，保険料が十分に払えなかった者には十分な保障が行えないという事態が生じます。わが国の**国民年金**制度においても，未加入や保険料の未納・滞納による，いわゆる空洞化問題が深刻

▷1 労働者災害補償保険
業務上の災害や職業病，通勤途上の災害に対して，使用者の責任において，労働者に必要な給付を行うことを目的とした政府管掌の保険制度。財源は，基本的に事業主が支払う保険料で賄われるが，若干の国庫負担もある。

▷2 国民年金
原則として，20歳以上60歳未満の者を加入対象とし，65歳以降に全国民共通の基礎年金を支給する年金制度。財源は，自営業者等が負担する保険料，被用者年金制度からの拠出金，国庫負担，積立金の運用収入である。

3 公費負担方式

◯公費負担方式とは

一方,公費負担方式は,給付にあたって拠出を要件とせず,租税を財源として給付を行うやり方です。普通税によるものと目的税によるものを区別することができますが,わが国では,公費負担方式の財源として目的税を用いる社会保障制度は現在のところありません。

公費負担方式を採用している社会保障制度の中には,必要な経費の全額を公費で賄っている生活保護のような制度もあれば,社会福祉サービスのように公費に加えて利用者負担を導入している制度もあります。また,社会保険方式を採用している制度の中にも,事務費や給付費の一部に国庫負担等の公費負担が投入されているものがあります。

◯公費負担方式のメリット・デメリット

公費負担方式のメリットとしては,たとえば生活保護制度において,生活困窮者だけに財源を集中し,その困窮の程度に応じて給付を行うというように,最小限の費用で効率的に最低生活の保障を達成できることがあげられます。また,社会保険方式と違って,事前に保険料を拠出しておく必要がないので,誰にでも無差別平等に給付を行うことができ,社会保険でみられるような保険料の未納・滞納に関わる問題がいっさい生じないこともメリットです。

一方,デメリットとしては,負担と給付の関係がわかりにくい,必要度に応じた援助となる,所得・資産による給付制限が行われる場合がある,などがあげられます。また,普通税を財源とする場合は,財源の使い道に関して他の政策と競合することになり,その時々の経済的事情や政治的圧力などの影響を受けやすく,財政の安定性に欠けるというデメリットもあります。

4 社会保険方式か公費負担方式か

社会保障の個々の制度の財政方式として社会保険方式と公費負担方式のどちらを選択するべきかについては,上述したような両方式のメリットとデメリットをよく考慮した上で,当該制度の目的や性格に照らして検討する必要があります。

一般的にいうと,生活困窮者を事後的に救済する生活保護のような公的扶助の制度においては,保険料の拠出を受給の要件とする社会保険方式はなじまないため,公的負担方式が採用されます。一方,所得比例型の公的年金のように,給付がある程度まで所得に比例する制度の場合は,負担も所得に比例させることが多いため,社会保険方式が適しています。それに対し,医療保障のように,所得との相関が比較的小さい制度においては,社会保険方式と公的負担方式のどちらの方式を採用することも可能です。

(寺本尚美)

▷3 普通税・目的税
税収の使途が特定されていない税を普通税または一般税という。一方,特定の使途のために,または事業に要する経費にあてるために課される税を目的税という。

Ⅶ　社会保障・公的扶助

わが国の社会保障制度の体系

社会保障制度の体系

　社会保障制度の体系を整理するには，社会保障の仕組みに着目する方法と，社会保障の分野に着目する方法とがあります。前者の場合，社会保障制度は，保険の技術を用いて保険料を財源として給付を行う社会保険と，保険の技術を用いず租税を財源として給付を行う社会扶助とに大別できます。社会扶助はさらに，公的扶助と社会手当・社会サービスに分けられます。一方，後者の場合は，所得保障，医療保障，社会福祉サービスの3つの分野に分けることができます。分野ごとにどの技術を用いることも可能です。表Ⅶ-1は，横の欄に3つの技術を示し，縦の欄に3つの分野を示し，両者の関係と具体的な制度の例を示したものです。社会保障の制度を設計するにあたって，その分野にどの技術を用いるかは，その制度の目的を達成する上での妥当性，各国における制度を取り巻く環境や歴史的経緯などをふまえて決定されます。

社会保障の仕組み

○社会保険

　社会保険は，保険のリスク分散システムを活用して，生活を困難に陥れるような一般的なリスクに対して人々があらかじめ保険料を支払い，そうしたリスクが発生した場合に，その個人に必要な給付を支給する制度です。わが国では，社会保険が社会保障制度の中核となっています。社会保険は，保険事故別にみると，年金保険，医療保険，介護保険，雇用保険，労災保険の5つから構成されています。このうち，年金保険と医療保険は，公務員，民間企業の従業員，それ以外の自営業者など，対象者の職域別に制度が分かれていますが，すべての国民がいずれかの制度に加入する仕組みになっています。

　社会保険は，誰もが遭遇するような偶発的・定型的なリスクを対象にあらかじめ備えておく事前の予防的な手段ですが，これで社会のすべての生活困窮をなくすわけにはいきません。予防的な手段では防ぎきれない個別の困窮事例や個人の意思に関わる故意のリスクなどについては，社会扶助が対応します。

○社会扶助

　社会扶助は，租税を財源として，保険の技術を用いずに給付を行う仕組みであり，国や地方公共団体の施策として，国民や住民に対して現金またはサービ

表Ⅶ-1　社会保障制度の体系

		技術の体系		
		社会保険	社会扶助	
			公的扶助	社会手当・社会サービス
分野の体系	所得保障	年金保険 失業保険	生活扶助（生活保護）	各国の児童手当 無拠出制の年金
	医療保障	医療保険	医療扶助（生活保護）	イギリスや北欧諸国の保健医療サービス
	社会福祉サービス	介護保険	各国の公的扶助による社会福祉サービス	北欧諸国の社会福祉サービス

スの提供を行うものです。社会扶助は，さらに細かく区分すると，厳しいミーンズテストを伴う公的扶助と，緩やかな所得制限を伴う（場合によっては所得制限すらない）社会手当・**社会サービス**から構成されます。

公的扶助は，現に生活に困っている人に対して，どの程度困窮しているのかを具体的に調査した上で，公費によって必要なだけ援助する制度です。社会保険などの防貧制度の網の目から取り残された生活困窮者を事後的に救済する，ナショナルミニマムを達成するための最終的な生活保障の仕組みです。わが国における公的扶助の中核は生活保護制度です。

一方，社会手当・社会サービスは，社会保険の普遍的な給付の支給方法と公的扶助の公費による財源調達方法とを組み合わせた制度です。あらかじめ給付すべき一般的なリスクを事前に決めておき，そうしたリスクが発生した人に自動的に定められた給付を，公費を財源としてミーンズテストなしに支給します。その給付の形態が，現金給付であるものを社会手当，現物給付であるものを社会サービスと呼びます。社会手当には，児童手当，児童扶養手当等があります。また，社会サービスには，保健・医療・福祉分野において，社会福祉制度を通じて，社会的に支援が必要な人々に対して，地方公共団体等から提供されるさまざまなサービスが含まれます。

▷　社会サービス
国民生活に密着した，または国民生活の基盤をなすサービスで，公的部門が供給主体となるか，または何らかの制度的な関与を行うことによって，サービスの安定的供給や質の確保を図っていく必要のあるサービスを指す。

③　社会保障の分野

社会保障制度を，その機能や領域により整理すると，所得保障，医療保障，社会福祉サービスの３分野に分けることができます。所得保障についてみると，わが国では主として社会保険を用いて所得を保障し，社会保険で対応できない場合にのみ，公的扶助でこれを補足します。医療保障の分野においても，社会保険方式により医療費を保障し，例外的な場合に公的扶助による医療扶助の制度が設けられています。また，社会福祉サービスの分野では，児童，障害者，高齢者，ひとり親など，対象者別に社会サービスの方法でサービスが提供されていますが，要介護高齢者のための介護サービスについては，介護保険制度の導入により，社会保険方式で提供されるようになりました。　　　（寺本尚美）

VII 社会保障・公的扶助

 生存権保障とナショナルミニマム

1 わが国における生存権保障

生存権とは，人間が人たるに値する生活を営む権利であり，基本的人権の1つとして，これを社会的に保障することが，現代国家の責任とされています。わが国では，憲法第25条において，次のように，生存権を規定しています。

> 【国民の生存権，国の保障義務】
> 第1項　すべて国民は，健康で文化的な最低限度の生活を営む権利を有する。
> 第2項　国は，すべての生活部面について，社会福祉，社会保障及び公衆衛生の向上及び増進に努めなければならない。

このように，わが国における生存権保障とは，単に生命を長らえるというだけでなく，「健康で文化的な最低限度の生活」を保障することを内容としています。また，国家の責任において，すべての国民に最低生活保障を行うという意味で，いわゆる**ナショナルミニマム**としての生存権保障となっています。

2 ナショナルミニマムとしての生存権保障

ナショナルミニマムの概念は，19世紀末のイギリスにおいて，**ウェッブ夫妻**◁2によって提唱されました。ウェッブ夫妻のナショナルミニマム論は，生活のあらゆる分野において必要不可欠な最低条件を国で定めて保障するという壮大な構想でしたが，その後，ナショナルミニマムの考え方は，1942年の**ベヴァリッジ報告**◁3による社会保障計画に継承され，社会保障の分野における所得保障の給付水準に関わる具体的な政策目標として用いられました。

第二次世界大戦後，ナショナルミニマムの概念はイギリスのみならず，先進諸国における社会福祉・社会保障政策の基本理念となりました。わが国においても，憲法第25条において，生存権保障と国の責務が規定されるとともに，社会福祉，社会保障などの公共政策が，最低生活保障のための基本的役割を担うものとして位置づけられました。

3 最低生活保障の水準

では，生存権保障としてのナショナルミニマムとは，具体的にはどのような水準なのでしょうか。

▷1　ナショナルミニマム
⇒ I-1 参照。

▷2　ウェッブ夫妻
夫シドニー，妻ベアトリスは，ともに漸進的な社会改革を目指すフェビアン協会の理論的指導者で，ナショナルミニマム論は，彼らの代表的な著作の1つ『産業民主制論』(1897年)の中で提唱された概念である。

▷3　ベヴァリッジ報告
1942年に，ベヴァリッジを首班とする委員会によりイギリス政府に提出された『社会保険及び関連サービス』と題する報告書の通称。社会保険を中心とする社会保障計画を提案し，戦後の先進諸国の社会保障に大きな影響を与えた。

表Ⅶ-2　世帯類型別の生活保護（生活扶助）の基準

（2015年度）（単位：円）

	3人世帯 33歳男・29歳女・4歳子	高齢単身世帯 68歳女	高齢夫婦世帯 68歳男・65歳女	母子3人世帯 30歳女・4歳子・2歳子
1級地-1	160,110	80,870	120,730	189,870
1級地-2	153,760	77,450	115,620	183,940
2級地-1	146,730	73,190	109,250	174,860
2級地-2	142,730	71,530	106,770	171,940
3級地-1	136,910	68,390	102,090	164,820
3級地-2	131,640	65,560	97,860	159,900

（注）　冬季加算（Ⅵ区×5/12），児童養育加算及び母子加算を含む。
出所：厚生労働省編『厚生労働白書（平成27年版）』日経印刷，2015年，資料編，206頁。

　社会保障の制度体系の中で，生存権を具体的に保障している制度は公的扶助です。公的扶助は，国民の最低生活を保障するための最後の社会的セーフティネットとして位置づけられています。わが国における公的扶助は生活保護制度です。生活保護法は，憲法第25条の生存権保障の理念に基づき，「国が生活に困窮するすべての国民に対し，その困窮の程度に応じ，必要な保護を行い，その最低限度の生活を保障するとともに，その自立を助長すること」（第1条）を目的とし，同法により保障される最低限度の生活は，「健康で文化的な生活水準を維持することができるものでなければならない」（第3条）と定めています。

　生活保護法で保障される「健康で文化的な生活水準」とは具体的にどのような水準か，ということについては，ナショナルミニマム自体が絶対的な基準ではなく，社会の発展とともに変化していく社会的・歴史的な概念であることに留意する必要があります。生活保護基準の算定方式は，初期の段階では，最低生活費を理論的に物量の積み上げによって算定する方式が用いられていましたが，国民の生活水準の上昇につれて，一般世帯の消費水準との相対比較の中で決定する方式が採用されるようになりました。これは，今日における生存権保障においては，単なる肉体的生存の保障ではなく，社会的・文化的存在である人間が，その時点での社会慣行にしたがった生活ができうるような保障を行う必要があり，そのためには一般の国民生活の動向を十分考慮し，これに対応した保護基準を設定しなければならないからです。表Ⅶ-2は，生活保護制度の中心的な扶助である生活扶助について，いくつかの世帯を想定して，2015年度の基準を示したものです。生活扶助の基準は，1984年以降，一般国民の消費動向に対応して改定する水準均衡方式により改定されています。

　なお，こうした国家が定める最低基準に対して，地方自治体みずからがその住民の福祉のために独自に設定する政策基準としてシビルミニマムという考え方があります。また，最低生活保障における国家の責任を希薄化し，企業や個人を含む社会全体の責任としてとらえようとする考え方としてソーシャルミニマム論（総合社会政策論）があります。

（寺本尚美）

Ⅶ 社会保障・公的扶助

わが国の公的年金制度

公的年金制度の役割

公的年金制度は、老齢・障害・死亡によって生じる所得の中断・減少に対して、本人または遺族の生活を安定させるために所得保障を行う仕組みで、終身にわたって一定額の金銭が給付されます。

2 わが国の公的年金制度の変遷

わが国の公的年金制度は、明治期に始まった軍人や官吏対象の恩給制度を起源とし、民間被用者対象の制度は、戦時体制下の船員保険法（1939年）が最初です。1941年には労働者年金保険法が制定され、1944年改正では適用対象を拡大し、名称も厚生年金保険法に変更しました。

戦後、公務員や私立学校教職員などの共済組合がそれぞれ創設または統一・整備され、自営業者や農林漁業従事者などを対象とする国民年金法の施行（1961年）をもって、わが国の「国民皆年金」が達成されました。

高度成長期には、厚生年金保険において「1万円年金」（1965年）、「2万円年金」（1969年）など給付水準の改善が図られ、1973年には、物価スライド制による年金額の自動改定、標準報酬の再評価等の改正が行われました。国民年金においても厚生年金保険に追随する形で給付水準などが改善されました。

オイルショック以降は、行政改革が断行される中、1985年には制度間格差や女性の年金権保障問題、給付水準の適正化などの抜本的な改革が行われました。この改革は、国民年金が全国民共通の基礎年金として位置づけられ基礎年金部分が一元化されたなどの意義もありましたが、保険料が増大するなどの問題も残されました。その後、1989年改正（学生の強制適用・国民年金基金創設）、1994年改正（特別支給の老齢厚生年金の定額部分における支給開始年齢の引き上げ）、2000年改正（特別支給の老齢厚生年金の報酬比例部分における支給開始年齢の引き上げ）が行われ、2004年6月には①社会経済と調和した持続可能な制度の構築と制度に対する信頼の確保、②多様な生き方、働き方に対応した制度の構築、という2つの基本的考え方に基づき国民年金法等の一部を改正する法律が成立しました。この2004年改正では、①基礎年金の国庫負担割合の2分の1への引き上げ、②厚生年金・国民年金の保険料凍結解除、③女性と年金に関する問題などについて対策がとられました。

このように，2004年改正では年金財政の枠組みが完成し，社会経済状況の変化に対応した社会保障のセーフティネット機能強化に着手しましたが，2012年策定の「社会保障・税一体改革大綱」では長期的な制度の持続可能性とセーフティネット強化のために残された課題の整理が行われました。そして，2012年改正では，①サラリーマンと公務員等の年金制度の公平性・安定性を確保するため，これまでサラリーマンを対象としていた厚生年金保険に公務員や私学教職員も加入，②短時間労働者に対する厚生年金・健康保険の適用拡大，③厚生年金・健康保険等について産休期間中の保険料免除を行う，などの内容が盛り込まれました。

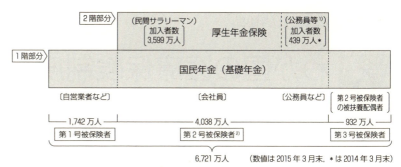

図VII-2 年金制度の仕組み

(注) 1．被用者年金制度の一元化に伴い，2015（平成27）年10月1日から公務員および私学教職員も厚生年金に加入。
2．第2号被保険者等とは，被用者年金保険者のことをいう（第2号被保険者のほか，65歳以上で老齢，または，退職を支給事由とする年金給付の受給権を有する者を含む）。

出所：厚生労働省「公的年金制度の概要」を一部改変。

3 年金制度の仕組み

◯被保険者と給付の種類

国民年金は20歳以上60歳未満の全国民が加入する基礎年金制度です。給付種類には，老齢基礎年金，障害基礎年金，遺族基礎年金があります。老齢基礎年金は，原則として資格期間（保険料納付済期間，保険料免除期間，合算対象期間あわせて）が25年以上ある者が65歳に達した時に支給されます（2017年4月より年金受給資格期間を25年から10年へ短縮）。

厚生年金保険の給付には，老齢厚生年金，障害厚生年金（および障害手当金），遺族厚生年金があります。老齢厚生年金は厚生年金保険の被保険者期間のある者で，老齢基礎年金の資格期間を満たした者に原則として65歳から支給されます。また，2015年10月から，公務員等の保険料を引き上げ，厚生年金保険の保険料率（上限18.3％）に統一するとともに，共済年金にあった公的年金としての3階部分（職域部分）も廃止されました。そして，厚生年金保険の被保険者は，国民年金の第2号被保険者として国民年金にも加入しています。

◯財 源

年金を給付するために資金を調達する方法のことを**年金財政方式**といいます。年金財政方式には主に積立方式と賦課方式があり，わが国は賦課方式（厳密には修正積立方式）をとってきました。

公的年金の給付に必要な経費は，保険料収入，国庫負担，積立金（元本の取り崩しおよび運用）で賄われています。

（森　詩恵）

▷1 国民年金の被保険者
強制加入の第1号被保険者（日本国内に住所を有する20歳以上60歳未満の者であって，第2号被保険者，第3号被保険者または被用者年金制度の老齢（退職）年金の受給権者でない者），第2号被保険者（被用者年金制度の被保険者，組合員または加入者），第3号被保険者（第2号被保険者の被扶養配偶者であって20歳以上60歳未満の者）と任意加入被保険者に分けられる。

▷2 年金財政方式
積立方式とは，みずからの老後に備えあらかじめ積み立てた保険料とその運用収入で年金の費用を賄う方法。賦課方式とはその時必要な年金給付にかかる費用をその時々の現役世代の負担によって賄おうとする方法。

VII 社会保障・公的扶助

わが国の医療保険制度

▷1 公費負担医療
国や地方公共団体が租税を財源として医療費の負担を行う制度で、原爆被爆者や戦傷病者などに対する医療、結核や感染症など感染性がある特定疾病を対象とする医療、生活保護制度における医療扶助、障害者自立支援法における自立支援医療などがある。

▷2 わが国初の健康保険法
当初は、対象者は常時従業員が10人以上の工場や鉱山、交通業等の事業所で働く従業員本人のみで、期間は180日を限度とする制度であった。

▷3 高額療養費制度
同一月に同一の医療機関で受けた保険診療による自己負担額が一定の限度額を超えた場合、本人の請求に基づいてその超えた額を払い戻す制度。2000年改正では大幅に改正され、所得状況に応じて3つの自己負担限度額が設定された。

▷4 定率制への変更
2000年の健康保険法等改正により、老人医療の一部負担金が従来の定額制から、定率制(原則としてかかった費用の1割)へ変更され、さらに2002年改正では、一部負担金を原則として定率1割とし、一定以上の所得者は定率2割負担と決定した。

1 医療保障の役割

医療保障の目的は、国民が「健康で文化的な生活を営む」ために病気、ケガ、出産などの際、必要な医療サービスを受ける機会を平等に保障することです。医療保障は通常、社会保険方式で運営される医療保険型と税によって運営される保健医療サービス型に分けられます。わが国は医療保険型を中心に、**公費負担医療**といった保健医療サービス型の制度も取り入れています。

2 わが国の医療保険制度の変遷

わが国の医療保険制度は1922年の**健康保険法制定**(1927年施行)によって始まりました。その後1938年には国民健康保険法、1939年には船員保険法、職員健康保険法(サラリーマンを対象)が制定されました。

1947年には労働者災害補償保険法が制定され、業務上の災害が健康保険法から除外されました。そして、各種の被用者保険法が制定され、1958年の国民健康保険法全面改正(市町村による実施義務づけなど)によって、現在の医療保険制度の体系が形づくられました。

皆保険達成(1961年)以後は、高度経済成長を背景に制度ごとに給付範囲、水準の改善が図られ、1972年には老人医療費支給制度の実施が決定されました。1973年には、**高額療養費制度**の創設、家族給付率7割へ引き上げなどの改正が行われました。このような制度改善や創設等により、国民は平等に医療サービスへアクセスできるようになりましたが、それは医療費の増大へとつながりました。そして、オイルショックを契機とする低経済成長への移行、高齢化社会への突入などわが国の社会経済情勢も変化していき、保険料収入の伸び悩み、老人医療費の増大に伴う各被用者保険等からの拠出金増加などにより、医療保険財政の対策が課題となりました。

そのため、1973年には健康保険法における特別保険料の創設、1982年には老人医療費支給制度によって急増した老人医療費に対応するための老人保健法が制定されました。その後も改正を重ね、2000年健康保険法等改正においては高額療養費の見直し、老人医療における一部負担金の**定率制への変更**などが行われました。さらに2002年改正では、被用者本人自己負担額の引き上げや老人保健法対象年齢の段階的引き上げ等が決定しました。

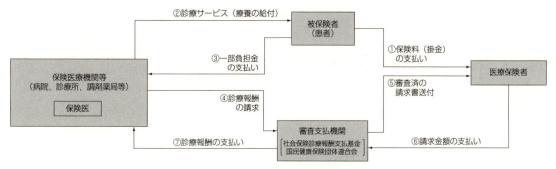

図VII-3 保険診療の概念図

出所：厚生労働省編『厚生労働白書（平成27年版）』2015年，資料編，30頁。

3 医療保険制度の仕組み

保険診療は，図VII-3に示すような流れで利用することになります。

わが国の医療保険制度には，まず全国健康保険協会管掌健康保険（主に中小企業のサラリーマン，日雇労働者対象），組合管掌健康保険（主に大企業のサラリーマン対象），船員保険，国家公務員共済組合，地方公務員等共済組合，私立学校教職員共済という被用者を対象とした制度があります。一方，個人零細の自営業者や農林漁業の従事者，その他無職の者などが加入する市町村国民健康保険制度もあります。また，自営業者のなかでも医師，美容師，弁護士などは同業種を対象とした国民健康保険組合（職業別の組合が全国統一かまたは都道府県別に保険集団）を形成しています。そして75歳以上の老人医療に対しては，1982年に制定された老人保健法が廃止され，2008年度より「高齢者の医療の確保に関する法律」に基づき長寿医療制度（後期高齢者医療制度）で対応しています。◁5

4 医療保険制度の課題

医療保険制度における今後の大きな課題は，国民に医療サービスを提供する上で，その財源をどのように調達するかということです。国民健康保険財政においては，保険料負担能力の低い低所得者が多く加入しており，その保険料減額分を国庫補助で補てんしている現状です◁6。2015年5月には国民健康保険法が改正され，国民健康保険の安定化を図るため，国民健康保険への財政支援の拡充による財政基盤の強化や2018年度から都道府県が財政運営の責任主体となり制度運営の中心的役割を担うことが決定しましたが，今後もその動向については注意が必要です。

そして，その他にも診療報酬体系や薬価制度，医療提供体系における質の向上と効率化の推進，レセプトの完全公開，カルテの開示問題など医療保険制度全般における課題も多く残されています。

（森　詩恵）

▷5　その後，2010年12月20日に高齢者医療制度改革会議の「最終とりまとめ」において長寿医療制度の廃止が報告されたが，一転して2013年8月の社会保障制度改革国民会議では制度が十分定着していると考えられることから，制度の維持・改善が適当としている。

▷6　保険料と財政
健康保険の保険料は，39等級に区分された標準報酬に全国健康保険協会管掌健康保険・組合管掌健康保険，それぞれの保険料率を乗じて計算される。保険料は事業主と被保険者が労使折半し，その財政はこれらの保険料や国庫負担金（補助金）でまかなわれている。また，国民健康保険の保険料（保険税）は，市町村ごとの実情に応じて決定され，一般的に加入世帯ごとに所得割，資産割，被保険者均等割，世帯別平等割を組み合わせた額が賦課される。この他，国民健康保険の財政には，都道府県補助金や市町村の一般会計からの繰入も行われている。

VII 社会保障・公的扶助

 生活保護の実施体制

▷1 生活保護法の改正と生活困窮者自立支援法の成立

改正生活保護法と生活困窮者自立支援法が、2013年12月に公布された。改正法では、保護脱却への意欲を高めることを目的として、受給者が働いて得た収入の一部を積み立て、保護が終了した際に生活費として支給する「就労自立給付金」が新設される。

一方で自治体が扶養を断る扶養義務者に説明を求めたり、扶養義務者の収入や資産状況に関し勤務先や銀行などを調査したりできるようになる。また、保護を始める際には、扶養義務者に書面で通知する。保護申請時には、本人の資産や収入などを記した申請書と所定の書類の提出を義務づけるなど手続きを厳格化している。不正受給対策としては、罰金の上限を30万円から100万円に引き上げるほか、不正受給の返還金に不正分の4割を上乗せできるようにしている。一部を除き2015年4月から施行された。

また、生活困窮者自立支援法は、2015年4月施行で、自治体に生活困窮者向けの相談窓口設置を義務づけている。また失業者が住居を確保できるよう家賃相当の金額を一定期間給付する「住居確保給付金」（有期）が創設される。

この他、就労に必要な訓

 生活保護事務の位置づけ

生活保護法は、憲法第25条に規定される生存権の理念に基づき、国家の責任において生活に困窮するすべての国民の最低限度の生活保障とその自立を助長することを目的としています。したがって、全国的統一や公平さが要求されるため国が地方公共団体へ事務を委任した後も国の事務とされる機関委任事務として位置づけられてきました。

しかし、1999年に国と地方公共団体との「対等・協力」関係の構築を目指し地方自治法ほか関連法を改正した地方分権一括法が成立し、2000年4月より施行されたことに伴い、機関委任事務は廃止されました。改正後の地方自治法では、地方公共団体の事務を自治事務と法定受託事務とに分けています。法定受託事務とは、法律またはこれに基づく政令により都道府県、市町村または特別区が処理することとされる事務のうち国が本来果たすべき役割に係るもの（第1号法定受託事務）と、法律またはこれに基づく政令により市町村又は特別区が処理することとされる事務のうち都道府県が本来果たすべき役割に係る事務（第2号法定受託事務）のことをいいます。これに対し自治事務とは地方公共団体が処理する事務のうち、法定受託事務以外のものをいいます。

したがって、生活保護事務は法定受託事務となり、保護の実施機関（後述）が要保護者の自立助長のために行う相談および助言の部分は自治事務に変更されました。◁1

2 生活保護の実施体制

わが国の社会福祉行政機関の中心は厚生省でしたが、中央省庁の再編による厚生省と労働省との統合に伴い、2001年1月6日より厚生労働省となりました。その任務は「国民生活の保障及び向上を図り、並びに経済の発展に寄与するため、社会福祉、社会保障及び公衆衛生の向上及び増進並びに労働条件その他の労働者の働く環境の整備及び職業の確保を図ること」（厚生労働省設置法第3条）とされています。新たに発足した厚生労働省には、大臣官房と11局（医政局、健康局、医薬局、労働基準局、職業安定局、職業能力開発局、雇用均等・児童家庭局、社会・援護局、老健局、保険局、年金局）および政策統括官や外局としての社会保険庁などが置かれています。この内、生活保護事務の担当部局は、

社会・援護局で所掌されています。

　保護の実施機関とは，生活保護法第19条に規定されているように，同法による保護を決定し，実施する機関のことをいいます。都道府県知事，市長および福祉事務所を管理する町村長がこうした権限を有していますが，実際には生活保護法を含む社会福祉行政の第一線の現業機関として福祉事務所を設置し，保護の実施に伴う権限ならびに実務は福祉事務所長に委任されています。

　福祉事務所[2]は社会福祉行政の第一線の現業機関のみならず，地域福祉の推進機関でもあり，正式名称は「福祉に関する事務所」です。福祉事務所には所長の他，社会福祉主事の資格が必要な査察指導員（福祉事務所長の指揮監督のもと，現業事務を担う現業員の指導監督を行う所員のこと）と**現業員**[3]が置かれ，さらに事務職員が配置されています。この社会福祉主事（都道府県，市および福祉事務所を設置する町村に置かれ，生活保護法の他，福祉六法に定める援護，育成，または更生の措置に関する事務を行うもの）が事務執行上の補助機関とされ，民生委員は同法の施行について「市長村長，福祉事務所長又は社会福祉主事の事務の執行」の協力機関として位置づけられています。

　福祉事務所は都道府県，市（特別区含む）では義務的設置，町村については任意設置です（社会福祉法第14条）。2000年4月より地方分権一括法に伴う社会福祉事業法（当時）の改正に伴い，福祉事務所の設置基準（人口おおむね10万人に1か所）である「福祉地区」の法規定が撤廃され，各地方公共団体の判断に任されることになりました。

　以上のことを図示すれば，図Ⅶ-4のようになります。

（松端克文）

練を日常生活自立，社会生活自立段階から有期で実施する「就労準備支援事業」，住居のない生活困窮者に対して一定期間宿泊場所や衣食の提供等を行う「一時生活支援事業」，家計に関する相談，家計管理に関する指導，貸付のあっせん等を行う「家計相談支援事業」，生活困窮家庭の子どもへの「学習支援事業」，その他生活困窮者の自立の促進に必要な事業，生活困窮者に対し，就労の機会の提供を行うとともに，就労に必要な知識及び能力の向上のために必要な訓練等を行う「中間就労」の事業などが盛り込まれている。

▷2　福祉事務所
福祉事務所は，全国に1,247か所ある（2014年4月現在）。

▷3　現業員（ケースワーカー）
生活保護の業務は社会福祉主事資格を有する現業員（ケースワーカー）が担当している。現業員は，市町村設置の福祉事務所については被保護世帯80世帯に対して1人，都道府県設置の福祉事務所については同65世帯に対して1人を標準として配置されている。生活保護業務にあたっている現業員は2009年度において，全国で1万3,881人である。

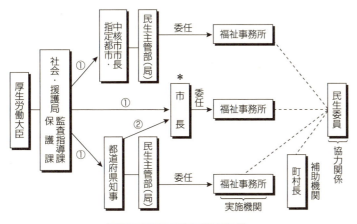

図Ⅶ-4　生活保護の実施体制

①法定受託事務の委託，監査指導，技術的助言・勧告・是正の指示等
②監査指導，技術的助言・勧告・是正の指示等
＊福祉事務所を管理する町村長は市長と同一の扱いとなる。
出所：生活保護制度研究会監修『保護のてびき（平成13年度版）』第一法規出版，2000年，30頁。

VII 社会保障・公的扶助

生活保護の種類と内容

▶1 過去最多を更新し続ける生活保護受給者

2013年度の全国の生活保護受給者は、216万1,612人となり、2011年に戦後の混乱が残る1951年度の204万6,646人（月平均）を上回って以降、過去最多を更新し続けている。

生活保護受給世帯数も増加しており、159万1,846世帯となっている。世帯別では、「高齢者世帯」が76万1,805世帯（約48.1％）でトップ。次いで「傷病・障害者世帯」が43万1,357世帯（約27.2％）、「その他の世帯」が28万6,412世帯（18.1％）、母子世帯が10万3,637世帯（約6.5％）となっている。2003年度の「その他の世帯」は8万4,941世帯（約9.0％）であったので、10年間で10ポイント弱増えている。

なお、2014年時点では、生活保護受給者212万7,602人、生活保護受給世帯数は158万3,211世帯となっている。

▶2 生活保護費

生活保護費の総額は、1975年度では6,764億円であったが、2009年度では3兆72億円になっており、生活扶助費と医療扶助費が全体の8割強を占めている。

なお、2013年度の生活保護費は、国費ベースで2兆8,224億円、自治体の負担分を加えた事業費総額は3兆7,632億円となっている。

1 生活保護（扶助）の種類

生活保護法では生活費の性質によって、保護の種類を生活扶助、教育扶助、住宅扶助、医療扶助、介護扶助、出産扶助、生業扶助、葬祭扶助の8つに分けて規定しています。2000年の介護保険法の施行に伴い、新たに介護扶助が加えられたことで、現行の8種類となりました。これらの扶助は、それぞれに所在地域や年齢、世帯構成などによって基準額が設定されており、要保護者の状況に応じて給付されます。単給（単一の扶助が給付される場合）と、併給（複数の扶助をあわせて給付する場合）とがあります。また、金銭を給付する金銭給付と医療扶助や介護扶助のような現物給付（金銭ではなくて、医療や介護サービスあるいは物品などを直接給付するもの）とがあります。表VII-3は、各扶助の実施状況を人員と扶助率の観点から整理したものです。扶助率が高い順に生活扶助、住宅扶助、医療扶助の順になっていますが、生活扶助の扶助率がほぼ横ばいであるのに対し、住宅扶助と医療扶助の扶助率は上昇傾向にあります。

2 生活保護（各扶助）の内容

生活扶助は、第1類（飲食物費、被服費など個人単位の生活費を年齢別に示したもの）と第2類（光熱水費、家具什器など世帯単位の生活費を世帯人数別に示したもの）とを組み合わせて、日常生活を営む上での基本生活費が算出され、これに妊産婦や老齢、母子、障害などの特別な需要を満たすための加算が行われて給付されます。居宅保護が原則で、住宅扶助や教育扶助などを加え金銭給付で行われますが、保護施設において保護が行われる場合もあります。教育扶助は、①義務教育に伴って必要な教科書その他の学用品費、②義務教育に伴って必要な通学用品費、③学校給食その他教科書に準ずる副読本的な図書などの購入費や学校給食費、通学に必要な交通費など義務教育に伴って必要なものの範囲内において給付されることになっています。給付は原則として金銭給付で行われます。住宅扶助は、被保護世帯が借家や借間住まいをしている場合に、家賃、間代、地代などの費用が所在地域別に定めた基準額の範囲内で支給されます。また、補修費等住宅維持費については、被保護者が居住する家屋やその従属物（家屋の畳、建具、水道設備、配電設備など）が破損し、最低限度の生活が維持できなくなった場合に、一定額内の経費が支給されます。給付は原則として金銭

表Ⅶ-3　被保護実人員・保護率，扶助率の年次推移（１か月平均）

	被保護実人員（人）	保護率（％）	扶助率（実人員＝100）							
			生活扶助	住宅扶助	教育扶助	介護扶助	医療扶助	出産扶助	生業扶助	葬祭扶助
昭和50年度（'75）	1,349,230	1.21	86.0	52.2	16.9	―	58.2	0.0	0.2	0.1
60　　（'85）	1,431,117	1.18	88.7	67.6	17.6	―	63.6	0.0	0.2	0.1
平成7　（'95）	882,229	0.70	86.2	72.4	10.0	―	77.1	0.0	0.1	0.1
17　　（'05）	1,475,838	1.16	89.5	80.9	9.2	11.1	81.8	0.0	2.0	0.1
24　　（'12）	2,135,708	1.67	90.3	84.8	7.4	12.6	80.4	0.0	2.7	0.1
25　　（'13）	2,161,612	1.70	89.8	84.9	7.1	13.4	80.8	0.0	2.7	0.1

（資料）厚生労働省「福祉行政報告例」，平成24年度以降は同「被保護者調査」。
（注）平成17年度から生業扶助において高等学校等就学費が技能修得費として支給されたことに伴い，数値が大きく増加している。
出所：厚生労働省『国民の福祉と介護の動向 2015/2016』2015年，204頁。

給付ですが，現物給付として宿所提供施設を利用させる場合もあります。

医療扶助は，①診察，②薬剤または治療材料，③医学的処置，手術及びその他の治療並びに施術（柔道整復，あんま・マッサージ，はり・きゅうなど），④居宅における療養上の管理及びその療養に伴う世話その他の看護，⑤病院又は診療所への入院およびその療養に伴う世話その他の看護，⑥移送，の範囲内において給付されます。給付は原則として，被保護者が保護の実施機関より交付された医療券を指定医療機関に提出することによって必要な医療を受ける現物給付ですが，保護の目的上これによることが適当でない場合は，金銭給付で行われることもあります。介護扶助は，困窮のため最低限度の生活を維持することができない介護保険法でいう要介護者および要支援者に対して，①居宅介護（居宅介護支援計画に基づき行うものに限る），②福祉用具，③住宅改修，④施設介護，⑤移送，の範囲内において給付されます。介護扶助では介護保険に基づく保険給付の自己負担部分について，現物給付で給付されます。現物給付の方法は，医療扶助と同様に指定介護機関に介護の給付を委託して行われます。介護保険の保険料部分については，生活扶助に保険料分が加えられることになります。

出産扶助は，困窮のため最低限度の生活が維持できない者に対して，分べん介助料，もく浴料，分べん前後の処置料などが給付され，必要に応じて一定の範囲内で衛生材料費が加算されます。給付は原則として金銭給付です。生業扶助は，困窮のため最低限度の生活が維持できない者，またはそのおそれのある者に対して，その者の収入を増加させ，またはその自立を助長することのできる見込みのある場合に限り生業費，技能修得費，就職支度費が給付されます。この扶助は他の扶助とは異なり防貧的な性質を含むものです。給付は原則として金銭給付ですが，現物給付として授産施設を利用させる場合もあります。葬祭扶助は，死亡者の遺族または扶養義務者が困窮のため葬祭が行うことができない場合に，地域別，大人・小人別に定められた基準により葬祭の経費が給付されます。

（松端克文）

▷3　生活扶助費の引き下げ
2013年１月，政府は同年８月より段階的に生活保護費を引き下げ，３年間で政府は，保護の基本部分である「生活扶助費」を平均6.5％，最大10％引き下げ，総額約670億円の削減を行うことを決定し，同年８月より実施されている。

VII 社会保障・公的扶助

生活保護の原理と原則

 生活保護の原理

　生活保護法は冒頭の 4 か条において，同法の目的および解釈・運用の基本となる原理——無差別平等の原理（第 2 条），最低生活保障の原理（第 3 条），保護の補足性の原理（第 4 条）——を規定していますが，これら 3 つを生活保護の原理といいます。

　なお，第 1 条では同法の目的が，憲法第25条に規定される生存権の理念に基づき，生活に困窮するすべての国民の最低限度の生活を保障し，その自立を助長するものであることを定めていますが，これを国家責任の原理，もしくは国家責任による最低生活保障の原理として，4 原理という場合もあります。

◯無差別平等の原理

　無差別平等の原理とは，同法の解釈・運用において，人種，信条，性別，社会的身分や生活困窮に陥った原因などによる給付制限などの差別的扱いをしないということを意味します。また，この規定は国民が保護を受けることを恩恵ではなく権利として定めているものでもあり，この法律の要件を満たす限り，保護請求権（生活に困窮しているものが生活保護法に基づく給付を請求する権利）をすべての国民に無差別平等に付与しているものと解すことができます。その意味で，第 2 条は保護請求権無差別平等の原理とされることもあります。

◯最低生活保障の原理

　最低生活保障の原理は，生活保護法が憲法第25条に規定される生存権保障の理念に基づき制定されたものであることから，同法による扶助は憲法上の規定をふまえ「健康で文化的な最低限度の生活」を維持することができる水準および内容でなければならないというものです。しかし，こうした表現はきわめて抽象的であることから，実際の保護基準などについては，同法第 8 条の規定により厚生労働大臣が設定することになっています。

◯保護の補足性の原理

　保護の補足性の原理とは，生活困窮者が生活保護法に基づく扶助を受ける場合の要件として，資産や能力を活用し，また民法に定められる親族（扶養義務者）による扶養や利用できる他の法律を活用することを同法よりも優先し，同法はその不足分を補うものであるということです。したがって，保護に先立って資産調査（保護申請者の収入や資産保有の状況，稼動能力や扶養義務者の有無お

よびその資力などの状態を把握し，要保護状態にあることを確認するための調査。ミーンズ・テストともいわれる）が行われることになります。ただし，急迫した事由がある場合には，必要な保護を行うことを妨げるものではないとされています。

2 生活保護の原則

　生活保護法では第7条から10条において，順に申請保護の原則（第7条），基準及び程度の原則（第8条），必要即応の原則（第9条），そして世帯単位の原則（第10条）という4つの原則を定めています。

　申請保護の原則は，生活保護法が要保護者やその扶養義務者，あるいは同居の親族による申請に基づき開始されるものであることを示したものです。申請権を要保護者本人にのみ限定していないのは，現実に申請することができない者が想定されるためです。なお，要保護者が急迫した状況にある時は，保護の申請がなくても保護の実施機関の職権（当事者からの申請がない場合でも行政機関が必要性を認めた場合に，裁量により一定の行政行為をとること）で必要な保護を行うことができるとされています。

　基準及び程度の原則は，厚生労働大臣が定める生活保護基準は，最低限度の生活を満たすものであらねばならず，また保護の程度はその基準に基づく不足分を補う程度のものであることを示したものです。その基準は要保護者の年齢別，性別，世帯構成別，所在地域別その他保護の種類に応じて必要な事情を考慮した最低限度の生活の需要を満たすのに過不足のないものとされており，生活，教育，住宅，医療その他の各扶助の種類に分けて具体的な基準が定められています。なお，生活保護基準は生活保護行政のみならず，社会福祉施設でのサービス水準などにも影響をおよぼしています。

　必要即応の原則は，同法第2条に規定される無差別平等の原則の機械的・画一的な運用を防止し，要保護者の年齢別，性別，健康状態などその個人または世帯の実際の必要性の相違を考慮して，有効かつ適切に保護を実施すべきであるとする原則です。

　最後に，世帯単位の原則は，同一の住居に居住し，生計を一緒にしている者は同一世帯として認定し，その世帯を単位にして保護の要否や程度を判定し，実施するという原則です。ただし，出かせぎや寄宿などをしている場合には，同一の住居には居住していないものの，生計は同一のため同一世帯として認定されます。なお，この原則を適用することで，かえってその世帯が最低生活を維持できなくなったり，あるいは被保護者の自立が損なわれるような場合には，同一世帯であっても別世帯として取り扱うことで，個人を単位として保護の要否や程度を定めることができるという世帯分離についても規定されています。

（松端克文）

▷　自立支援プログラム
　自立支援プログラムとは，2005年度より導入されたもので，保護の実施機関が管内の被保護世帯全体の状況を把握した上で，被保護者の状況や自立阻害要因について類型化を図り，それぞれの類型ごとに取り組むべき自立支援の具体的内容や実施手順などを定め，これに基づき個々の被保護者に必要な保護を実施するものである。
　就労支援のみならず，身体や精神の健康を回復・維持し，自分で自分の健康・生活管理を行うことなど日常生活において自立した生活を送ること，また社会的なつながりを回復・維持し，地域社会の一員として充実した生活を送ることを目指す幅広いプログラムを用意し，被保護者の抱える多様な生活課題に対応できるようにする必要があるとされている。
　2010年度の自立支援プログラムの策定状況は，経済的自立に関するものは856自治体で1,614プログラム，日常生活自立に関するものは816自治体で2,048プログラム，社会生活自立に関するものは211自治体で303プログラムが策定されており，全体で3,965のプログラムが策定されている。

VII 社会保障・公的扶助

生活保護の施設の体系

1 生活保護の施設の体系

　生活保護法に基づく保護施設は，居宅において保護を行うことが困難な者を入所させて保護を行う施設で，救護施設，更生施設，医療保護施設，授産施設，宿所提供施設の5種類があります。

　表VII-4は各施設数の年次推移を示したものです。保護施設は全体的に減少傾向にありますが，救護施設と更生施設は微増もしくは横ばい傾向にあります。その他の3つの施設については，分野毎の福祉各法に基づく各種施設の整備に伴い入所者がそうした施設に移ったことや，あるいは施設自体がそうした各種施設へ転換したことにより減少しているわけですが，救護施設については障害種別毎の施設ではなじみにくい複合した障害をもつ者や精神障害寛解者が多く利用しているため，今日でもその必要性は高いといえます。

2 保護施設の内容

　救護施設は「身体上又は精神上著しい欠陥があるために独立して日常生活の用を弁ずることのできない要保護者を収容して，生活扶助を行うことを目的とする施設」です。身体障害者福祉法や知的障害者福祉法に規定される障害者関係施設は，一般には単一の障害を対象としているので，上述したように救護施設の入所者にはそうした施設にはなじみにくい複合した障害のある者や精神障害寛解者（病気の性質上，再発の可能性を秘めてはいるものの，精神病状が安定しているか，引き続き治療の必要な状態にあるもの）が多く利用しています。また，1989年より救護施設に通所部門が設けられ，1994年からは救護施設退所者などを対象とした相談援助事業も実施されています。

　更生施設は「身体上又は精神上の理由により養護及び補導を必要とする要保護者を収容して，生活扶助を行うことを目的とする施設」です。更生施設の入所者には多様な障害を抱えた者が多いのが現状ですが，近年精神障害者の入所が増加しています。生活扶助と同時に社会復帰を目的にした施設であるため，救護施設に比して障害の程度は軽く，施設での援助内容は，入所者の勤労意欲の助長や施設退所後健全な社会生活が営めるようにするための生活指導に加えて，施設退所後自立するのに必要な技能修得のための作業指導に力点がおかれています。

医療保護施設は「医療を必要とする要保護者に対して，医療の給付を行うことを目的とする施設」とされています。このように医療保護施設は医療を必要としている要保護者に対し，診察や治療などを行う施設であるため，指定病院や診療所の許可病床という形態がとられています。したがって，職員も大半が病院職員との兼務となっています。医療保険制度が充実し，指定医療機関による対応も充実してきているので，低所得層の医療対策として，とりわけ入院を必要とする行路病人や住所不定者の医療対策としては一定の役割を果たしています。

表VII-4 保護施設数の年次推移

	総数	救護施設	更生施設	医療保護施設	授産施設	宿所提供施設
昭和50 ('75)	349	145	16	72	81	35
60 ('85)	353	169	18	69	76	21
平成2 ('90)	351	173	18	68	76	16
7 ('95)	340	174	18	65	68	15
12 (2000)	296	178	19	64	24	11
17 ('05)	298	183	20	62	21	12
19 ('07)	302	188	19	64	21	10
21 ('09)	299	186	20	60	21	12
23 ('11)	294	184	21	58	20	11
25 ('13)	292	184	19	60	18	11

出所：厚生労働省「社会福祉施設等調査報告」より作成。

授産施設は「身体上若しくは精神上の理由又は世帯の事情により就業能力の限られている要保護者に対して，就労又は技能の修得のために必要な機会及び便宜を与えて，その自立を助長することを目的とする施設」です。このように授産施設は生業扶助を主たる目的とする施設です。利用の形態としては，通所による施設授産と内職を斡旋し家庭に材料を搬送して加工後回収するという方法をとる家庭授産とがあります。前者の通所授産には障害者の利用が多く，後者の家庭授産では通所が適当でないと判断される母子世帯などの利用が多いという状況です。

宿所提供施設は「住居のない要保護者の世帯に対して，住宅扶助を行うことを目的とする施設」です。宿所提供施設は住居を提供することで住宅扶助を行います。施設での援助内容は，利用者の生活の相談に応じるなど利用者の生活の向上を図ることが中心で，身辺介護などは基本的には行われていません。近年公営住宅の整備などに伴い，社会的な役割は縮小しつつあり，上述のように施設数の推移は減少傾向にあります。

無料低額診療施設は，社会福祉法第2条第3項に規定された第2種社会福祉事業のひとつで「生活困難者のために，無料又は低額な料金で診療を行う事業」を実施する施設です。生活保護施設としてはカウントされませんが，生活困窮者支援のための関連施設です。厚生労働省の定める「無料又は低額診療事業の基準」を満たす病院または診療所において実施されています。その基準としては，①生活困窮者を対象とする診療費の減免方法を定めて明示すること，②生活保護を受けている者，無料または診療費の10％以上の減免を受けた者の延数が取り扱い患者の総延数の10％以上であること，③医療ソーシャルワーカーを配置すること，④生活保護を受けている者その他生計困難者を対象として定期的に無料の健康相談，保健教育などを行うこと，などが定められています。

（松端克文）

VIII 子ども家庭福祉

1 子ども家庭福祉という考え方

1 児童福祉と子ども家庭福祉

子どもに関する福祉については，従来より児童福祉という名称が用いられてきました。制度や現場では，現在でも児童福祉という方が一般的ですが，子ども家庭福祉という言い方が一部にみられます。

子ども家庭福祉という考え方は，児童の権利に関する条約や**国際家族年**[1]の理念の影響を受けて使用されるようになったものです。従来の保護的福祉観を大きく転換させ，主体性の福祉観ともいえる，利用者や住民の主体的意思を尊重した福祉観を強調するものです。高橋重宏は，子ども家庭福祉について，「ウエルフェア（救貧的・慈恵的・恩恵的歴史を有し最低生活保障としての事後処理的，補完的，代替的な児童福祉）からウエルビーイング（人権の尊重・自己実現・子どもの権利擁護の視点からの予防・促進・啓発・教育，問題の重度化・深刻化を防ぐ支援的・協働的プログラムの重視）への理念の転換である」と説明しています。[2]

2 子ども家庭福祉の理念

子ども家庭福祉の理念を形成する中心的概念は，ウエルビーイング（well-being）と自立です。ウエルビーイングとは，「個人の権利や自己実現が保障され，身体的・精神的・社会的に良好な状態にあること」を意味しています。保護的な福祉観のイメージが浸透したウエルフェアの対概念として，近年改めて見直され，子ども家庭福祉のみならず，社会福祉全体でも使用される概念です。高齢者や障害者の保健・医療・福祉などの分野で「**ADL**[3] から **QOL**[4]」への転換が求められていますが，これもウエルビーイングの追求とよく似た考え方です。ここでは，自己決定，自己実現，子どもの最善の利益の尊重などが手続きとして課題となります。

自立は，ウエルビーイングを実現するための人間のありようということができます。一般に自立というと，経済的な自立を中心に考えることが多いようですが，社会福祉の分野では，さらに，社会的自立や精神的自立も重視します。むしろ，自分で判断し，必要に応じて主体的に社会福祉サービスの利用決定を行うことが自立であって，社会福祉サービスを利用しない状態だけが自立であるとは考えません。自己を強化すること，自己の強みを発揮させること，自己決定能力の向上を図ることなどをより重視するということです。

▷1 国際家族年
国連が毎年指定している国際年の１つで，1994年が，この年であった。「家族からはじまる小さなデモクラシー」をスローガンとして，家族が社会生活の核であることを指摘した。各国には，家族が家庭生活の中でその責任を果たすことができるよう，社会的支援を行うことが求められた。

▷2 高橋重宏「ウエルフェアからウエルビーイングへ」高橋重宏編『子ども家庭福祉論』放送大学教育振興会，1998年，12頁。本著は，子ども家庭福祉論という名称を用いた最初のテキストである。

▷3 ADL (Activities of Daily Living)
⇒ I-9 参照。

▷4 QOL (Quality of Life)
⇒ I-9 参照。

3 子ども家庭福祉の対象把握

　従来の児童福祉サービスの対象把握の枠組みは，当事者が利用を希望するか否かと希望内容が制度に合致するかどうかという2つの軸で考えられていました。このような枠組みは，前者の申請の軸が利用の決定と直接的な関係がないこと，後者の軸において専門家の判断が必ずしも生かされていないことに大きな問題があります。申請が利用と直接結びつかなければ，住民には主体性を阻害された印象しか残りません。また，保護者が子どもの権利の適切な擁護者でない場合，子どもの最善の利益は，専門家をはじめとする第3者により保障されなければなりません。

　子ども家庭福祉サービスという考え方では，サービスを「利用したい―利用したくない」という利用希望の軸，専門家からみてサービスを行う「必要がある―必要がない」という社会的支援の必要性の軸での対象把握が必要です。

　第1の利用希望の軸は，住民の利用の意思を尊重する軸です。今日進められている選択的サービスへの移行は，まさにこの住民の意思を尊重する軸を示しています。第2の軸は，専門家的判断を尊重する軸です。児童福祉改革の課題の1つであったサービスとニーズのミスマッチの中には，制度的判断ではなく，専門家的判断を前面に出すことで解決あるいは緩和されるものも多くあります。この軸は，事実上保護者の判断となる第1の軸を，専門家的判断すなわち子どもの最善の利益を考慮しながら修正するものです。

4 子ども家庭福祉の課題

　子ども家庭福祉という考え方では，子どもを1人の固有の主体としてとらえることに力点がおかれます。このような考え方は，社会福祉の各分野に共通の動向ですが，子どもにおいては，意思決定能力等が形成過程にあり，乳幼児などのように十分な自己決定が困難である，社会の基本的な法律である民法において，未成年のものは監護教育権などの親権に服すると規定されているなど，他の分野とはやや異なる状況があります。

　親権を行うもの，現に監護教育を行うものの意思が，社会通念からして逸脱していても，そこへの介入は，現行制度ではなかなか困難です。児童福祉法や児童虐待の防止等に関する法律では，このことを意識した規定を設けていますが，今後これを実体化できるような手だてが具体的に検討される必要があります。また，子育て経験が少ない中で，子育てに向かわなければならない親が多いのもまた現実であり，虐待などの深刻な子ども家庭福祉問題だけでなく，すべての子育て家庭を視野に入れた，予防的な関わりも必要です。そのためには，公的なサービスだけでなく，地域のインフォーマルな関わりも重要です。

（山縣文治）

VIII　子ども家庭福祉

2　子どもの権利と児童の権利に関する条約

1　子どもの人権思想

　人がその人格を形成する上で、子どもの時期はとりわけ重要な意味をもっています。子どもが成長していく過程には、人間関係や環境などの必要不可欠となる要素があります。子どもの人権に対する思想の根底には、そうした子どもの時期への深い洞察があります。

　子どもの人権思想は、フランス革命の思想的根拠だとされる『社会契約論』の著者、ルソー（Rousseau, J. J.）の人権思想にさかのぼることができます。彼は自由主義教育論者としても知られ、その思想はペスタロッチやフレーベル（Fröbel, F. W.）の教育思想にも影響を与えました。子ども自身の中に発達しようとする力があり、自発的な経験によってその力が伸びていくのだという主張は、今日でも新しさを失ってはいません。また産業革命時代の貧困等の問題から、子どもの発達を守るためにはよい環境が必要だとしたオーエン（Owen, R.）の主張は、工場法運動や社会改革運動へと展開されます。しかし20世紀に入ると、"子どもの世紀"であるというエレン・ケイ（Key, E.）の言葉に反し、2度にわたる世界大戦などにより多くの子どもの命と人権が奪われました。

2　児童の権利に関する条約

○歴史的背景と思想

　そうした中、第一次世界大戦後の1924年に世界初の国際的児童権利宣言が国際連盟で採択されました。「児童の権利に関するジュネーブ宣言」です。その前文にある「人類は児童にたいして最善の努力を尽くさねばならぬ義務のあることを認め」という思想は、第二次世界大戦後の1959年に国際連合で採択された「児童権利宣言」に、そして同じく国際連合で1989年11月20日に全会一致で採択された「児童の権利に関する条約」に引き継がれ日本も1994年に批准しました。

○意義と特徴

　特にこの、日本も1994年に批准した児童の権利に関する条約は、子どもの権利を論ずる上で画期的な出来事だとされています。この条約が成立することになった発端は1979年の国際児童年に、ポーランドが児童権利宣言をもっと拘束

▷1　ペスタロッチ
（Pestalozzi, J. H.；1746-1827）
スイス人の教育者。人間の力を精神力（知的側面）と心情力（道徳的側面）、そして技術力（身体的側面）としてとらえ、これらの調和的発達には温かい家庭生活を土台とした教育が不可欠であると考えた。また、その実践活動から自発性の原理や実物教授、労作教育などの教育原理を導き出した。

力のあるものにしたいと，国連の人権委員会に条約の原案を提出したことにあります。これまで"宣言"にとどまっていたものを"条約"にすることで，批准国の国内法や関連施策に対し一定の拘束力をもたせることを意図したのです。この条約の作成には全世界の国が参加し，子どもの権利自体の中身がとても豊かなものになっています。採択までに11年を要したのも，こうした理由によるのです。さらに，子どもを単に保護の対象としてでなく，権利の主体として把握している点，発展途上国の子どもたちをはじめ，地球規模で子どもの権利をとらえている点なども，この条約を特徴づけています。

○構成と内容
　この条約は全文で54条に及び，その中心となるのは前文と第1部の児童の権利規定についての41か条です。前文では「すべての人は人種，皮膚の色，性，言語，宗教，政治的意見，国民的もしくは社会的出身，財産，出生又は他の違いによるいかなる差別もなしに」世界人権宣言や人権に関する国際規約に掲げられる権利と自由が享有できるという，児童の基本的人権が規定されています。そして児童の人格的成長における家庭環境の重要性と，身体的および精神的に未熟であるための特別な保護および援助についての権利が規定されています。第1部の児童の権利規定では，子どもの最善の利益，生命・生存・発達の権利，親からの分離の禁止，意見表明権，表現・情報の自由，結社・集会の自由，親の第1次的養育責任と国の援助，親による虐待・放任・搾取からの保護，障害児の権利，健康・医療・社会保障の権利，教育・遊び・レクリエーションの権利，少数者・先住民の子どもの権利，経済的搾取・有害労働からの保護，武力紛争における子どもの保護などが規定されています。第2部には条約広報義務や子どもの権利委員会の設置，締約国の報告義務などの実施措置が規定され，第3部には署名，批准，加入，効力発生などの最終条項が規定されています。

３ これからの課題
　児童の権利に関する条約の基本理念を子ども家庭サービスに反映させるための課題として，以下のような国の責任についての指摘があります。①親の権利と責任を尊重しながら，子どものウエルビーイングを実現するための政策や諸施策を実施すること，②親が養育責任を果たせるような支援・援助をすること，③親が養育責任を果たせない時，子どもの権利を直接的に擁護すること。また一方では，「子どもの権利の現実態は，その国の民主主義の達成度に深い関係をもつ」という指摘もあります。これは，この条約の思想を実現していく過程で，大人の人権意識が問われ続けるのだという指摘です。国連・子どもの権利委員会は，日本の条約実施状況に対し3回の審査を実施し，その総括所見には，条約実施における日本の課題が示されています。

（今堀美樹）

▷2　斉藤恵彦「国際人権法の展開と児童の権利条約」石川稔・森田明編『児童の権利条約——その内容・課題と対応』一粒社，1995年，41頁。

▷3　許斐有『子どもの権利と児童福祉法』信山社，1996年，75頁。

▷4　丹野喜久子「子どもの権利条約と児童福祉行財政の見直し」『別冊発達12　子どもの権利条約と児童の福祉』ミネルヴァ書房，1992年，40頁。

参考文献
　一番ケ瀬康子「子どもの権利条約の画期的意味」『別冊発達12　子どもの権利条約と児童の福祉』ミネルヴァ書房，1992年，18～23頁。
　佐藤進「子どもの権利条約と児童福祉制度」同上，31～39頁。
　碓井隆次『乳幼児の保育原理』家政教育社，1971年。
　戸江茂博「保育の思想と歴史」待井和江編『保育原理（第3版）』ミネルヴァ書房，1991年，36～96頁。

Ⅷ　子ども家庭福祉

子ども家庭福祉の法律と実施体制

 子ども家庭福祉の法律とその歴史的背景

○要保護児童の対策を中心とした戦後の児童福祉

　戦後まもない1947年に，「児童福祉法」は「日本国憲法」の理念に基づいて制定されました。その冒頭には，満18歳に満たない全ての児童が「心身ともに健やかに生まれ，且つ，育成され」るとともに「生活を保障され，愛護され」なければならないという理念が掲げられています。しかし戦後の疲弊した国民経済のもと，一般児童を対象としつつも，要保護児童の対策に重点が置かれました。国や地方自治体が，保護を必要としている子どもを家族と分離して児童福祉施設へ入所させ，家族に代わって保護するという"児童保護"の考え方が中心だったのです。その後経済復興と高度経済成長を経て，1961年に「児童扶養手当法」，1964年に「特別児童扶養手当等の支給に関する法律」と「母子及び寡婦福祉法」，そして1965年に「母子保健法」，1971年に「児童手当法」が制定されました。また，女性の雇用就労の増加に伴って保育所の整備や児童の健全育成対策など，一般児童を対象とする施策も講じられるようになりました。このように，わが国の子ども家庭福祉施策は歴史的に変遷してきました。しかし一方では，1948年に制定された「児童福祉施設最低基準」に明らかにみられるように，その水準にはまだまだ改善の余地が残されています。

○国家主導的な福祉から個人重視の福祉へ

　1980年代に入って，低経済成長政策の定着と第2次臨時行政調査会の答申を受けて1986年に「地方公共団体の執行機関が国の機関として行う事務の整理及び合理化に関する法律」が制定されました。それによって児童福祉施設への入所措置が，国の機関委任事務（法律や政令により地方自治体の機関に委任された事務）から地方自治体への団体委任事務（地域の特殊性を考慮して地方自治体が実施する事務）になりました。国と地方とが役割分担をすることにより，国家主導的な福祉から個人重視の福祉へと改革が進められたのです。これはまた，福祉行財政をめぐる国と地方自治体の費用負担の問題であり，国家財政の負担の軽減を課題とした改革でもありました。

○次世代育成支援，児童虐待の防止という新たな課題

　1989年の「1.57ショック」という出生率の大幅な低下により，少子化対策（家族が子どもを生み育てることを促進するための対策）が国の課題となりました。

そして1994年に「今後の子育て支援のための施策の基本的方向について（エンゼルプラン）」と「緊急保育対策等5か年事業」が策定されました。また1997年には，保育所の措置制度が廃止されるなど「児童福祉法」の大幅な改正が行われました。2000年には「重点的に推進すべき少子化対策の具体的実施計画について（新エンゼルプラン）」も策定され，地方分権化の動きとともに保育サービスを中心とした民営化の動きも生まれてきています。こうして少子化対策がなされてきた一方で，2000年には「児童虐待の防止等に関する法律」が制定されました。その目的は，児童に対する虐待を禁止し，その防止に関する国および地方公共団体の責務と虐待を受けた児童の保護のための措置を定め，児童虐待の防止に関する施策を推進することです。

さらに歯止めのかからない少子化への対応として，2003年には，少子化社会対策基本法および次世代育成支援対策推進法が新たに制定されるとともに，子育て支援を盛り込んだ児童福祉法の改正も行われました。

○児童福祉から子ども家庭福祉へ

一方国際的には，1989年に「児童の権利に関する条約」が国連で採択され，1994年に日本も批准をしました。さらに1994年，国際家族年の「家族からはじまる小さなデモクラシー」という標語には，家族の中で一人ひとりの人権が尊重されなければならないという理念が示されました。この国際的な子どもの福祉をめぐる理念の動向は，児童福祉を子ども家庭福祉へと，つまり子どもの成長と福祉にとっては家庭が重要な意味をもつこと，そのために子どもと家庭を一体として援助する必要があることを示しました。

2 子ども家庭福祉の実施体制とその課題

「児童福祉法」は，子ども家庭福祉の実施体制についても規定しています。第1章第2節では児童福祉審議会等，第3節では実施機関としての市町村や都道府県の業務，そして児童相談所や保健所の業務等について規定しています。第4節では児童福祉司，第5節では児童委員，第6節では2001年の法改正により国家資格となった保育士を「専門的知識及び技術をもって，児童の保育及び児童の保護者に対する保育に関する指導を行う」と規定しています。第4章には費用（児童福祉行財政）について，国や都道府県，市町村による支弁等，本人またはその扶養義務者による費用負担等について規定しています。

これら児童福祉行財政に関連して最後に指摘しておきたいのは，時代のニーズに応じて子どもと家庭を一体として援助するためには，地域における児童福祉関係機関や施設が協力・協働する必要があるということです。そのためには，各自治体の自主性に応じて国が行財政援護を強化し，関連する民間機関との協働も実現できるよう，子ども家庭福祉の実施体制づくりをより一層推進していくことが重要になってきています。

（今堀美樹）

▷1 その後，子ども・子育て応援プラン，子ども・子育てビジョン等へと少子化対策，子育て支援に関する施策が展開されている（Ⅷ-7 参照）。2015年度からは，子ども・子育て支援新制度のもとに，子育て支援等の新たな支援が展開されている（Ⅷ-8 参照）。

▷2 2010年以降の児童福祉法改正については Ⅷ-4 参照。

参考文献

佐藤進「子どもの権利条約と児童福祉制度」『別冊発達12 子どもの権利条約と児童の福祉』ミネルヴァ書房，1992年，31〜39頁。

網野武博「子ども家庭サービスにおける分権化，民間化の動向」『別冊発達21 子ども家庭施策の動向』ミネルヴァ書房，1996年，28〜36頁。

許斐有『子どもの権利と児童福祉法』信山社，1995年。

Ⅷ　子ども家庭福祉

2010年以降の児童福祉法改正

1997年に大きな改正がなされた児童福祉法は，2000年以降も子どもの虐待の増加と深刻化への対応や子育て支援の推進を目的として，2010年までに5回の改正が行われました。2010年以降は，毎年改正が行われています。

2010年児童福祉法改正のポイント

2010年の改正では，障害のある子どもに対する支援の強化を図りました（2012年4月施行）。改正のポイントは，大きく以下の3点です。

○児童福祉法を基本とした身近な支援の充実

障害のある子どもが，身近な地域で支援が受けられるよう，また，どの障害にも対応できるよう，それまでは障害種別ごとに分かれていた施設・事業を，通所・入所の利用体系の別によって一元化しました。障害児通所支援と，障害児入所支援です。

障害児通所支援は，市町村が担うもので，児童発達支援，医療型児童発達支援，放課後等デイサービス，保育所等訪問支援を指します。児童発達支援とは，日常生活における基本的な動作の指導，知識技能の付与，集団生活への適応訓練の実施を指します。身近な地域の障害児支援の専門施設（事業）として，通所利用の障害児をはじめ，地域の障害児・その保護者を対象とした支援や，障害児が通う保育所等の施設を訪問して支援するなど，地域支援に対応するものとなっています。

障害児入所支援は，都道府県が担うもので，福祉型障害児入所施設，医療型障害児入所施設を指します。重度・重複障害や被虐待児への対応を図るほか，自立（地域生活移行）のための支援の充実が図られました。

○放課後等デイサービス・保育所等訪問支援の創設

学齢期の障害児の支援を充実するため，「放課後等デイサービス事業」を創設しました。学校に通学中の障害児に，放課後や夏休み等の長期休暇中に生活能力向上のための訓練等を継続的に提供することで，学校教育と相まって障害児の自立を促進し，放課後の居場所づくりを推進することが目的です。

また，保育所や集団生活を営む施設に通う障害児，または今後利用する予定の障害児が，集団生活の適応に専門的な支援を必要とする場合に，「保育所等訪問支援」を提供することで，保育所等の安定した利用の促進を図ります。

○ 在園期間の延長措置の見直し

従来，障害児施設では入所した障害児に，引き続き入所による支援を受けなければ福祉を損なう恐れがある場合は，18歳以降も入所が可能でした。この改正で，今後，18歳以上の障害児施設入所者については障害者施策（障害者総合支援法）で対応することになりました。

② 2011年の児童福祉法改正のポイント

○ 親権の喪失等の制度の見直し

親権の喪失等の家庭裁判所への請求権者に児童相談所長も規定し，児童相談所長や施設長の権限と親権との関係が明確化されました。

○ 未成年後見制度の見直し

里親委託中や一時保護中の子どもの親権について，児童相談所長の代行を明記しました。

○ 子どもの利益の観点の明確化

親権者の権利である子どもの監護および教育権は，子どもの利益のために行われるものであることが明記されました。

○ 一時保護の見直し

2か月を超える親権者等の同意のない一時保護の延長について，第三者機関である児童福祉審議会の意見聴取制度が設けられました。

③ 2012年以降の児童福祉法改正のポイント

○ 2012年の改正

子ども・子育て関連3法の公布にともない，児童福祉施設として「幼保連携型認定こども園」を追加することや，保育所等で受け入れる公的支援の対象が「保育に欠ける」から「保育を必要とする」子どもへと拡大されることなど，大幅な改正が行われました。

○ 2014年の改正

小児慢性特定疾病への医療支援等にかかわる規定を中心に改正されました。例えば，小児慢性特定疾病の医療費の支給においては，都道府県が実施主体となり，18歳未満の児童（引き続き治療が必要であると認められる場合は，20歳未満）が対象となります。

なお，2015年より対象疾患が追加され，14疾患群（704疾病）に拡大されました。

（西村真実）

▷ 子ども・子育て関連3法
⇒ Ⅷ-8 参照。

VIII 子ども家庭福祉

5 児童福祉施設の体系

1 児童福祉施設の類型

子どもに対する福祉サービスの中で,主要な位置をしめるものが児童福祉施設です。児童福祉施設では,児童にとってふさわしい環境のもとで,親に代わる養育・保護,生活や学習の訓練・指導,育成などを行います。

児童福祉施設は,①利用について行政の決定を必要とする措置型施設と,②行政の決定を必要としない利用型施設,③行政との契約が必要な契約利用型施設,に大別できます。さらに,入所・生活型施設と,通園・通過型施設に,また医療法に規定する病院としての設備や職員を配置する医療型施設と,それらを必要としない福祉型施設に分けられます(表VIII-1)。

2 児童福祉施設の種類

○親のいない子どもや被虐待児童のために

児童養護施設や乳児院は,衣食住など生活全般にわたる援助,しつけ,学習など成長過程にそった養育,保護,指導を行います。児童自立支援施設では,不良行為をした児童への自立支援だけではなく,基本的な生活習慣が身についていない児童への支援も行われています。

○障害をもつ児童のために

障害児のための福祉施設では,教育や生活指導,将来の職業生活に備えての訓練などを行っています。

○ひとり親家庭の援助のために

母子生活支援施設は父親のいない母子家庭の親子がそろって生活できるように,育児,養育や自立を援助する入所施設です。

○保育が必要な児童のために

保育所は親の就労や病気,障害や家族の介護などによって,保育が困難な家庭の児童を保育します。最近では,延長保育や一時保育を実施したり,地域における子育てを支援するなど多様な取り組みをしています。

○児童の健全育成のために

児童の心身の健やかな成長のために,地域に設置された児童館や児童遊園で,遊びや放課後の活動・学習など,集団生活を通して指導が行われています。

(明路咲子)

▷1 2010年の児童福祉法改正によって,「障害児通所支援」と「障害児入所支援」に再編された(2012年4月施行)。

▷2 2012年に子ども・子育て関連3法が成立したことにともない,児童福祉法も改正され「保育に欠ける」という表現が「保育を必要とする」に改められた(2015年4月より施行)。なお,同法の改正により,幼保連携型認定こども園が児童福祉施設として新たに加えられた。

参考文献

柏女霊峰『現代児童福祉論(第4版)』誠信書房,2001年。

庄司洋子・松原康雄・山縣文治『家族・児童福祉』有斐閣,1998年。

『新版・社会福祉学習双書』編集委員会編『児童福祉論』全国社会福祉協議会,2001年。

松原康雄・山縣文治編著『新・社会福祉士養成テキストブック8 児童福祉論』ミネルヴァ書房,2007年。

表VIII-1 児童福祉施設の種類

		形態		施設数	定員	目的	職員
要保護児童施策	児童養護施設	入所	措置	602	33,599	親がいない、虐待されている児童などの養護と自立支援	児童指導員、保育士、職業指導員、医師(嘱託)他
	乳児院	入所	措置	133	3,870	乳児、おおむね2歳未満の幼児(一定の事由に該当する場合には、1歳以上小学校就学前の児童)の養育	医師、看護師(一部保育士で代替可能)、薬剤師他
	情緒障害児短期治療施設	入所 通所	措置	38	1,734	軽度の情緒障害の児童を短期間で治療	医師、心理療法担当職員、看護師、児童指導員、保育士他
	児童自立支援施設	入所 通所	措置	58	3,829	不良行為をしたり、するおそれのある児童などに必要な指導	児童自立支援専門員、児童生活支援員、職業指導員、医師(嘱託)他
障害児通所支援	福祉型児童発達支援センター	通所	契約	453	14,886	日常生活における基本的動作の指導、独立自活に必要な知識技能の付与、集団生活への適応のための訓練	児童指導員、保育士、栄養士、医師(嘱託)、調理員、機能訓練担当職員他
	知的障害児通園施設*	通所	契約	—	—	知的障害児の保護と自立生活に必要な知識技能を指導	児童指導員、保育士、運転手、医師(嘱託)他
	難聴幼児通園施設*	通所	契約	—	—	強度の難聴の幼児に対する指導訓練	児童指導員、保育士、難聴訓練担当職員、言語訓練担当職員、医師(嘱託)他
	医療型児童発達支援センター	通所	契約(医)	111	3,763	日常生活における基本的動作の指導、独立自活に必要な知識技能の付与、集団生活への適応のための訓練、治療	医療法に規定する病院職員、児童指導員、保育士、看護師、理学・作業療法士他
	肢体不自由児通園施設*	通所	契約(医)	—	—	肢体不自由児の治療と自立生活に必要な知識技能を指導	医療法に規定する病院職員、児童指導員、保育士、理学・作業療法士他
障害児入所支援	福祉型障害児入所施設	入所	契約	276	11,287	保護、日常生活指導、独立自活に必要な知識技能の付与	児童指導員、保育士、栄養士、医師(嘱託)、看護師、調理員他
	知的障害児施設*	入所	契約	—	—	知的障害児の保護と自立生活に必要な知識技能を指導	児童指導員、保育士、介助員、職業指導員、医師(嘱託)、栄養士他
	肢体不自由児療護施設*	入所	契約	—	—	病院への入院は必要ないが家庭の養育が困難な肢体不自由児の保護と指導	児童指導員、保育士、介助員、看護師、職業指導員、医師(嘱託)他
	盲児施設*	入所	契約	—	—	盲児(強度の弱視児含む)の保護、自立生活への指導、援助	児童指導員、保育士、介助員、職業指導員、医師(嘱託)他
	ろうあ児施設*	入所	契約	—	—	ろうあ児(強度の難聴児含む)の保護、自立生活への指導、援助	児童指導員、保育士、介助員、職業指導員、医師(嘱託)他
	医療型障害児入所施設	入所	契約(医)	207	19,277	保護、日常生活指導、独立自活に必要な知識技能の付与、治療	医療法に規定する病院職員、児童指導員、保育士、理学・作業療法士他
	肢体不自由児施設*	入所 通所	契約(医)	—	—	肢体不自由児の治療と自立生活に必要な知識技能を指導	医療法に規定する病院職員、児童指導員、保育士、理学・作業療法士他
	重症心身障害児施設*	入所	契約(医)	—	—	重度の知的障害と重度の肢体不自由が重複している児童の保護、治療、生活指導	医療法に規定する病院職員、児童指導員、保育士、心理指導担当職員、理学・作業療法士他
	自閉症児施設*	入所	契約(医)	—	—	自閉症児に対する医療、心理指導、生活指導	医療法に規定する病院職員、児童指導員、保育士、介助員、職業指導員他
その他の施策	母子生活支援施設	入所	契約	243	(4,930世帯)	夫のいない女性とその養育が必要な子どもの保護と自立支援	母子支援員、少年指導員、保育士、医師(嘱託)、調理員等、事務員
	保育所	通所	契約	24,509	2,339,029	保育に欠ける乳幼児の保育	保育士、医師(嘱託)、調理員他
	児童館	利用	利用	4,598	—	児童の遊び、健康増進	児童の遊びを指導する者
	児童遊園	利用	利用	2,742	—	児童全般の遊び指導	児童の遊びを指導する者
	児童家庭支援センター	利用	利用	99	—	児童全般、家庭への相談、助言、指導	相談・支援担当員、心理療法担当職員
	助産施設	入所	契約	393	—	経済的理由によって入院助産を受けられない妊産婦の助産	医療法に規定する職員、助産師
計				34,462	2,431,274 (4,930)		

(注) 1 *印は2012年4月の再編前の各施設の名称。
    2 契約の下の(医)は医療型施設、それ以外は福祉型施設を示している。

出所：厚生労働省「社会福祉施設等調査報告」(2014年10月1日現在)の施設数、定員数に基づき作成。

Ⅷ 子ども家庭福祉

在宅児童の福祉サービスの体系

 在宅福祉サービスの推進

　わが国の社会福祉は，第二次世界大戦後から入所施設におけるサービスを中心に展開されてきました。しかし，ノーマライゼーションの考え方の浸透や地域福祉の進展を背景に，在宅のまま福祉サービスを受けたい，在宅生活を継続したいというサービス利用における希望を実現する考え方が今の社会福祉の方向となっています。特に，1990年に実施された社会福祉関係八法の改正によって地域福祉の理念とともに在宅福祉が位置づけられ，老人福祉を中心に地域福祉化が進められてきました。

　さらに社会福祉基礎構造改革では地域福祉の推進が明確に示され，児童福祉の分野でも在宅におけるサービスが進んでいます。それは児童福祉施設で提供されるサービスと，家庭において提供されるサービスとに大別することができます。前者は児童が福祉施設に通園して，施設の専門的な機能を活用したサービスを受けるものです。障害をもつ児童，家庭の事情で養護を必要とする児童など，児童の抱える課題ごとに在宅における福祉サービスを見ていきます（表Ⅷ-2参照）。

2 在宅福祉サービスの実際

　○障害児のための福祉サービス

【在宅で提供されるサービス】

　保健所や児童相談所が障害児の治療上の指導や，福祉の措置を行うため療育指導を行い，その結果，障害の除去や軽減が期待できる児童には育成医療（診察，薬剤，手術など）が給付されます。身体障害者手帳の交付を受け補装具が必要な児童には補装具の交付，修理を行っています。また，在宅生活を援助するためにホームヘルパーの派遣や移動支援も行われています。

【福祉施設で提供されるサービス】

　2012年4月障害児の通所施設は，「障害児通所支援」として再編され，知的障害児通園施設と難聴幼児通園施設は「児童発達支援センター」に，肢体不自由児通園施設は「医療型児童発達支援」となりました。これらの施設への通園によって，機能訓練や日常生活の指導を受けることができます。

　また，通学中の障害児のために生活能力を高める訓練などを，放課後や夏休

表Ⅷ-2 在宅児童のための福祉サービス

	児童福祉施設で提供されるサービス	家庭において提供されるサービス
障害児施策	児童発達支援センター 　（知的障害児通園施設＊） 　（難聴幼児通園施設＊） 医療型児童発達支援 　（肢体不自由児通園施設＊） 重症心身障害児通園事業 放課後等デイサービス 保育所等訪問支援 児童短期入所事業（ショートステイ） 日中一時支援事業 障害児地域療育等支援事業 障害児保育	療育指導 育成医療の給付 補装具の交付・修理 日常生活用具の給付・貸与 居宅介護事業（ホームヘルパーの派遣） 移動支援事業 障害児相談支援事業 障害児歯科診療事業
要児童養護施策	児童自立生活援助事業 小規模住居型児童養育事業	里親制度
健全育成施策	児童館 児童遊園 放課後児童健全育成事業 児童家庭支援センター	

（注）＊印は再編前の施設名称。

みに行う「放課後等デイサービス」や，保育所利用の障害児に集団生活の支援を行う「保育所等訪問支援」など新たな事業が創設されました。

◯ 要養護児童のための福祉サービス

里親制度は，保護者がいないなど家庭での養育が困難な児童を，代わって温かい家庭環境の中で養育する制度です。里親を希望する家庭は都道府県知事が適当であると認めることが必要です。児童自立生活援助事業は児童養護施設などを退所した後も，社会的に自立が難しい児童を仕事や日常生活の相談にのりながら自立支援をしていくグループホームを含みます。

◯ 健全育成のための福祉サービス

核家族化や都市化が進む中，児童が健やかに育つ環境が損なわれ多くの問題状況が発生しています。児童の心身の健康な発達と維持，それらを守り育てる社会環境の整備が必要です。特に遊びは児童の成長にとって必要不可欠です。それだけに家庭や地域など児童をとりまく環境においては，児童遊園や児童館などハード面の整備だけではなく，遊びをとおして児童なりの人間関係のあり方やそのルールを学ぶためのソフト面における環境整備が求められます。

母親クラブや地域子ども会がその役割を担っている他，地域では児童委員や主任児童委員が，地域のキーパーソンとして重要な役割をもっています。

母親クラブは，地域の母親たちが話し合いや工夫を重ね，児童の健全育成のために児童館において，学習会や読書活動などの活動を進めています。

遊びを通して児童の主体性を育てる子ども会活動は，地域の大人の協力を得て地域で組織化されています。また，放課後児童健全育成事業は昼間保護者がいない小学校低学年の児童に対して，授業の終了後に児童館などで遊びや学習の場を提供しています。

（明路咲子）

参考文献

柏女霊峰『現代児童福祉論（第4版）』誠信書房，2001年。

庄司洋子・松原康雄・山縣文治『家族・児童福祉』有斐閣，1998年。

『新版・社会福祉学習双書』編集委員会編『児童福祉論』全国社会福祉協議会，2001年。

東京都社会福祉協議会編『障害者自立支援法とは――制度を理解するために（改訂3版）』2007年。

VIII 子ども家庭福祉

 少子化対策から次世代育成支援対策へ

1 少子化対策から次世代育成支援対策への転換

1.57ショック以降,少子化社会への警鐘がならされ,国は各種の施策に取り組んできました。取り組みの開始当初は,少子化傾向に歯止めがかかりませんでした。そこで,子ども施策や社会の側の視点に立ちがちな少子化対策という表現を,次世代育成支援対策とあらため,子ども自身の育ちの視点や,社会全体の課題であるという視点を強化し,国を挙げての取り組みを進めることになりました。2005年を境に合計特殊出生率は,わずかながらも回復傾向を見せ始めています。ここでは,そこにいたる経過を含め,次世代育成支援への取り組みを概観します。

2 次世代育成支援に向けての法整備

○少子化社会対策基本法

この法律は,2003年,少子化対策を総合的に推進することを目的として,施策の基本理念や,国,地方公共団体の責務などを定めたものです。具体的なサービスは,それぞれ関連する法律に基づいて実施されます。

○次世代育成支援対策推進法

新エンゼルプランの最終年度を控え,従来の取り組みの反省と課題から次世代育成支援という新しい概念のもと,少子化,子育て支援施策の充実が図られました。2003年に定められた次世代育成支援対策推進法は10年間の時限立法で,すべての地方自治体と一定数以上の従業員を抱える事業主についても行動計画の策定が義務づけられ,2005年4月から計画が実施されました。▷1

○児童福祉法の改正

新しい時代の社会福祉のあり方や,次世代育成支援対策の推進を視野に入れ,1990年代後半から毎年のように児童福祉法の改正が行われています。とりわけ,2003年の児童福祉法改正では,子育て支援事業の法定化が行われ,要保護児童や要保育児童を対象とした従来の子ども家庭福祉施策が,地域のすべての子どもと家庭を視野に入れた施策へと,大きく拡大することとなりました。

さらに2011年には,親権の停止制度の見直しと,未成年後見人制度の見直し

▷1 行動計画については2003年の前期行動計画では従業員301人以上の事業主が対象であったが,2008年の法改正により,従業員101人以上の事業主にも行動計画の策定が義務づけられた。なお,次世代育成支援対策推進法は当初,2015年までの時限立法だったが,2012年の法改正により,さらに10年有効期限が延長され,2025年までとなった。

等が行われ，民法とともに児童福祉法も改正されました。

2012年には子ども・子育て関連3法が成立し，2015年度より子ども子育て支援新制度が施行されることとなりました。それにともない児童福祉法も改正され，保育所等で受け入れる公的支援の対象が「保育を必要とする」子どもへと拡大されました。

行政における次世代育成支援のための計画の推進経過

次世代育成支援の基本理念は，少子化社会対策推進基本方針や少子化社会対策大綱にみることができます。

○少子化社会対策推進基本方針

少子化社会対策推進基本方針は，エンゼルプラン前期の計画年次を終了するにあたり，1999年に，改めて今後の子育て支援の方向を検討したものとして発表されました。ここでは**3つの基本的視点**のもとに，**6つの基本的施策**の実施を目指しました。この基本方針に基づいて新エンゼルプランが策定され，具体的な取り組みが進められていきました。

○少子化社会対策大綱

少子化社会対策大綱は，新エンゼルプランの計画年次終了を前にした2004年，前年に策定された少子化社会対策基本法に基づき国の基本施策として，少子化の流れを変えるための施策を強力に推進することを目的に定められました。この大綱では，子どもは社会の希望であり，未来の力であるとうたわれ，少子化の流れを変えるための**3つの視点**と**4つの重点課題**をかかげられました。

○エンゼルプラン

1994年に文部（現文部科学）・厚生（現厚生労働）・労働（同左）・建設（現国土交通）省の4大臣合意により，「今後の子育て支援のための施策の基本的方向について」（通称エンゼルプラン）が1995年から10年間の計画として発表されました。これに基づき，地方自治体は，保育・子育て家庭支援等の実施計画「児童育成計画」（地方版エンゼルプラン）を策定することとなりました。

○新エンゼルプラン

新エンゼルプランは，少子化社会対策推進基本方針を受け，エンゼルプランの後期計画として，当時の大蔵・文部・厚生・労働・建設・自治の6大臣合意により策定されたものです。正式名称を「重点的に推進すべき少子化対策の具体的実施計画について」といい，計画年次は2000年から2004年までの5年間です。「子ども・子育て応援プラン」は，新エンゼルプランを引き継ぐものです。

○子ども・子育て応援プラン

2004年12月，少子化社会対策会議は，「少子化社会対策大綱に基づく重点施策の具体的実施計画について」を決定しました。これを通称「子ども・子育て応援プラン」といい，これまでの取り組み経過をもとに策定し，2005年度から

▷2　**3つの基本的視点**
①結婚や出産は，当事者の自由な選択に委ねられるものであること，②男女共同参画社会の形成や，次代を担う子どもが心身ともに健やかに育つことができる社会づくりを旨とすること，③社会全体の取り組みとして，国民的な理解と広がりをもって子育て家庭を支援すること。

▷3　**6つの基本的施策**
①固定的な性別役割分業や職場優先の企業風土の是正，②仕事と子育ての両立のための雇用環境の整備，③安心して子どもを産み，ゆとりをもって健やかに育てるための家庭や地域の環境づくり，④利用者の多様な需要に対応した保育サービスの整備，⑤子どもが夢をもってのびのびと生活できる教育の推進，⑥子育てを支援する住宅の普及など生活環境の整備。

▷4　**3つの視点**
①自立への希望と力，②不安と障壁の除去，③子育ての新たな支え合いと連帯。

▷5　**4つの重点課題**
①若者の自立とたくましい子どもの育ち，②仕事と家庭の両立支援と働き方の見直し，③生命の大切さ，家庭の役割等についての理解，④子育ての新たな支え合いと連帯。

▷6　エンゼルプランの一環として，大蔵・厚生・自治省の3大臣合意により「当面の緊急保育対策等を推進するための基本的考え方」，いわゆる「緊急保育対策等5か年事業」が策定された。これは，その後の子ども家庭福祉施策を大きく進展させる原動力となった。

事業計画を具体的に開始しました。計画の基本的な理念は少子化社会対策大綱をふまえたものとなっており，数値目標は，次世代育成支援のための市町村行動計画や事業主行動計画などをふまえたものとなっています。少子化社会対策大綱の4つの重点課題に沿って構成されており，従来の就労支援や乳幼児対策だけでなく，若者の自立や，大人の働き方の見直し等の4つの重点課題を基礎に，それらを何段階かで細分化して，具体的な事業内容，さらにはこれらを通じて目指すべき社会像を示しました。

○待機児童ゼロ作戦から待機児童解消加速化プラン

エンゼルプランの策定以降，具体的な取り組みが進められる一方で，保育所の待機児童は，その後も増加傾向が続いていました。そこで国は，待機児童の解消をめざして，「待機児童ゼロ作戦」を発表し（2001年），数値目標および期限を定めて実現を図ることとしました。

その後，待機児童ゼロ作戦を実施したものの，その著しい減少がみられなかったため，2008年には3年間の重点的取り組みとして，新待機児童ゼロ作戦が発表されました。さらに，これが2011年には，待機児童解消「先取り」プロジェクトとして取り組まれました。その後2013年には，待機児童の解消を加速化させるために，「待機児童解消加速化プラン」が策定されました。

4 子ども・子育てビジョンから新たな少子化社会対策大綱へ

○子ども・子育てビジョン

子ども・子育てビジョンは，子ども・子育て応援プランを継ぐ計画として，2010年1月に閣議決定されました。これは，少子化対策基本法第7条の規定に基づく大綱として定められたものです。

子どもと子育てを応援する社会を目指し①子どもが主人公（チルドレン・ファースト），②「少子化対策」から「子ども・子育て支援」へ，③生活と仕事と子育ての調和という3つの視点を据え，目指すべき社会への政策4本柱と12の主要施策を定め，2010年度から2014年度までの数値目標を設定し，取り組みを進めました。それは，各地方公共団体が定める次世代育成支援行動計画に基づき，地域の実情に応じた施策の展開となりました。

○新たな少子化社会対策大綱

2015年3月に，3回目の少子化社会対策大綱が策定されました。ここでは，①子育て支援策の一層の充実，②若い年齢での結婚・出産希望の実現，③多子世帯への一層の配慮，④男女の働き方改革，⑤地域の実情に即した取り組み強化，の5つを重点課題として挙げており，2020年を目途とした新たな数値目標を設定しています。

（西村真実）

VIII-7 少子化対策から次世代育成支援対策へ

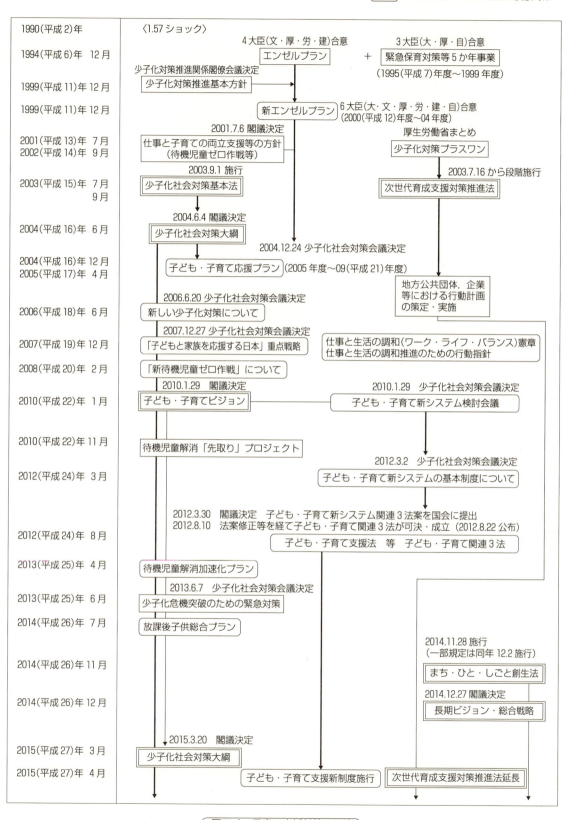

図VIII-1 子育て支援対策の経緯

出所:内閣府『少子化社会対策白書(平成27年版)』日経印刷,2015年,43頁。

VIII 子ども家庭福祉

8 子ども・子育て関連3法と子ども・子育て支援新制度

 子ども・子育て支援新制度

2012年8月，子ども・子育て関連3法と一般に呼ばれる法律が国会で成立しました。3法とは，「子ども・子育て支援法」，「就学前の子どもに関する教育，保育等の総合的な提供の推進に関する法律の一部を改正する法律」（通称，改正認定こども園法），「子ども・子育て支援法及び就学前の子どもに関する教育，保育等の総合的な提供の推進に関する法律の一部を改正する法律の施行に伴う関係法律の整備等に関する法律」をさします。これらの3法に基づいて，新しい子ども家庭福祉制度（子ども・子育て支援新制度）が構築されることになりました。

新しい制度の主要な目的は，①質の高い幼児期の学校教育および保育の総合的な提供，②保育の量的拡大・確保（待機児童の解消，地域の保育を支援，教育・保育の質の改善），③地域の子ども・子育て支援の充実，です。これらの目的は，基礎自治体である市町村を核に推進されています。

また，上記の目的を計画的に推進するため，市町村に子ども・子育て支援事業計画の策定を義務づけ，国と都道府県が市町村を重層的に支えることになりました。そのほかに，市町村は，義務づけられてはいませんが，地方版子ども・子育て会議を設置し，市民参加のもとでの計画づくりや計画の進捗状況の見守りを行うこととされています。

2 子ども・子育て支援給付の体系

子ども・子育て支援法では，子ども・子育て支援事業計画に基づき，市町村が子育て家庭に対して，さまざまな給付を行います。給付は，子ども・子育て支援給付と，地域子ども・子育て支援事業の2つに大きく分かれます。子ども・子育て支援給付は，施設型給付，地域型保育給付，児童手当の3つからなります。地域型保育給付および地域子ども・子育て支援事業には，図Ⅷ-2に示したようなさまざまな事業（者）が含まれることになりました。

新制度では，市町村が子ども一人ひとりの保育の必要性を認定します。市町村は，保育の必要性の有無，保育の必要量など，子どもの状況に応じた認定証

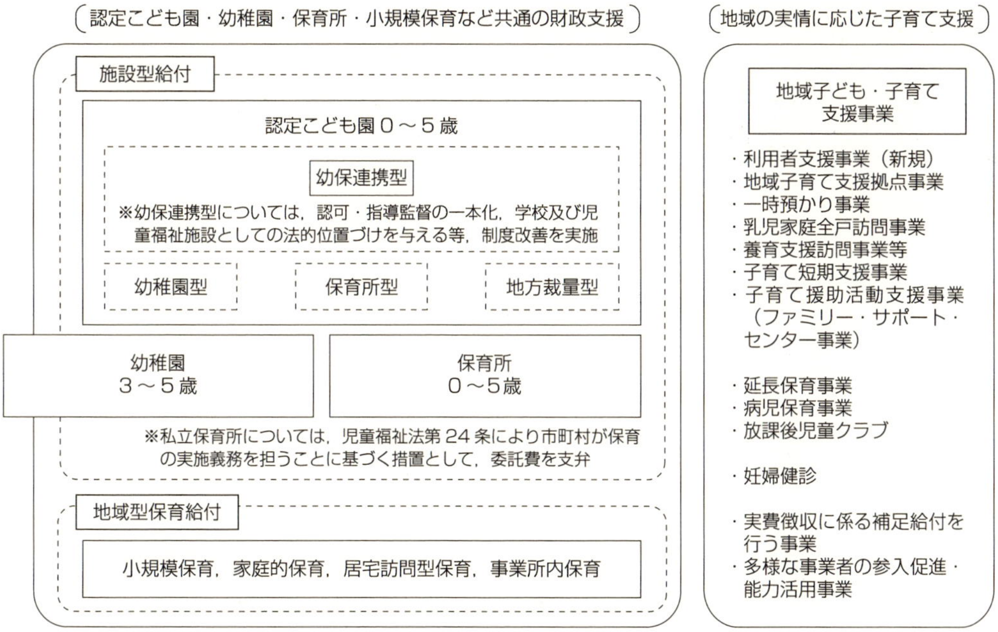

```
┌─認定こども園・幼稚園・保育所・小規模保育など共通の財政支援─┐ ┌─地域の実情に応じた子育て支援─┐
│ ┌─施設型給付─────────────────────┐ │ │   ┌─地域子ども・子育て─┐   │
│ │    認定こども園 0～5歳              │ │ │   │    支援事業         │   │
│ │  ┌─幼保連携型─────────────┐  │ │ │   └───────────────┘   │
│ │  │※幼保連携型については，認可・指導監督の一本化，学校及び児│  │ │ │ ・利用者支援事業（新規）    │
│ │  │童福祉施設としての法的位置づけを与える等，制度改善を実施│  │ │ │ ・地域子育て支援拠点事業    │
│ │  └──────────────────┘  │ │ │ ・一時預かり事業            │
│ │   幼稚園型      保育所型      地方裁量型    │ │ │ ・乳児家庭全戸訪問事業      │
│ │                                            │ │ │ ・養育支援訪問事業等        │
│ ├──────────┬──────────┤ │ │ ・子育て短期支援事業        │
│ │  幼稚園          │   保育所             │ │ │ ・子育て援助活動支援事業    │
│ │  3～5歳          │   0～5歳             │ │ │  （ファミリー・サポート・  │
│ │                  │※私立保育所については，児童福祉法第24条により市町村が保育│ │ │   センター事業）            │
│ │                  │の実施義務を担うことに基づく措置として，委託費を支弁│ │ │                           │
│ └─地域型保育給付───────────────┘ │ │ ・延長保育事業              │
│   小規模保育，家庭的保育，居宅訪問型保育，事業所内保育   │ │ ・病児保育事業              │
│                                                    │ │ ・放課後児童クラブ          │
│                                                    │ │                           │
│                                                    │ │ ・妊婦健診                  │
│                                                    │ │                           │
│                                                    │ │ ・実費徴収に係る補足給付を  │
│                                                    │ │   行う事業                  │
│                                                    │ │ ・多様な事業者の参入促進・  │
│                                                    │ │   能力活用事業              │
└──────────────────────────┘ └───────────────┘
```

図Ⅷ-2　子ども・子育て支援新制度の概要

出所：内閣府「子ども・子育て支援新制度について」2015年。

を交付します。保護者は，この認定証に基づいて，保護者と子どものニーズに応じた施設等の利用を申し込むことになります。

3　施設型給付および地域型保育給付について

　施設型給付とは，子ども・子育て支援法に基づいて，市町村の給付対象となる施設のことです（図Ⅷ-2）。旧制度とのちがいは，認定こども園の指導監督が市町村に一本化されたこと，幼稚園のなかに，私学助成ではなく施設型給付を受けて，市町村の管轄のもとで運営するものが存在することになることです。また，現行法の認定こども園のうち，幼保連携型と呼ばれるものは，保育所でも幼稚園でもなく，児童福祉施設であると同時に学校教育機関でもある，という固有の施設として位置づけです。なお，この施設の設置は，国，地方自治体，学校法人，社会福祉法人に限定されます。

　また，新制度では，施設型給付に加え，小規模保育，家庭的保育，居宅訪問型保育，事業所内保育を地域型保育給付の対象とし，利用者が選択できる仕組みとしています（図Ⅷ-2）。都市部では，小規模保育等を増やすことによって待機児童の解消を図り，人口減少地域では，隣接自治体の認定こども園等と連携しながら，小規模保育等が拠点となって，地域の子育て支援機能を維持・確保することを目指しています。

（門永朋子）

▷1　私学助成で引き続き運営される幼稚園については，都道府県が管轄する。国立大学附属幼稚園は施設型給付の対象外となるが，認定こども園になることが可能である。認定こども園には，保育教諭が中心的な職員として配置される。保育教諭の資格は，幼稚園教諭の免許状と保育士資格を併有することが原則となっている。

▷2　認可保育所が定員20人以上であるのに対して，小規模保育は利用定員6人以上19人以下，家庭的保育は利用定員5人以下である。事業所内保育は主として従業員の子どものほか，地域において保育を必要とする子どもにも保育を提供する。

VIII 子ども家庭福祉

 児童虐待にどう対応するか

 急増する児童虐待

○児童虐待の現状

都市化や核家族化の進行に伴い，家庭や地域における子育て機能が低下する中で，子どもの心身に深い傷を残す児童虐待問題が急増しており，その予防および対応が急務の課題となっています。

厚生労働省の調査では，全国の児童相談所に寄せられる児童虐待の相談は，2014年度は8万8,931件にのぼり，増え続けています。また，被虐待児童の年齢別内訳は，0～3歳未満が19.6%，3歳～学齢前児童23.8%，小学生34.5%，中学生14.1%，高校生・その他7.9%となっています。

2000年11月に児童虐待の防止等に関する法律（以下，児童虐待防止法）が施行されました。そこでは，児童虐待を，18歳未満の子どもに対する，①身体的な暴力，②わいせつ行為，③著しい食事制限や長時間の放置，④心理的外傷を与える言動，と定義づけています。ちなみに2014年度の相談内容を虐待の種類別にみると，それぞれ，①29.4%，②1.7%，③25.2%，④43.6%となっています。

これらの定義は従来，厚生省（現厚生労働省）をはじめ専門機関等によってそれぞれ，①身体的虐待，②性的虐待，③養育放棄（ネグレクト），④心理的虐待として分類されていた4つのタイプと一致していますが，2000年に施行された児童虐待防止法において児童虐待の定義が初めて法律で明文化されました。

○児童虐待が生じる背景

児童虐待は，単一の原因で起こるものではなく，親の生育歴や子育て観，家庭の経済的状況，児童自身の問題など，多くの要因が複雑に絡まり合った時に発生するものと考えられています。

虐待の生じる背景としては，都市部に多く，両親がそろっている家庭は半数以下であり，虐待者の続柄は母親が過半数を占めています。また，虐待者自身がその親から過去に虐待を受けた経験があると考えられる例が約4割もあり，いわゆる**虐待の世代間連鎖**の現象がみられます。さらに，虐待行為の中には，必ずしも自覚を伴わないネグレクトなども多くみられ，逆に子どもをあやしているつもりで負傷させてしまうケースなども報告されています。

▷ **虐待の世代間連鎖**
児童虐待は子どもの身体のみならず，心にも深い傷を残す。その結果，社会適応に困難をきたすばかりではなく，自らが親になったとき，さらにわが子を虐待してしまうという場合の世代間サイクルのこと。

表Ⅷ-3　改正児童虐待防止法の主な内容

[児童虐待とは]
　保護者が，18歳未満の児童に対して行う，①身体的暴行，②わいせつな行為をすること，またさせること，③著しい減食，長時間の放置，保護者以外の同居人による行為に適切な対応をとらないこと，④児童に対する暴言，拒絶的な対応，家庭における配偶者に対する暴力，心理的外傷を与える言動など。
[早期発見・早期対応]
　教師や医師，弁護士，保育士などは虐待の早期発見につとめ，虐待を受けたと思われる児童を発見した場合は速やかに児童相談所などに通告しなくてはならない。
[立ち入り調査と警察官の援助]
　虐待のおそれがある時は，児童相談所などが児童の自宅などに立ち入り調査できる。その際，警察官の援助を要請できる。
[面会・通信の制限]
　児童相談所長は，児童虐待を受けたと思われるとして児童養護施設などに入所させた子どもについて，親の面会や通信を制限できる。

2　児童虐待を防ぐために

○児童虐待防止法などの改正について

　2000年11月，児童虐待を児童の人権侵害と明記した「児童虐待の防止等に関する法律」（児童虐待防止法）が施行されました。2004年には，児童虐待防止法及び児童福祉法の改正が行われ，虐待の通告先に，それまでは児童相談所のみでしたが，新たに市町村も加えられました。この改正により，虐待を受けた児童などに対する地域の関係機関が連携を図って対応を行う地域ネットワークが法定化され，各市町村単位で設置が進められることとなりました。この法律による主な規定は，表Ⅷ-3の通りです。

　その後も，2007年の児童虐待防止法および児童福祉法の改正では，児童虐待防止対策の強化が図られるなど，児童虐待問題の実情を踏まえた法律の改正が重ねられてきています。さらに，2008年11月に成立した改正児童福祉法では，被措置児童等虐待，いわゆる施設内虐待の防止等に関する内容が盛りこまれるとともに，施設内虐待に対する通告義務と通告者の保護規定なども示されています。

○児童虐待防止への課題

　児童虐待は早期発見・早期対応がきわめて重要です。このため，身近なところでの相談体制および子育て支援体制の確保がますます必要になります。それとともに，医療，保健，教育，警察，児童委員，ボランティアといった諸機関等による地域ネットワークを充実させ，虐待の発生予防，早期発見，早期対応に努めていくことが必要です。

　また，虐待を受けた子どもの適切な保護とともに，親に対するケアも含めた子どもの家庭復帰の促進や虐待の再発防止も，ますます重要となります。そこでは，保護者への指導およびカウンセリング，家族の再統合，そしてアフターケアおよびフォローという連続した対応の充実が求められます。　（岩崎久志）

VIII 子ども家庭福祉

ひとり親家庭，女性への福祉的支援

1 ひとり親家庭の福祉

○ひとり親家庭とは

母親と子どもからなる母子家庭，父親と子どもからなる父子家庭を総称してひとり親家庭といいます。かつては，片親家庭や欠損家庭などと否定的な表現がなされていましたが，離婚の増加や近年の家族形態の多様化に伴い，両親がそろっている家庭に対置させ，中立的にこう表現されるようになりました。

ひとり親家庭は，子どもの養育と生計の維持を母親または父親が1人で担わなければならないことから，さまざまな面で困難に直面しやすいと考えられます。そこで，わが国の子ども家庭福祉においても，ひとり親家庭の子どもの健全育成と親への生活支援のために種々の施策が講じられています。

○母子家庭の現状と福祉施策

国勢調査によると，2010年10月現在では母子世帯は75万5,972世帯となっています。2005年の同調査と比較すると，6,924世帯（0.92%）増加しています（表Ⅷ-4参照）。また，母子家庭および父子家庭の実態については，厚生労働省がほぼ5年ごとに「全国母子世帯等調査」を実施しています。2011年の同調査によれば，前回の調査（2006年）と比較して，母子世帯になった理由について死別によるものの比率が減少しているのに対して，離別によるものが増加しており，じつに全体の92.5%を占めています（表Ⅷ-5参照）。

一般にひとり親家庭は，経済的，社会的，精神的に不安定な状態に置かれがちであり，その家庭の生活を支えていくためにはさまざまな配慮が必要です。ひとり親家庭および寡婦への福祉施策については，**母子及び父子並びに寡婦福祉法**に定められています。この法律は，母子家庭・父子家庭および寡婦の生活の安定と向上のために必要な措置を講じ，その福祉を図ることを目的として制定されました。この法律の対策としては，ひとり親家庭の経済的自立助成等のための母子・父子福祉資金等の貸付，母子・父子自立支援員による相談，母子福祉センターにおける生業指導，就業相談，自立支援給付金の支給や公共施設内における売店当の優先設置などの施策が行われています。

○父子家庭の現状と福祉施策

父子世帯は，2010年の国勢調査では，8万8,689世帯となっています。父子世帯になった理由をみると，2011年の全国母子世帯等調査によると離別が83.2

▷1 **寡婦**
配偶者のない女子で，かつて母子家庭の母であったもの。子どもが成人した後も，寡婦の生活は健康，収入，就業などの面で恵まれていない実情にあり，寡婦に対しても，母子家庭の母に準じた生活を保障する必要がある。

▷2 **母子及び父子並びに寡婦福祉法**
この法律は，1964年に母子世帯の実態に即した施策を総合的に行うために，母子福祉法が制定されたのが始まりであり，その後1981年に母子家庭の母であった寡婦や父子家庭もその対象に加えられ，母子及び寡婦福祉法に改称された。その後，2014年に現行の母子及び父子並びに寡婦福祉法へ改称された。

表VIII-4 母子世帯数・父子世帯数の推移

(単位：世帯)　各年10月1日現在

	平成7 ('95)	12 ('00)	17 ('05)	22 ('10)
全世帯	44,107,856	47,062,743	49,566,305	51,842,307
母子世帯	529,631	625,904	749,048	755,972
父子世帯	88,081	87,373	92,285	88,689

(注) 母(父)子世帯数の数値は，未婚，死別または離別の女(男)親と，その未婚の20歳未満の子どものみからなる世帯(他の世帯員がいないもの)数である。
資料：総務省統計局「国勢調査」。
出所：厚生労働統計協会『国民の福祉と介護の動向 2013/2014』2013年，84頁。

表VIII-5 ひとり親世帯になった理由別割合の年次比較

(単位：%)

	母子世帯		父子世帯	
	平成18年 ('06)	23 ('11)	平成18年 ('06)	23 ('11)
総　　　　数	100.0	100.0	100.0	100.0
死　　　　別	9.7	7.5	22.1	16.8
離　　　　別	89.6	92.5	77.4	83.2
離　　　婚	79.7	80.8	74.4	74.3
未婚の母(父)	6.7	7.8	…	1.2
遺　　　棄	0.1	0.4	-	0.5
行　方　不　明	0.7	0.4	0.5	0.5
そ　の　他	2.3	3.1	2.5	6.6

(注) 平成18年の総数には不詳を含む。
資料：厚生労働省「全国母子世帯調査」。
出所：厚生労働統計協会『国民の福祉と介護の動向 2013/2014』2013年，84頁。

%を占め，死別の16.8%を大幅に上回っています。父子家庭においては，母子家庭と比較すると，収入の面での問題は少ないものの，家事や子どもの養育などの面で問題をかかえていると推測されます。

父子家庭に対しては，従来から児童相談所や福祉事務所（家庭児童相談室）で相談に応じており，保育所への優先入所，児童養護施設への入所措置などが行われていました。近年の施策としては，父親が病気等の場合に介護ヘルパーを派遣する事業の対象拡大，子どもが気軽に相談できる大学生等を派遣し，育成指導を行う児童訪問援助事業，父子家庭が定期的に集い，情報交換をしたり，お互いの悩みを打ち明けたり，相談し助け合う場を設ける派遣家庭情報交換事業，父子家庭施策の周知を図るための広報事業，また，仕事などの事由によって家庭における児童の養育が一時的に困難となった場合等に，児童福祉施設等において一定期間養育・保護する**子育て短期支援事業**▷3を行っています。

2 女性福祉（婦人保護事業）

婦人保護については，売春防止法に基づく保護の必要な女子の保護更生を目的とする活動が中心となっています。

この事業における中心的な相談機関として，各都道府県に1か所，婦人相談所が設置されています。

そこでは，要保護女子に対する相談業務，要保護女子およびその家庭について調査や，医学的，心理学的，職能的判定およびこれらに付随して必要な指導，要保護女子の一時保護などを行っています。

また，男女共同参画基本法や配偶者からの暴力の防止及び被害者の保護に関する法律（通称DV法）により女性の福祉を図るための取り組みが新たな時代を迎えようとしています。

(岩崎久志)

▷3 子育て短期支援事業
2002年の母子及び寡婦福祉法の改正に伴う児童福祉法改正により現行の名称となった。児童福祉法第6条の3，第21条の9に規定される子育て支援事業の1つである。一定期間養育・保護する事業が短期入所生活援助（ショートステイ）事業であり，「保護者が仕事その他の理由により平日の夜間又は休日に不在となり，家庭において児童を養育することが困難となった場合その他緊急の場合において，その児童を実施施設において保護し，生活指導，食事の提供等を行う」（「子育て短期支援事業実施要綱」）事業が夜間養護等（トワイライト）事業である。市町村が実施主体であり，条件を満たした事業に国庫補助が行われている（山縣文治・柏女霊峰編集委員代表『社会福祉用語辞典（第9版）』ミネルヴァ書房，2013年に一部修正）。

IX 高齢者福祉

1 高齢者福祉の理念

1 「老いては子に従え」という高齢者観

○高齢期の肯定的な捉え方と否定的な捉え方

「老いては子に従え」ということわざにみられるように,従来から,高齢者は若い世代に扶養される世代と考えられてきました。高齢期は心身の健康の喪失,経済的安定の喪失,社会関係の喪失など,さまざまな喪失体験にさらされる時期であり,人生において大きな危機に直面し,保護が必要な時期とみなされています。しかし,高齢者は単に保護を受けるばかりの存在ではありません。たとえば,E.エリクソンは高齢期の**発達課題**を「統合 対 絶望」だと考えました。人生の中でさまざまな経験を重ねてきた人が,そうしたみずからの足跡を「『人生さまざまなことがあったけれど,おおむね良かった』と肯定的に意味づけることができるかどうか」という課題に直面するのが高齢期です。

○法律の中の高齢者福祉の理念

高齢者福祉を語る時,しばしば「高齢者は今の社会の基礎を築いて下さった方だから大切にしましょう」という表現が使われます。こうした考え方は,「多年にわたり社会の進展に寄与してきた者として,かつ,豊富な知識と経験を有する者として敬愛されるとともに,生きがいを持てる健全で安らかな生活を保障される」(第2条)とする老人福祉法(1963年)の基本理念にも現れています。しかし一方では,高齢者はみずから健康の保持に努め,社会活動への参加が求められ(第3条第1項),その機会が提供されるべき(第3条第2項)であると,自己管理をし,社会参加をする主体として高齢者を捉えようとしています。老人保健法(1982年)でも,「自ら加齢に伴つて生ずる心身の変化を自覚して常に健康の保持増進に努める」(第2条)と高齢者に健康面の自己管理を求めています。

このように,みずからのもっている能力を十分に発揮し,社会にさらに寄与することで生きがいをもった生活を送るという高齢者観は,高齢社会のあり方を定める高齢社会対策基本法(1995年)の,国民が生涯にわたって「就業その他の多様な社会的活動に参加する機会が確保」され,「社会を構成する重要な一員として尊重」され,「健やかで充実した生活を営む」ことができる社会の構築が必要であるとする基本理念(第2条)にもみられます。そして,これらは「就業,所得,健康,福祉,学習,社会参加,生活環境」などの各分野で推

▷1 エリクソンの発達課題
乳児期:信頼 対 不信
幼児期:自律性 対 恥,疑惑
遊びの時期:積極性 対 罪悪感
学童期:生産性 対 劣等感
青年期:同一性 対 同一性拡散
若い成年の時期:親密さ 対 孤独
成年期:生殖性 対 沈滞
老年期:統合性 対 絶望
中西信男編『人間形成の心理学』ナカニシヤ出版,1989年,12〜17頁より。

▷2 1982年に制定された老人保健法が廃止され,2008年度より「高齢者の医療の確保に関する法律」に基づき,長寿医療制度(後期高齢者医療制度)で対応している。

進される必要があると考えられています（前文）。

❷ 「活力ある高齢者像」という高齢者観

　1999年の国連・国際高齢者年[3]では，「すべての世代のための社会を目指して」(towards a society for all ages) をテーマに，高齢者の自立（仕事や他の手段で収入を得る機会をもつことができる），参加（政策の決定，地域活動やボランティアへの参加ができる），ケア（医療や介護，保護を受けることができる），自己実現（自己の可能性を発展させることができる），尊厳（肉体的，精神的虐待がなく，公平に扱われる），を実現する社会をつくりあげることが目指されました。

　日本では，高齢化率が7.1％になった1970年に『厚生白書』が「高齢者問題」をテーマとして取り上げ，「老人はともすると繁栄の中に取り残された階層になりがち」[4]と指摘しています。そして，その後の少子高齢社会の到来に対してさまざまな対策が講じられてきました。1999年に策定されたゴールドプラン21では「『高齢者の世紀』である21世紀を明るく活力ある社会とするために，可能な限り多くの高齢者が健康で生きがいをもって社会参加できるよう，『活力ある高齢者像』を構築する」ことを目指し，**4つの基本的な目標**[5]を掲げています。また，2000年4月から施行された介護保険法においても，「高齢者の有する能力に応じた自立した日常生活」（第2条第4項）の支援が目指されるとともに，国民に「要介護状態になることの予防」，「健康増進に努める」，「能力の維持向上に努める」ことを求めています（第4条）。さらに，『**2015年の高齢者介護**』[6]では「日常生活における身体的な自立の支援だけではなく，精神的な自立を維持し，高齢者自身が尊厳を保つことができるようなサービスが提供される必要」と「自立支援」の根底に「尊厳の保持」があると指摘されています。そして，個々の高齢者の状況やその変化に応じて，介護サービスを中核に，医療をはじめ様々な支援が継続的かつ包括的に提供される仕組みである地域包括ケアシステムの構築の必要性が示されました。2011年には介護保険法に「国及び地方公共団体は，被保険者が，可能な限り，住み慣れた地域でその有する能力に応じ自立した日常生活を営むことができるよう，保険給付に係る保健医療サービス及び福祉サービスに関する施策，要介護状態等となることの予防又は要介護状態等の軽減若しくは悪化の防止のための施策並びに地域における自立した日常生活の支援のための施策を，医療及び居住に関する施策との有機的な連携を図りつつ包括的に推進するよう努めなければならない」（第5条第3項）とする地域包括ケアの理念が位置づけられました。すべての人にとって老いは避けられないものですが，たとえ老化による機能低下があるとしても，その人らしく暮らし続けることを支える社会のシステムを構築していくことが，現在の，そしてこれからの高齢者福祉の重要な課題なのです。

（福富昌城）

▷3　国際高齢者年 (International Year of Olderpersons)
英語表記が「高齢者のための (for Olderpersons)」ではなく「高齢者の (of Olderpersons)」となっているところに注目したい。こうしたところにも，高齢者が主役であるとする考え方が表れている。ちなみに10月1日は「国際高齢者の日」と定められた。

▷4　厚生省監修『厚生白書（平成12年版）』ぎょうせい，2000年，158頁。

▷5　4つの基本的な目標
①活力ある高齢者像の構築
②高齢者の尊厳の確保と自立支援
③支え合う地域社会の形成
④利用者から信頼される介護サービスの確立

▷6　2015年の高齢者介護
高齢者介護研究会が2003年にまとめた報告書。ポスト「ゴールドプラン21」の策定の方向性，中長期的な介護保険制度・高齢者介護のあり方を検討し，尊厳を支えるケアの確立，介護予防・リハビリテーションの充実，ユニットケアの普及，小規模・多機能サービス拠点の提言などを行った。

IX 高齢者福祉

2 高齢者福祉の法律と実施体系

1 高齢者福祉の主要三法と実施体系

高齢者福祉における制度や**社会資源**のあり方を規定するなど，高齢者福祉実施の柱となる法律は老人福祉法です。老人福祉法は，社会福祉六法の5番目の法律として，1963年に制定されました。それまでの高齢者福祉は，生活保護法や国民年金法に基づいて実施されているだけで，金銭的な援助や，施設では**養老院**しか社会資源はありませんでした。この老人福祉法制定を契機に，全国で特別養護老人ホーム等の各種老人ホームが設立されたり，ホームヘルプ制度が根づいていくことになります。老人福祉法は，高齢者福祉の基幹法・基本法としての機能をもつ法律です。

1980年代に入ると，65歳以上の高齢者の人口比率が10％を超え，それに伴って高齢者の保健や医療に関する施策を抜本的に整備する必要に迫られてきました。そこで，1982年，高齢者の保健医療の専門の法律である老人保健法が制定されました。その老人保健法は，高齢者の医療の確保に関する法律と名称を変え，高齢者の保健医療の領域を専門分化した新たな社会資源も規定した法律となりました。

さらに，1990年に入っても，高齢者の人口は増加し続け，介護が社会問題化し始めました。そこで，介護に関する施設やサービスは，一連のゴールドプラ

▶1 **社会資源**（social resource）
狭義では，福祉の施設・機関や専門職，さらに具体的な福祉サービスや設備を指す。広義にとらえると，法律・制度，地域社会の病院や学校，さらに住民等も含むマンパワー，あるいは専門の技術・方法までを指す。

▶2 **養老院**
老人福祉法が制定される以前の老人ホームの総称。明治時代から各地で設立された（聖ヒルダ養老院等）。救護法や生活保護法を根拠法とする救貧的な機能をもつ施設。老人ホームを表す俗称として残っている。

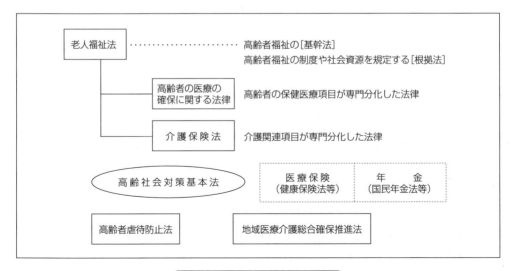

図Ⅸ-1 高齢者福祉関連法律体系

ンで整備される一方，施設の運営費等の財源の確保は社会保険制度で対応することになりました。これが，介護保険制度です。この介護保険制度を運営・規定するために，1997年，介護保険法が制定されました（制度開始は，2000年4月）。介護保険法は，介護の問題に専門的に対応する法律です。

このように，現在の高齢者福祉は，老人福祉法を中心に，保健医療は高齢者の医療の確保に関する法律，介護は介護保険法という体系になっています（図IX-1）。

2 老人福祉法

老人福祉法は，その名の通り，高齢者の福祉の増進や，心身の健康の保持，生活の安定を目的に制定された法律で，高齢者福祉に関する限り憲法のような存在です。

暦年齢の65歳や60歳を1つの基準とした施設やサービスが多いのも特徴です。

老人福祉法は，項目ごとに6章（第43条と附則）構成になっており，各種老人ホームや居宅介護等が規定されています。

▶3 老人福祉法の基本的理念
高齢者を敬愛し，かつ生きがいを持てる健全で安らかな生活や，社会的活動への参加の機会を保障している。

3 高齢者の医療の確保に関する法律

この法律は，高齢者の医療に関する専門法です。「医療費の適正化の推進」や65歳から74歳を対象にした「前期高齢者に係わる保険者間の費用負担」，さらに75歳以上を対象にした「後期高齢者医療制度」について明記されています。

4 介護保険法

介護保険法は介護の専門の法律で，介護保険制度の運用を目的にしたものです。介護保険制度の開始により，介護サービスに関しては，老人福祉法よりも介護保険法の適用が優先されることになりました。

5 高齢者福祉の関連法

超高齢社会を迎えるにあたって，高齢社会対策基本法（1994年）が作られました。この法律は，高齢者の就業および所得，健康および福祉，さらに社会参加や生活環境に関する基本指針や理念を内容とした法律です。一方，40年以上にわたり高齢者の生活基盤を支えてきた法律では，医療保険制度の国民健康保険法や健康保険法等の保険各法や，年金制度の国民年金法，厚生年金保険法等の年金各法があげられます。

2006年，「高齢者虐待防止法」が施行されました。家族や専門職からの虐待行為から，高齢者を守ります。2015年「地域医療介護総合確保推進法」が施行され，今後の高齢者福祉は「地域包括ケアシステム」が中心となっていきます。

（前田崇博）

IX 高齢者福祉

 介護保険制度

1 介護保険制度の社会的役割と意義

　介護保険制度は，40歳以上の国民から徴収する保険料を財源に，地方自治体が介護を必要とする高齢者等に介護サービスを提供する制度で，2000年4月より開始されました。この制度は，介護に要する費用を社会保険方式でまかなうという，ドイツの公的介護保険をモデルにした新しい社会保障制度です。

　介護保険は，制度的には医療保険の介護目的利用の防止や，一連のゴールドプランで増設された施設の運営費・人件費の確保という役割を果たしています。また，利用者が自由に施設やサービスを選択し，契約するというシステムも構築しました。また，介護保険の内容も少しずつ改定されてきています。

　介護保険制度については，3年ごとに制度が見直されます。

①2003年の改正…「認知症」に関わる内容が重視されました。

②2006年の改正…「介護予防」の新しいサービスとして，筋力トレーニングや転倒防止訓練，口腔ケア，栄養指導が加わりました。また，施設に関して「食費」「居住費」が全額自己負担となりました。

③2009年の改正…「ターミナルケア」に関する加算が体系的に設定され，終末期＝死に関する対応も盛り込まれました。

④2012年の改正…「24時間対応の定期巡回・随時対応サービス」や「複合型サービス」といった「全日型対応」のものが新設されました。

⑤2015年の改正…「特養の入所基準」引き上げ，「自己負担」の引き上げ，「低所得者向けの保険料の軽減措置」や「地域包括支援センターの機能強化」といったことが盛り込まれました。

2 介護保険の構成要素

○保険者

　介護保険の実質的な運営は市町村（特別区も含む）が担当します。社会保険制度では，このような運営の主体を保険者と呼びます。保険者である市町村は，保険料の徴収や**被保険者証**等の発行も実施します。また，介護保険のさまざまな業務の担当機関としての機能を果たします。

○被保険者

　介護保険の保険料の支払い義務があり，介護保険の給付の対象となる資格を

▷1　被保険者証
一般には，「保険証」という。65歳以上の高齢者には全員に配布されるが，認定審査を受け，介護が必要と認められ，かつその結果が明示されたものでないと使用できない。

有する者を被保険者と呼びます。被保険者のうち，65歳以上の者を第1号被保険者，40歳以上65歳未満の医療保険加入者を第2号被保険者と類別しています。

被保険者は，原則として全員が保険料を支払うことになりますが，全員が介護保険の給付（サービスの利用）を受けられるとは限りません。身体項目を中心とした調査・認定の過程を経て，介護が必要な状態にあると当該市町村が認めなければ，介護保険の給付対象にはなりません。たとえば，介護保険のサービス利用希望が強くても元気で介護が必要でない人や，寝たきり状態でも調査・認定を受けない人は，介護保険は利用できないのです。

介護保険の利用対象者は次のような状態の人に限定されます。

①第1号被保険者（65歳以上）で，「要介護」「要支援」の者（介護が必要，認知症，虚弱等）

②第2号被保険者（40～64歳）で，初老期認知症，骨粗鬆症，脳血管障害（脳梗塞，脳血栓，脳出血等）の**特定疾病**が原因で要介護，要支援状態になった者に限定されます（先天性や事故が原因の身体障害者は介護保険は利用できません）

◯保険料と財源

第1号被保険者が支払う保険料は，市町村ごとに定めるために，その金額に地域格差があります。施設の数が多い地域や介護の必要な高齢者の多い地域が概して高くなります。市町村が基準額を設定し，年間の所得に応じて保険料を徴収します。

第2号被保険者の保険料は，医療保険の保険料と併せて徴収されます。金額の算定は本人が加入している医療保険の種類によって違います。

このように徴収された保険料が，介護保険の財源の半分を構成します。残りの半分は，国・都道府県・市町村がそれぞれ負担します。具体的には，保険料収入50％（1号保険料21％，2号保険料29％），公費50％（国25％，都道府県・市町村各12.5％）となります。

3 介護保険の仕組み

◯申請と要介護認定【一次判定】

介護保険申請に際しては，本人（代理申請を委託した家族や事業者）が介護保険申請書を作成し，被保険者証を市町村の窓口に提出します。

そして，後日市町村の職員である**訪問調査員**が自宅を訪問して本人と面接をします。調査項目は，具体的には，歩行や入浴，食事，排泄，着脱衣といった日常生活動作から，視力，聴力，麻痺の程度や部位といった内容と，点滴管理や透析等の特別な医療に関する内容です。関連質問も含めて約70項目に及ぶ調査票のデータをコンピュータに入力し，本人が一日の介護に要する時間を算出し，おおむねの要介護度を判定します。

▷2 特定疾病一覧
- がん（末期）
- 関節リウマチ
- 筋萎縮性側索硬化症
- 後縦靱帯骨化症
- 骨折を伴う骨粗鬆症
- 初老期における認知症（アルツハイマー病，脳血管性認知症等）
- 進行性核上性麻痺，大脳皮質基底核変性症及びパーキンソン病
- 脊髄小脳変性症
- 脊柱管狭窄症
- 早老症
- 多系統萎縮症（シャイ・ドレーガー症候群等）
- 糖尿病性神経障害，糖尿病性腎症及び糖尿病性網膜症
- 脳血管疾患（脳出血，脳梗塞等）
- 閉塞性動脈硬化症
- 慢性閉塞性肺疾患（肺気腫，慢性気管支炎，気管支喘息，びまん性汎細気管支炎）
- 両側の膝関節，または股関節に著しい変形を伴う変形性関節症

介護保険では政令により上記の16の疾病・疾患群が「特定疾病」として定められている。
※難病として指定されている「特殊疾病」とは必ずしも一致するものではない。

▷3 訪問調査員
原則は，市町村の職員であるが，訪問調査を民間の指定居宅介護支援事業者に委託している場合は，介護支援専門員（ケアマネジャー）の有資格者に限定される。

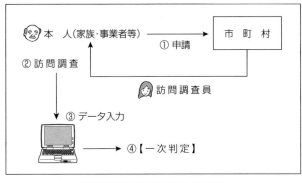

図IX-2　申請並びに一次判定

○要介護認定【二次判定】

　一次判定の結果がでると、次に**介護認定審査会**が開かれます。

　この審査会では、本人の主治医が作成する意見書も審査・判定の資料とします。意見書には時系列的な内容も網羅されていることが多く、一次判定が覆ることもあります。

　一次判定結果が適正なものかを議論した上で、審査・判定を行い、本人が、最終的に「自立（非該当）」、「要支援1～2」、「要介護1～5」、のどの段階にあたるのかを判定します。

　申請から二次判定の結果の通知まで30日以内で行われます。認定結果の有効期間は3～24か月です（原則6か月）。認定結果に不満がある場合は、**介護保険審査会**に不服申し立てを行うことができます。

▷4　介護認定審査会
市町村が設置する審査会で、医療、保健看護、福祉の専門家3～5名で構成される合議制の委員会。具体的には、当該地域で就業する医師、保健師、看護師、施設職員、大学の教員等が任命される。

▷5　介護保険審査会
認定結果に関しての不服申し立てを審議・裁決する機関で、各都道府県に1か所ずつ設置される。被保険者代表、市町村代表、公益代表者から組織される。

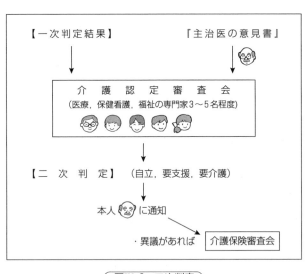

図IX-3　二次判定

○要介護状態区分（要介護度）

　二次判定の結果、本人の要介護の程度（要介護状態区分）が認定されます。介護の必要が認められないと判断されれば「自立（非該当）」、介護ではなく何らかの支援が必要となれば「要支援1～2」、介護が必要と認められれば「要

介護1～5」と認定されます。要介護1は，部分的な介護を要する状態で，数字が大きくなるほど重度化し，要介護5は最重度で全面介助が必要なレベルとされます。介護保険制度では，「要介護1～5」は施設・居宅サービスとも利用できます。この給付を「介護給付」と呼びます。「要支援1～2」，対象の給付を「予防給付」と呼びます。「自立」の場合は両方とも利用できません。また，その要介護度により，介護保険で1か月間に利用できる金額の上限が決められたり，地域によっては独自に**市町村特別給付**△6が実施されることもあります。

◯介護サービス計画作成とサービスの種類

本人（または家族）自らが選んだ指定居宅介護支援事業者の**介護支援専門員（ケアマネジャー）**△7が，個別の介護の組み合わせである介護サービス計画を作成します。介護支援専門員からさまざまなサービスに関する情報を提供してもらいながら，自分が最適だと思う介護サービス計画を作成してもらいます（個人作成も可）。その際，本人は今後の生活の場を施設にするのか居宅にするのかを自分で決めます。介護保険では，利用料

▷6　市町村特別給付
地域の実情に応じて，市町村が条例で定める独自の給付で，規定の回数以上の基準を設定する「上乗せ」や配食等の独自のサービスを実施する「横出し」がある。

▷7　介護支援専門員（ケアマネジャー）
社会福祉士や介護福祉士，医師や看護師，さらに薬剤師や各種療法士等で実務経験5年以上，かつ指定の試験に合格した者である。国家資格ではないものの，介護サービス計画（ケアプラン）作成に関しては業務を独占している。

表IX-1　介護保険で利用できる社会資源

居宅	①訪問介護（ホームヘルプ） ②訪問入浴介護 ③訪問看護 ④訪問リハビリテーション ⑤通所リハビリテーション（デイケア） ⑥居宅療養管理指導 ⑦通所介護（デイサービス） ⑧短期入所生活介護（ショートステイ） ⑨短期入所療養介護（ショートステイ） ⑩認知症対応型共同生活介護（グループホーム） ⑪特定施設入所者生活介護（有料老人ホーム等） ⑫福祉用具貸与・購入費支給 ⑬住宅改修費の支給 ⑭小規模多機能型居宅介護 ⑮定期巡回・随時対応型訪問介護看護 ⑯複合型サービス（看護小規模多機能型居宅介護）
施設	(1)介護老人福祉施設（特別養護老人ホーム） (2)介護老人保健施設（老人保健施設） (3)介護療養型医療施設（療養型病床群等）

金にあたる利用者負担金は，介護給付費の1割（場合によっては2割）の額です（介護サービス計画作成のみ無料）。

◯新しい社会資源

最近は近隣利用者を対象とした「地域密着型」の資源が増加する傾向（地域密着型介護老人福祉施設等）と，さまざまなサービスを組合わす，以下のような「総合型」の資源も一気に広がってきています。

「小規模多機能型居宅介護」…小規模な建物で少人数の利用者に通所，訪問，泊まりの介護サービスを提供します。これに訪問看護を組合わすと「複合型」と呼ばれます。「定期巡回・随時対応型訪問介護看護」…24時間体制で介護・看護職員が訪問します。

◯介護保険施設

介護保険が適用される入所型施設（介護保険施設）としては，特別養護老人ホームが介護保険適用のため衣更えした介護老人福祉施設，病院と老人ホームの中間的機能をもつ介護老人保健施設，いわゆる老人病院・老人病棟が施設化した介護療養型医療施設があります。

（前田崇博）

IX 高齢者福祉

 高齢者保健福祉施設の体系

1 高齢者保健福祉施設の区分

　高齢者保健福祉施設の多くは，老人福祉法に基づいています。しかしながら，介護保険制度導入により，老人福祉法の施設でも介護対応型のものは介護保険法でも重複して規定されることになりました。さらに，保健医療系の施設も介護保険法に加えられました。そのため，現在の高齢者福祉施設は，老人福祉法に規定される老人福祉施設と，介護保険法に規定される介護保険施設に大別されます。

2 老人福祉施設（入所型）

　老人福祉法を根拠法とする入所型施設には，特別養護老人ホーム，養護老人ホーム，**軽費老人ホーム**があります。また，私的契約型の**有料老人ホーム**も老人福祉法に規定されています。

▷1　軽費老人ホーム
軽費老人ホームは，60歳以上の高齢者を対象とした比較的低額の生活寮的な施設で，A型（給食サービス付），B型（自炊），C型（ケアハウス）がある。契約施設で，基本的に入院治療の必要がなく，ある程度身辺自立が可能な高齢者が入所する施設。ケアハウスは，介護利用型軽費老人ホームともいわれ，介護に対応できる設備が整備されている。

▷2　有料老人ホーム
原則として60歳以上の高齢者を対象にした老人ホーム。これまで，平均数千万円の入居金が必要だったが，無料・低額の所も増えている。逆に，数億円かかる所もある。①介護付き，②住宅型，③健康型がある。

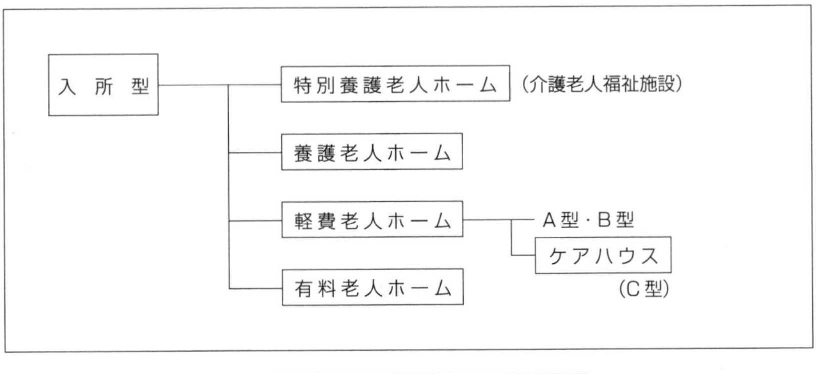

図IX-4　老人福祉法における入所型施設

○特別養護老人ホーム（介護老人福祉施設）
　原則65歳以上の高齢者で，身体上または精神上著しい障害を有し，かつ在宅での生活が困難な者，つまり日常生活を送るに際して介護の必要な要介護高齢者を対象にした介護機能を有した老人ホームです。
　設備，職員ともに，移動や食事，入浴から排泄，着脱衣に至るまで，介護の対応可能な体制ができています。介護保険法の実施により，措置施設としての機能は低所得者についてのみで限定的となり，介護老人福祉施設として契約型の展開に変化しています。

◯養護老人ホーム

原則65歳以上で，住宅事情等の環境的理由や収入等の経済的理由で在宅生活が困難な高齢者が入所する老人ホームです。原則，介護対応機能は有していません。そのため，介護保険法では施設ではなく個人の「住居」として扱われ，居宅サービスの特定施設入所者生活介護の対象となります。

3 老人福祉施設（通所型・利用型）

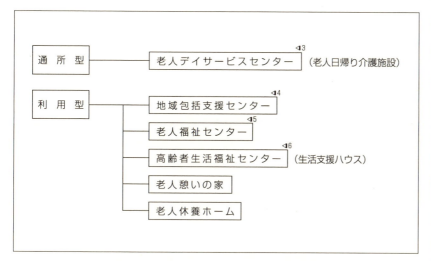

図IX-5 老人福祉法における通所・利用型施設

4 介護保険施設

◯介護老人福祉施設
前頁の特別養護老人ホームのことです。

◯介護老人保健施設
病状安定期にあって入院治療は必要としないものの，機能訓練や看護，介護を必要とする要介護高齢者が利用する施設です。

食事，入浴等の各種日常生活援助に加え，機能訓練（リハビリテーション）や医療ケアを体系的に実施しています。

病院と施設の中間的機能を有しているため中間施設と呼ばれたり，家庭復帰を念頭に入れていることから通過施設とも呼ばれます。

◯介護療養型医療施設
介護と医療を必要とする要介護高齢者のための施設です。医療保険対象のものは存続，介護保険対象のものは2017年度末の廃止に向けて，「新型老人保健施設」への移行が進んでいます。

(前田崇博)

▷3 老人デイサービスセンター
老人日帰り介護施設の名称通り，日帰りで入浴，食事，レクリエーション等を利用する施設。介護保険では「通所介護」の施設として指定されている。

▷4 地域包括支援センター
高齢者およびその家族の相談等に応じる機関である。人口2～3万人，中学校区を中心に設置される。保健師，社会福祉士，主任ケアマネジャーのチームで運営する。「介護予防」関連のケアプラン作成や高齢者虐待の問題にも対応する。

▷5 老人福祉センター
地域の高齢者の相談対応や健康増進，レクリエーション等の提供を行う施設。地域の高齢者が気軽に集まれる公的施設である。人口10万人単位で設置されるA型（標準型）をはじめ，教養講座や老人クラブ中心のB型，浴室や図書設備もある大型の特A型がある。

▷6 高齢者生活福祉センター
もともとは，山村や離島などの過疎地に設置される総合施設。介護支援や交流，居住を目的としたもので，都市部でも，小規模デイサービスや小規模ホーム的な施設が誕生している。

IX 高齢者福祉

5 在宅福祉サービスの基盤整備

1 在宅福祉サービスへの注目

　日本において，在宅福祉サービスが注目され始めたのは1970年代の中頃でした。それ以前は，介護などの直接サービスを必要とする利用者に対しては，施設入所中心の援助が行われていました。各種の福祉サービスの基盤整備は国の責務と考えられていましたが，福祉サービスの適用は自助努力や家族・親族の扶養・支援が受けられない人たちに狭く限定され，そのためサービスは量的な拡大がしにくい状況にありました。国民としての最低限度の生活水準である**ナショナルミニマム**▷1（national minimum）を支える福祉サービスの水準確保の論議は，**シビルミニマム**▷2（civil minimum）論議へと発展していきますが，この論議は1970年代以降の低成長経済の中で十分に根づきませんでした。

　福祉サービスの関心が「在宅福祉」に向けられていくのは1979年の『在宅福祉サービスの戦略』▷3の出版と前後します。従来から制度としてあった家庭奉仕員派遣事業（ホームヘルプサービス）に加えて，ショートステイ事業（1978年），デイサービス事業（1979年）が開始され，後に在宅三本柱と称されるサービスの枠組みが出揃ってくるのがこの時期です。1980年代に入り，住み慣れた地域社会で暮らし続けたいという国民の願いや，国際障害者年（1981年）を契機として，本格的に紹介されるようになったノーマライゼーションの考え方の浸透などから，地域で暮らし続けることへの関心が高まってきます。

2 ゴールドプラン以降の施策整備

　実際に各種のサービスメニューが量的に整備されてきたことに大きく関係するのがゴールドプランの策定です。高齢社会の到来に対する社会資源の基盤整備を含めた社会システムの整備が緊急の課題となってきた1980年代，国は厚生・自治・大蔵三大臣合意のもとに「高齢者保健福祉推進10か年戦略（ゴールドプラン）」（1989年）を策定しました。この計画は，1999年度時点での整備目標となる目標値を設定して，サービスの基盤整備に努めるという点が画期的でした。ゴールドプランは，全国の市町村老人保健福祉計画が出揃った1994年に新ゴールドプランへと改編され，基本理念の明記，プラン全体の目標値の拡充と新たなサービスメニューの追加が行われました。

　そして，新ゴールドプランが終了し，介護保険制度の導入をにらんだ1999年

▷1　ナショナルミニマム
ウェッブ夫妻（Webb, S. J. & Webb, B. P.）によって提唱された考え方。現代の社会保障政策ではナショナルミニマムの保障を基本的な理念としているが，その水準は国家の発展段階などにより異なる。
⇒ I-1, VII-4 参照。

▷2　シビルミニマム
ナショナルミニマムが国民としての最低限の生活水準の保障を考えたのに対して，市民レベルの最低限の生活水準の保障の考え方。この場合，その水準の保障は地方自治体が担うことになる。

▷3　全国社会福祉協議会編『在宅福祉サービスの戦略』全国社会福祉協議会，1979年。

には、新たに5年計画のゴールドプラン21が策定されました。

3 在宅福祉サービスの基盤整備と社会福祉計画

近年、こうした社会資源の基盤整備において、サービスの計画的整備が行われるようになりました。もちろん、老人保健福祉計画、**介護保険事業計画**、児童育成計画、障害者計画など、高齢者・児童・障害者の主要な3領域の計画で策定義務の課せられ方には違いがありますが、ニーズ調査に基づいてどういった資源がどれだけの量必要なのかを明らかにし、それを計画的に整備していく手法が導入されてきたことは、注目すべき点です。

また、基礎自治体である市町村の役割が大きくなっていることにも注意しなければなりません。「地方自治の実験」といわれた介護保険制度は、地方自治体が住民のために必要な社会資源整備の責任を担う点で重要なものです。これについては、必ずしも成功しているとはいえませんが、市町村介護保険事業計画では、市町村に住む高齢者のうち、要介護高齢者数と彼らが必要としている介護サービスを算出し、必要な社会資源整備を進めることは市町村の重要な仕事です。さらに、従来事業の認可は都道府県の仕事でしたが、地域密着型サービスについては市町村が事業者の指定や指導・監査を行います。障害者福祉施策においても都道府県の中に人口30万人の障害保健福祉圏域を設定し、より住民の生活に近いところでの社会資源整備を検討していきます。

このような資源の計画的整備においては、サービス利用者や市民の意見を反映することが重要です。たとえば、介護保険事業計画では計画策定にあたって被保険者である市民を策定委員会の委員のメンバーとすることになっています。こうした仕組みによって、単に提供者側の論理でサービスの整備が行われるだけでなく、利用者側の論理が反映される可能性が広がるのです。

在宅福祉サービスは市町村や社会福祉法人以外にも、福祉公社、生協、農協、民間企業など、さまざまな組織が担っています。また、各種の当事者団体がさまざまなサービスを組織し、必要とする当事者に提供しています。いずれにおいても、サービスの質を高める努力が不可欠です。それは、利用者にとって使いやすく、利用者の生活支援に有効に機能するものでなければなりません。そのためには、サービス提供機関がみずからのサービスを自己評価し、質の向上を図ることや苦情対応の仕組み、第三者からの評価を用いて、利用者・当事者の声をサービスに反映させる努力が必要になります。このように、在宅サービスの基盤整備において、量的な面だけでなく、福祉ニーズを担っている人に使いやすい在宅福祉サービスの整備という質的な面も重要になってくるのです。

（福富昌城）

▷4 介護保険事業計画
保険給付の円滑な実施のための基本指針を定める計画で、3年ごとに5年を一期として策定する。市町村介護保険事業計画はサービスの見込み量、整備計画等を、都道府県介護保険事業支援計画はそれらに加えて人材確保・資質向上のための事業等についても定める。

▷5 大澤隆「分権化と地域福祉」山縣文治編『別冊発達25 社会福祉法の成立と21世紀の社会福祉』ミネルヴァ書房、2001年、91頁。

IX 高齢者福祉

介護システムとケアマネジメント

1 新しい高齢者介護システムとしての介護保険制度

○サービス供給主体の多元化と競争の導入

2025年に人口高齢化のピークを迎える日本にあって，高齢社会対策は大きな課題でした。これに対して，従来家族によって担われていた介護の社会サービス化と高齢者の自立支援という理念，さらに医療保険から介護を分離させることで**社会的入院**によってふくらむ老人医療費高騰を抑制するという医療政策のねらいを受け，2000年4月より介護保険制度が施行されることになりました。

介護保険制度は，65歳以上の高齢者（第1号被保険者）と40歳以上65歳未満の者（第2号被保険者）を被保険者とし，要介護状態となったことを保険事故とする社会保険制度です。保険者は市町村および特別区であり，保険者は制度の運用を図るとともに，当該自治体内における各種の介護保険給付を行うサービス事業所の誘致等，サービスの基盤整備の責任等を担っています。また，各種のサービス事業所は，①法人格をもつ，②事業の人員基準を満たしている，③事業の運営基準を遵守するという3つの条件をみたせば都道府県知事の指定を受けることができます。

○サービスの選択を支援するケアマネジメント

多様なサービス供給主体の整備によって，介護サービスの利用者である被保険者に対してサービスをみずからの意思で選択できる仕組みが用意されることになりました。しかし，すべての被保険者がサービスをうまく使いこなせるわけではなく，被保険者のサービス選択を支援するための仕組みとして，**ケアマネジメント**が組み込まれました。

介護保険制度におけるケアマネジメントは，要介護者および要支援者が介護サービスを適切に利用できるよう，その依頼を受けて居宅サービス計画を作成し，その計画に基づく介護サービスの提供が確保されるように，サービス事業者等との連絡調整等を行うもの（介護保険法第8条第23項）です。被保険者が「可能な限り居宅で」生活を続けられるように，利用者に必要なサービス・支援活用の調整を図ることが，介護支援専門員の役割になります。

2 ケアマネジメントとは

ケアマネジメント（care management）は，複数で多様なニーズを抱え，独

▷1　社会的入院
本来，治療を要する病気はないが，家庭で介護することができないために要介護者が病院に入院すること。福祉サービスの受け皿の不足を医療機関が肩代わりしている形となるが，医療費の高騰につながること，利用者の生活という面から，好ましい状況ではないと考えられる。

▷2　ただし，保険給付を使えるのは特定疾病により要介護状態となった者に限定。

▷3　ケアマネジメント
もともとは，精神障害者の脱施設化に伴い，彼らの地域生活支援のために生み出されてきた援助方法。アメリカではケースマネジメントと称され，イギリスでは管理（マネジメント）するのはケース（人）ではなくて，その人が必要としているケアであるという意味合いで，ケアマネジメントと称されている。

力ではそのニーズを満たすための援助を入手できない人に対して「種々のニーズを，制度化されているサービスやインフォーマルなサポート，さらにはクライエントの能力と適切に連結させて，クライエントのニーズを充足させる援助」の方法です。その機能はアセスメントとプランニングを中核としたニーズと資源の接合（linkage）だと考えられています。

ケアマネジメントのプロセスにそって，その役割と介護支援サービスとしての特徴について説明しておきます。

①**入口**：介護保険制度では要介護認定を受けた被保険者からの居宅サービス計画作成の依頼があって，介護支援サービスが始まります。

②**アセスメント**（課題分析）：利用者の生活全般にわたる情報を収集し，その情報を分析する中からニーズを把握していくことがアセスメントの課題です。ニーズはケアマネジャーが専門職の立場から一方的に把握するものではなく，何がニーズとなるのかを利用者とよく話し合うなかで把握していくことが大切です。また，アセスメント段階で情報収集を支援するために**アセスメントシート**を活用することも特徴の１つです。

③**プランニング**：利用者がどこで，どのような暮らしを送りたいのか，その阻害要因は何で，それはどうして起こってくるのかを把握し，ケアプランの目標を定めるアセスメントを経てその目標に沿って個々のニーズを充足するためのサービス・支援を結びつける計画（居宅サービス計画）を作成します。ケアプラン作成の過程で，ケアマネジャーは利用者にケアプラン（原案）を提示し，利用者と話し合って，その意向や希望，許容される負担額等が十分反映されるものを作成します。

④**ケアプランの実施**：ケアマネジメントではサービスの仲介や実施と呼ばれるもので，ケアプランに位置づけた各種のサービス・支援を実際に使えるように，サービス提供者・機関にサービス提供を依頼・調整します。

⑤**モニタリング**（継続的な把握）：ケアプランが実施された後，そのプランが有効に機能しているかどうかをチェックするのがモニタリングです。その視点は①目標が達成されているか，②導入したサービスがケアプラン通りに提供されているか，③利用者のニーズが変化してはいないか，を確認することにあります。この３点のいずれかに問題があると，それは利用者に提供されるサービスとニーズの間にミスマッチ状態が起こっていることになります。その場合には，利用者に最適なサービスが提供されるように再アセスメントを行い，ケアプランの修正をします。

⑥**終結**：利用者が援助を必要としなくなった時に，ケアマネジメントの提供は終結します。それは長期入所や利用者の死去の他，利用者が援助を利用した経験を通して自力でマネジメントできるようになった場合も考えられます。

こうしたケアマネジメントの援助の重要な点は窓口一本化と**ニーズ優先アプ**

▷4　白澤政和「海外文献紹介 Raymond M. Steinberg and Genevieve W. Carter *Case Manegement and the Elderly*」『地域福祉研究』no.14，日本生命済生会社会事業部，1986年，76頁。

▷5　アセスメントシート
利用者のニーズを把握するために行われる情報収集や，その収集した情報を整理することを支援する道具（tool）として開発されたもの。必ずしもアセスメントシートを使わなければケアマネジメントができないというわけではない。

> 6 ニーズ優先アプローチ
社会資源の活用の際，利用者のニーズに対応した社会資源を結びつけようとする考え方。この反対は，サービス提供側の都合によって提供される社会資源の種類や量等が決められるサービス優先アプローチである。

ローチだといえるでしょう。従来，複数のニーズを抱えた利用者は，それぞれのニーズに対応するサービス提供機関と個別に関係を取らねばなりませんでした。しかし，ケアマネジメントを活用することで，利用者はケアマネジャーという1つの窓口を通じて各種の必要なサービス・支援を入手することができるようになります。さらに，利用者のもつニーズを明確にすることで，そのニーズを充足できる社会資源を的確に結びつけることができます。これによって，サービス利用の欠落や重複を防ぎ，利用者のニーズを中心とした支援活動を展開することができます。

3 ケアマネジメントの課題

　介護支援専門員という要介護高齢者の相談窓口が格段に増えたことは制度導入の成果といえます。しかし，介護支援専門員の力量の差が大きいことや母体施設への利益誘導の危惧等に加えて，ケアプランが利用者の自立支援に十分に役立っていないという批判もあり，介護支援専門員の質の向上の必要性が指摘されています。また，『2015年の高齢者介護』では地域包括ケアという考え方が示されました。これは主治医との連携によるケアマネジメントの展開を中核として，入退院やターミナルケア等利用者の状態に対応した継続的なケアマネジメント，介護サービス以外のさまざまな支援を必要とする困難事例等への支援，多職種協働，支援体制への住民参加等をその内容とするものです。さらに2006年度からは介護保険制度改正に伴い地域支援事業が創設され，①介護予防ケアマネジメント（要介護状態になることの予防），②総合相談・支援事業（地域の高齢者の実態把握，介護以外の生活支援サービスとの調整等），③権利擁護事業（高齢者虐待の防止），④包括的，継続的マネジメント事業（困難事例に対する介護専門員支援，地域のネットワークづくり等）を内容とする包括的支援事業を担う地域包括支援センターが設置されました。これによって，介護支援専門員には保険給付の枠内でケアプランを立てるというようなケアマネジメントだけでなく，入退院・所時の支援からターミナル期の利用者への支援，介護放棄・虐待や地域からの孤立等のさまざまな困難事例への対応（当然，介護保険給付の枠を越えた資源との結びつけが必要になる），予防に重点を置いた支援等，利用者のさまざまな状況に応じたケアマネジメント実践が求められることになります。こうした利用者のニーズに応じた社会資源の結びつけや，利用者の自立やQOLの向上を目指す支援はケアマネジメントの本質的な働きだといえます。今後ますます多様化する高齢者の姿に応じた介護保険以外のインフォーマルな社会資源の活用，8050問題や家族支援，ヤングケアラー支援，仕事と介護の両立支援など，ケアマネジメントには今後ますます複雑な課題への対応が求められていきます。

> 7 マイケアプラン
利用者である被保険者自身が，介護保険制度について学習し，自分で居宅サービス計画を作成して，介護サービスを利用しようという運動。京都市社協等で，当事者支援の活動として取り組まれている。利用者主体のケアマネジメントのひとつの形と考えられる。

（福富昌城）

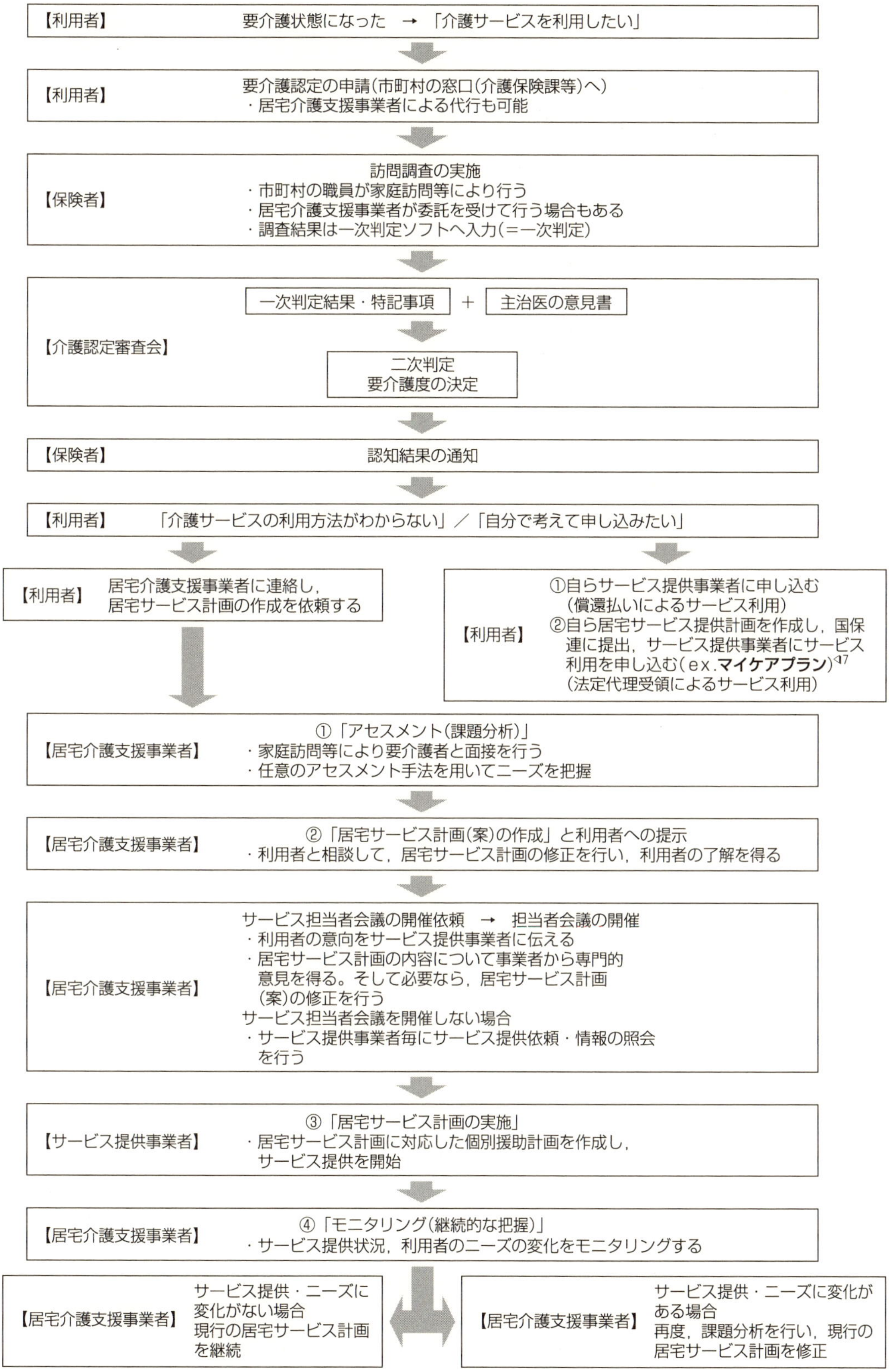

IX-6 介護システムとケアマネジメント

【利用者】	要介護状態になった → 「介護サービスを利用したい」

↓

【利用者】	要介護認定の申請(市町村の窓口(介護保険課等)へ) ・居宅介護支援事業者による代行も可能

↓

【保険者】	訪問調査の実施 ・市町村の職員が家庭訪問等により行う ・居宅介護支援事業者が委託を受けて行う場合もある ・調査結果は一次判定ソフトへ入力(=一次判定)

↓

【介護認定審査会】	一次判定結果・特記事項 + 主治医の意見書 二次判定 要介護度の決定

↓

【保険者】	認知結果の通知

↓

【利用者】	「介護サービスの利用方法がわからない」/「自分で考えて申し込みたい」

↓

【利用者】	居宅介護支援事業者に連絡し,居宅サービス計画の作成を依頼する	【利用者】	①自ら サービス提供事業者に申し込む(償還払いによるサービス利用) ②自ら居宅サービス提供計画を作成し,国保連に提出,サービス提供事業者にサービス利用を申し込む(ex.マイケアプラン)[47] (法定代理受領によるサービス利用)

↓

【居宅介護支援事業者】	①「アセスメント(課題分析)」 ・家庭訪問等により要介護者と面接を行う ・任意のアセスメント手法を用いてニーズを把握

↓

【居宅介護支援事業者】	②「居宅サービス計画(案)の作成」と利用者への提示 ・利用者と相談して,居宅サービス計画の修正を行い,利用者の了解を得る

↓

【居宅介護支援事業者】	サービス担当者会議の開催依頼 → 担当者会議の開催 ・利用者の意向をサービス提供事業者に伝える ・居宅サービス計画の内容について事業者から専門的意見を得る。そして必要なら,居宅サービス計画(案)の修正を行う サービス担当者会議を開催しない場合 ・サービス提供事業者毎にサービス提供依頼・情報の照会を行う

↓

【サービス提供事業者】	③「居宅サービス計画の実施」 ・居宅サービス計画に対応した個別援助計画を作成し,サービス提供を開始

↓

【居宅介護支援事業者】	④「モニタリング(継続的な把握)」 ・サービス提供状況,利用者のニーズの変化をモニタリングする

↓

【居宅介護支援事業者】	サービス提供・ニーズに変化がない場合 現行の居宅サービス計画を継続	【居宅介護支援事業者】	サービス提供・ニーズに変化がある場合 再度,課題分析を行い,現行の居宅サービス計画を修正

図IX-6 介護保険制度における要介護者のサービス利用とケアマネジメントの過程

IX 高齢者福祉

地域包括ケアシステムの確立

1 地域包括ケアシステム

　高齢者が住み慣れた地域で生活を継続し，包括的支援が可能になるような地域包括ケアシステムの確立について，2003年6月に『2015年の高齢者介護』（高齢者介護研究会「厚生労働省老健局長私的研究会」）による報告書で提案されました。これは団塊世代が高齢期に達する2015年を目前にして，認知症をもつ高齢者世帯，あるいはひとり暮らし高齢者や高齢夫婦世帯はこれから急増していく予測のもと，取りまとめられました。当然のことながら，今後は介護保険制度のみでは対応しきれない状況になり，わが国は高齢化の急速な上り坂に向けて地域包括ケアの中核となる拠点をつくることが求められています。

　この報告書では，要介護高齢者の生活を継続的に支援していくために，高齢者の個々の生活状況に応じて，介護サービスを中心にしながら，医療サービスをはじめとする多様な支援が包括的・継続的に提供される仕組みの必要性を述べています。介護保険サービスやケアマネジメントが適切に行われているだけでは，高齢者の生活を支えきれるものではありません。保健・医療・福祉の専門職を含めた多職種連携，ボランティアなどの住民活動，民生委員や近隣住民との連携など，地域におけるさまざまな社会資源を統合した地域包括ケアの確立が求められています。

2 地域包括支援センターの構想と設置

　地域包括ケアを有効に機能させるためには，介護サービスや医療サービスのコーディネートを行うだけではなく，地域全体で高齢者を支える仕組みづくりが求められているのです。したがって，日常的な生活圏域を単位として機能するような機関の整備が必要になりました。日常生活圏域単位で整備されるサービス圏域の拠点機能として，①**アウトリーチ**による総合相談機能，②地域サポートの活性化やサービス調整・開発機能，③介護予防マネジメント機能，そして，この3つの機能に密接に関係する，④権利擁護機能が想定されました。介護保険サービスでは充足されないニーズに対して，多様な専門職が相互に連携しながら情報を共有し，地域における包括的なケアシステムの構築を実現するため，新たな地域ケアシステムの拠点として，2006年4月より地域包括支援センターが設置されました（図IX-7）。地域で暮らす高齢者の健康維持や安心し

▷1　アウトリーチ
生活上に問題や困難を有しており福祉サービスの利用が必要であっても，本人みずからが進んで申請を行うわけではない。本人から要請がなくても福祉機関のワーカーが積極的に出向き，潜在的な福祉サービスの利用者に働きかけることをいう。

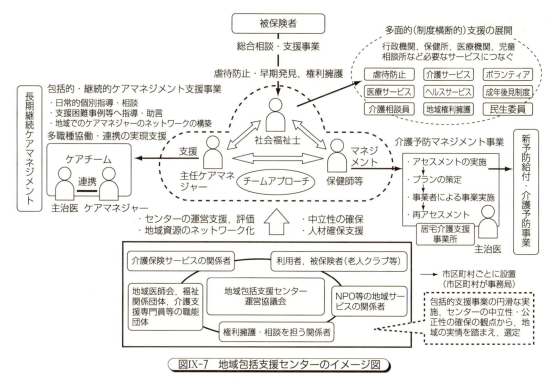

図IX-7　地域包括支援センターのイメージ図

出所：厚生労働統計協会『国民の福祉と介護の動向　2013/2014』2013年，137頁。

た生活の維持，そして日常生活圏域を基礎単位とする地域を支える機関として期待されています。

3　地域包括支援センターの運営体制と機能

　地域包括支援センターは，市区町村または市区町村から委託を受けた法人が運営主体となっており，地域ごとの生活圏域あたり1か所に設置されることになっています。人材配置についてですが，総合相談・生活困難事例支援機能については社会福祉士（ソーシャルワーカー）が，包括的・継続的ケアマネジメント支援機能については**主任ケアマネジャー**が，介護予防マネジメントについては保健師（地域ケアの経験のある看護師）が中心を担っています。さらに，地域における総合的かつ重層的なサービスネットワークの構築を支援基盤としつつ，虐待の早期発見や防止などの権利擁護機能を担っています。これからの高齢者ケアは，介護保険給付だけでニーズを充足するような従来の介護モデルではなく，保険外サービスの活用や問題解決の枠組みを超える積極的な福祉ネットワークを活用し，高齢者の尊厳が保持されるような持続可能な地域包括ケアが求められています。今後，地域の実態にあった地域包括支援センターの弾力的対応が望まれています。

（山下裕史）

▷2　主任ケアマネジャー（主任介護支援専門員）
主任ケアマネジャーは，2006年度から新設された職種。ケアマネジャーとしての実務経験が5年以上で，研修を修了したものにその資格が与えられる。居宅サービス計画（ケアプラン）を作成するにあたり，サービスの調整や内容の管理などをする専門職。また，新人ケアマネジャーの指導育成に携わるなど広範囲な活躍が期待されている。

IX 高齢者福祉

8 ケアワークとは何か

1 ケアワーク（care work）にたずさわる職種

　ケアワーカー（care worker）とは，社会生活上に困難をもつ高齢者や心身障害者，また成長途上における年少児童に対して直接的・具体的な援助を行う専門職のことをいいます。また，この援助をとおして行われる対人福祉サービスのことをケアワークといいます。

　施設福祉において，ケアワークにたずさわる職種には，介護職員，保育士，児童生活支援員などがあります。また在宅福祉においては，高齢者や障害者（児）に対して身体介護や家事援助を行うホームヘルパー（訪問介護員）もケアワーク業務を行う職種のうちの1つです。

2 社会福祉実践の方法とケアワーク

　ケア（care）とは単に介護だけを指すものではなく，人の悩み・苦しみ・痛みを理解し，さまざまな生活障害に対する負担の軽減や，自立への回復，自己実現を獲得するための援助です。人間関係をとおしてお互いが交流を図りつつ，主体的な生活を営む力を向上させていくのがケアワークの仕事の目的の1つです。

　介護保険時代における高齢者介護の重要な方法として，ケアワークは介護福祉士資格の中核的な技術となっています。

3 ケアワークの専門性

○ケアワークと看護

　ケアワークと看護は相互補完的関係にあるといわれています。その対応する問題を大きく分けると，ケアワークは福祉領域といえる生活問題，看護は医療領域である健康問題を担います。ケアワークと看護の扱う「ケア」の違いは，前者は利用者を対象とし，後者は患者を対象とするものであるということです。

○ケアワークとソーシャルワーク

　利用者を全体的かつ総合的に把握することにより，利用者本位のサービス提供を可能にすることができます。ADL・IADLの状態に基づき，家事援助・身体援助（介護）を提供するとともに，ソーシャルワーク援助（心理的・社会的援助）も利用者本位のサービス提供に欠かすことはできない要因です。

▷1 ADL（Activities of Daily Living）
日常生活動作。毎日の生活に必要な基本的動作のうち，食事，入浴，排泄，移動などの身体動作のこと。
⇒ I-9 参照。

▷2 IADL（Instrumental Activities of Daily Living）
手段的日常生活動作。電話，買い物，料理，家事，洗濯，服薬管理など，社会生活を営むうえで必要な動作のこと。

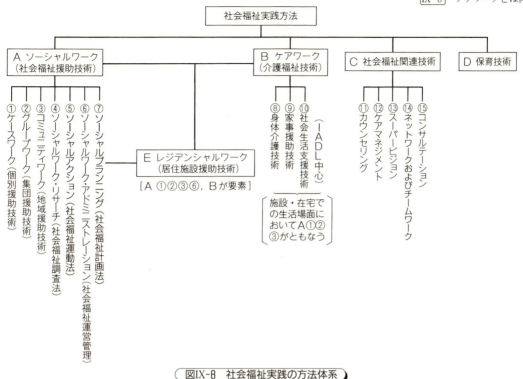

図IX-8　社会福祉実践の方法体系

出所：仲村優一・秋山智久久編『新・セミナー介護福祉（三訂版）5　社会福祉援助技術』ミネルヴァ書房，2007年，13頁より一部修正．

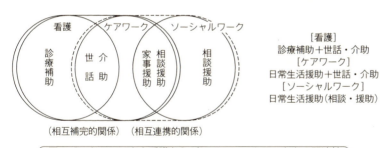

図IX-9　ケアワークと看護ならびにソーシャルワークとの関連性

出所：成清美治『ケアワーク論』学文社，1999年，17頁．

ケアワークは施設や在宅での生活場面においての単なる介護技術ではなく，介護をとおして相談を聞くソーシャルワーク援助の要素を秘めています。

○ケアワークの課題

さまざまな生活問題を解決していく際に，利用者との信頼関係を抜きにケアワーク業務を行うことはできません。また，専門的実践としてのケアワークには，知識・技術・価値（倫理）が求められる重要な要素です。

しかし現在の介護福祉士養成課程において，ケアワークを活用する上で重要な理念でもある「価値・倫理」，「自由」，「平等」などの倫理教育が十分とはいえません。これでは，利用者の真のニーズを不明瞭なものにしてしまう危険性があり，現実の問題に対応できない状況になってしまう可能性があります。

今後，より高度な専門性開発のためにケアワークの本質や価値について議論が進められ，利用者に対して有効に活用される必要があります。　（山下裕史）

IX 高齢者福祉

9 ホームヘルパーの仕事

1 ホームヘルパーの職場と業務内容

　ホームヘルパーは，介護保険制度の関連もあって，注目されつつあるケアワーク業務を行う専門職です。活動の対象は，要介護高齢者のみならず，障害者福祉や子ども家庭福祉の分野まで幅広く考えられています。
　その業務内容は，大きく3つに分けることができます。
身体介護：食事・入浴や着替え，排泄などの世話，清拭などの介助。
家事援助：調理・洗濯・買い物・掃除・衣類の修繕などの援助。
相談や助言：日常生活・身上などの各種相談や助言。

2 ホームヘルパーの資格・研修制度

　ホームヘルパーは国家資格ではありませんが，介護業務の中心を担う職種の1つとして，特に在宅福祉を担う専門職として質の高いサービスを提供していくことが求められます。そこで，資格取得には，所定の研修を修了することが義務づけられています。
　従来，ホームヘルパー養成研修には1級課程から3級課程まであり，それぞれの養成研修を修了すると認定されるという仕組みになっていました。しかし，高齢社会のさらなる進展に伴って介護業務がより重視されるようになり，それを担う専門職の養成や研修制度の整備の必要性が叫ばれるようになりました。そこで，2006年度から介護職員基礎研修が始まり，介護福祉士資格を持たない介護職員の基礎的な研修に位置づけられました。さらに2011年には，今後の介護人材養成の在り方に関する検討会報告書が出され，複雑化している介護人材のキャリアパスを簡素で明確なものにすると同時に，介護の世界で生涯働き続けられる展望がもてるようにすることが必要であるという提言がなされました（図IX-10）。これに基づき，ホームヘルパーの養成研修の仕組みが再編されました。介護職の入り口として考えられ，ニーズの高かったホームヘルパー2級の研修については，介護職員初任者研修が創設され，これに代わることとなりました（施行は2013年）。また，ホームヘルパー1級研修および介護職員基礎研修は，2012年度末をもって実務者研修に一本化されるとともに，3級課程については廃止されました。

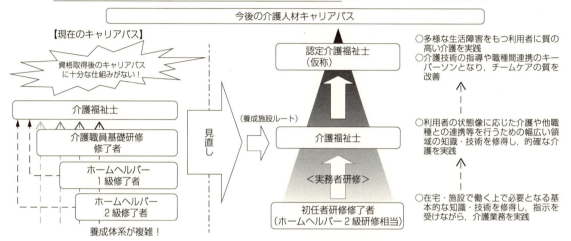

図IX-10 介護人材のキャリアパスの形成

出所:厚生労働統計協会『国民の福祉と介護の動向 2013/2014』2013年,231頁。

3 介護保険制度とホームヘルパー

　介護保険制度においてはホームヘルパーを訪問介護員と位置づけ,要介護高齢者に対し家事援助や身体介護を提供することで,利用者やその家族が安心して在宅生活を送ることができるよう援助することを目的として活動しています。また在宅生活において,要介護高齢者に対する「自立支援」という理念を実現していく上で,その中核的役割となることが期待されています。

　介護保険制度が2000年より導入され,超高齢社会を迎えたわが国にとって,在宅福祉政策の中核となるホームヘルパーは質・量ともに十分な確保が急がれています。新ゴールドプラン（1994年）において17万人を最終目標値としていましたが,ゴールドプラン21（1999年）では目標値を35万人と大幅に増大しています。ゴールドプラン21の目標年度は2004年度であったため,その後国では「2015年の高齢者介護」と題した報告書をまとめ,新たな段階に入りました。

　しかし介護保険制度が始まり,10年以上が経過した現在でも,ホームヘルパーの求人は圧倒的にパート採用が多く,正規職員としての採用は非常に難しくなっている状況に変わりはありません。このままでは,超高齢社会に必要な介護人材の確保が期待できず,今後もヘルパー採用がパート化のまま進めば,専門職として成り立つかどうかにも影響するものと考えられ,介護保険時代のさらなる課題となっています。

（山下裕史）

Ⅹ　障害者福祉

 障害の概念と分類

1 あいまいな障害の概念と ICIDH 分類

　OECD（経済協力開発機構）加盟諸国の障害者割合と日本の障害者割合をみると，対人口比で前者は20％で後者は5％程度となっています。この違いはなぜ生じるのかについて，政府はOECD各国の調査では公的な障害者の認定とかかわらず，主観的に自身を障害者ととらえている場合を算定しているのに対し，日本における障害者白書による障害者数は，公的基準に基づいて障害者と認定した場合を調査対象にしていることによる違いであると説明しています。国際的にみると，障害の概念は未だあいまいとみるべきでしょう。

◯障害者の定義

　障害者基本法の3度目の改正が2011年にされました。その第2条で障害者の定義の見直しがされています。「身体障害，知的障害，精神障害（発達障害を含む）その他の心身の機能の障害（以下「障害」と総称する）がある者であって，障害及び社会的障壁（事物，制度，慣行，観念その他一切のものをいう）により継続的に日常生活又は社会生活に相当な制限を受ける状態にあるものをいう」と定義づけられています。これは先年より議論の的になっている，個々人の「生きづらさ」に基づいた定義として画期的なものです。さらに，2013年4月施行の「障害者の日常生活及び社会生活を総合的に支援するための法律（障害者総合支援法）」では，制度の谷間のない支援を提供しようと障害者の定義に「難病等（治療方法が確立していない疾病その他の特殊の疾病であって政令に定めるものによる障害の程度が厚生労働大臣が定める程度である者）」を追加し，障害福祉サービス等の対象とすることとしています。したがって，この対象となる難病は身体障害者手帳の有無にかかわらず，市区町村において必要と認められた障害福祉サービス等を利用できます。また，精神障害者には発達障害者支援法に規定する発達障害者を含めています。次にここに至るまでの経緯をWHOの概念規定の変遷から，大まかにたどってみましょう。

◯ WHO による障害概念規定の試み

　こうしたあいまいさや世界各国における違いから脱して，世界に共通する障害の概念規定をつくろうとした試案が1980年のWHO（世界保健機関）の**国際障害分類**（ICIDH）です。ここでは，障害を生物学的，医学的レベルで捉えた一次的レベルを指す「機能障害（あるいは機能・形態障害）」，機能障害から生

▷1　Organisation for Economic Co-Operation and Development (OECD) *Transforming Disability into Ability,* Organization for Economic, 2003.

▷2　内閣府編『障害者白書（平成16年版）』国立印刷局，2004年。

▷3　国際障害分類
ICIDHともいわれる。ICIDHとは，International Classification of Impairments, Disabilities, and Handicapsの略。1993年には試案がはずれた。

じる二次的レベルを指す「能力障害」，障害があるために人権を侵害される三次的レベルを指す「社会的不利」の３つのレベルで捉えています。

○ 概念試案への批判

この分類試案の批判として，①主観的である（体験としての障害の観点がない），②機能障害のある人を閉め出す社会や物理的・社会的障壁といった重要な環境要因が抜け落ちている，③社会的不利の分類が不備，④疾患の症状と機能障害との区別が不鮮明，⑤この決定に際して障害当事者の参画がなかった，⑥欧米中心で進められた，などがあげられてきました。また，

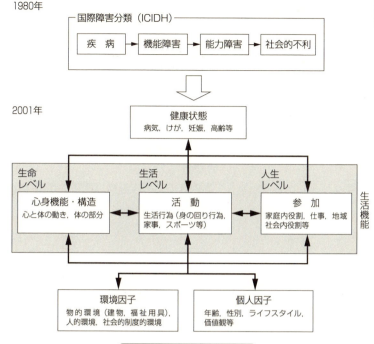

図X-1 国際生活機能分類

一次的レベルから三次的レベルまで一方向に向かって進むように記されているので，運命論的モデルのように考えられたり，疾患が固定して障害になるように誤解されたりしました。実際は単に一方向に進むわけではなく，相互作用が生じるし，疾患と障害が共存しうる場合も多いので，こうした誤解を避けるような分類が求められたのです。

2 新しいICF分類

そこで，1982年以降，毎年国際改定会議が開催されてきましたが，2001年5月22日世界保健会議で図X-1のように正式採択されました。

大きな改定点は，以下の４点です。

①障害というマイナスの名称を中立的な名称にした。
②タイトルを生活機能・障害・健康の国際分類（**国際生活機能分類**，ICF）に換えた。生活機能（Functioning）とは人間生活の生命・生活・人生といった３階層を包括した全体像を示すためのプラスの包括用語であり，ディスアビリティ（Disability）は障害という今回マイナスの包括用語となった。
③医療モデルでも社会モデルでもなく，相互作用モデルに基づいている。
④背景因子として環境因子と個人因子を導入し，環境因子には詳細な分類をつけた。

こうした障害分類は，ある人の現状を「解釈」するためではなく，よりよい方向に「変える」ためにあることを忘れてはなりません。

（中田智恵海）

▷4 国際生活機能分類
ICFともいわれる。ICFは，International Classification of Functioning, Disability and Healthの略。

X 障害者福祉

障害者福祉の基本理念

1 人権の尊重

障害者福祉の理念は，国連が1948年に採択した「世界人権宣言」に謳われた「人権の尊重」を基盤にしています。この思想が1971年の「知的障害者の権利宣言」，1975年の「障害者の権利宣言」，1979年の「国際障害者年行動計画」へと受け継がれ，さらに，これらには基本理念の1つとしてノーマライゼーション理念が位置づけられています。

◯リハビリテーションという理念

リハビリテーションはアメリカで発生した，障害者の人権を向上させることを目標とした理念で，これは，当初は戦傷者に対して機能回復訓練を行い，社会復帰を促すことが目標でした。しかし，この経済効率を優先させる理念は，リハビリテーションによっても自立を回復できない重度障害者を排除することになり，逆に差別を正当化することになってしまいました。リハビリテーションが目指す本来の目標は，その人ならではの生き方が実現できるように必要な援助を提供することですから，人間らしく生きる権利の回復を目指して，**QOL**◁1 （生活の質）を視野に入れたリハビリテーションが求められるようになりました。

しかしながら，この理念は個人モデル・**医学モデル**とよばれる考え方を基調にしていますから，ともすれば，障害者本人に問題の責任があるとみなされます。これでは社会構造的・環境的要因によって生じる社会的不利条件を改善，変革する視点が抜け落ちてしまいます。そこで社会モデルを基調にして，社会や環境が障壁になって障害者を排除している，あるいは障害者を排除している社会や環境こそが問題なのだから，障害者の生活条件や生活環境といった社会的条件を改善しようとする視点が障害者自身から生まれてきました。

2 自立生活という理念

新たに提唱されたのが自立生活という理念です。自立生活を尊重し保障するもので，北米を中心に始まり世界的な発展を遂げつつある**自立生活**（Independent Living；IL）**運動**◁3が北欧の**ノーマライゼーション**◁4運動の影響を受けつつ展開されてきた理念です。

この理念の特質はその自立観にあります。重度障害者が，自立生活理念によって保護の対象から生活の主体者として位置づけられ，自立が可能になりまし

▷1　**QOL**（Quality of Life）
1960年代後半，欧米とくにアメリカの公民権運動や患者の権利運動から発展してきた生命倫理における概念の一つ。人間としての患者の生活や人生を包括的にみて，その質の向上を第一義とする。
⇒ I-9 参照。

▷2　**医学モデル**
社会福祉援助において，その一連の過程を医師による治療過程に準じて，クライエントの抱える問題に介入していく。問題の生じた理由や背景を調査し（問診；study），処遇方針を決め（診断；diagnosis），援助していく（治療；treatment）ことを指す。
⇒ VI-4 参照。

▷3　**自立生活運動**
⇒ X-10 参照。

▷4　**ノーマライゼーション**
⇒ I-9 参照。

た。身辺自立や経済的自立の如何にかかわらず自立生活は成立するのです。つまり，重度障害者が必要な支援を受けつつ，みずから生活主体者として自己形成を図ることを自立として重視する自立観を構築しました。自己決定権の行使を自立ととらえたのです。その結果，種々の福祉サービスを整備するとともに社会的条件整備を促進すれば障害者の自立が可能になるのです。この自己決定権の行使はきわめて重要です。この決定は専門的知識に基づいて受身的に決定するのではありません。**セルフヘルプ運動**からの影響も受けて，医療や社会サービスの利用者として専門家とパートナーシップを形成して，みずから主体的に選択，決定する行為を獲得していきます。この自立観は重度障害者に人間としての尊厳を保障するものとなりました。

▷5 セルフヘルプ運動
⇒X-9 参照。

③ 機会平等という理念

障害を理由に社会参加の機会を制約されることのないように，障害者も健常者と同様に教育や雇用，文化，娯楽，住宅など社会のあらゆる領域に平等に参加し，健常者と均等な機会を享受することを目的とする思想です。1979年に策定された国連の「国際障害者年行動計画」のテーマは「完全参加と平等」の実現でした。次の「障害者に関する世界行動計画 1983-1992」は予防・リハビリテーション・機会均等化という3本柱から構成されていましたが，これに続く「障害者の機会均等化に関する基準規則 1993」では，機会均等化に焦点をしぼっています。そしてこの理念が実効性をもつように，**ADA**など法制度が整えられていきました。しかし，自由競争原理に基づく社会において参加する機会を平等に保障したとしても，競争の結果生じる不平等の改善については，解決策はもちません。

▷6 ADA（The Americans with Disabilities Act：アメリカ障害者法）アメリカで，障害者に対する差別を禁止する法律として，1990年に成立。
⇒X-8 参照。

④ ノーマライゼーションという理念

この不平等に対して，ノーマライゼーション理念が介入し，徹底的な公的責任による社会保障，社会福祉制度，サービスの充実などによってすべての実質的平等保障を目指します。障害のある人たちに，障害のない人たちと同じ生活条件をつくり出すこと，すなわちその能力の程度や障害の種別にかかわらず，すべての障害者が平等に独自の人格をもつ生活主体者として尊重され，人間としての尊厳を維持しうるだけの生活を保障されることを目標としています。

ノーマライゼーションは，1950年代，デンマークにおいて隔離された知的障害児の施設で著しい人権侵害が生じていたことに対する，親の会の反対運動がきっかけでした。当初は知的障害者の人権の回復に焦点をおき，重度の知的障害者が地域社会でノーマルな生活を確保することを目標にしていましたが，今では身体障害者，精神障害者，高齢者，児童など，社会福祉のすべての領域に共通する基本理念としてとらえられています。

（中田智恵海）

X 障害者福祉

3 障害者福祉の法律と実施体制

1 障害者福祉の法律

障害者福祉の法律は障害者基本法のもと，障害種別・年齢別に個別法があり，さらにこうした枠組を越えた障害者総合支援法が制定されています（表X-1）。

①障害者基本法：1970年に制定された心身障害者対策基本法が，1993年に改正されて障害者基本法となりました。個人としての尊厳，差別禁止を理念として明文化，障害者週間を規定，都道府県・市町村に障害者基本計画の策定を求めていることなどに意義があります。

②児童福祉法：児童の健全育成，その生活の保障と愛護を理念として掲げ，国および地方公共団体が児童の健全育成の責任を負うことを明記しています。障害児福祉に関する項目として，障害児通所支援，障害児相談支援などが規定されています。

③身体障害者福祉法：身体障害者の自立と社会経済活動への参加を促進するため，身体障害者を援助し，並びに必要に応じて保護することを目的としています。障害の範囲，援助の実施機関，身体障害者手帳，障害福祉サービス・障害者支援施設等への入所等の措置，社会参加の促進などが規定されています。

▶1 そのほか，2004年に発達障害者の自立と社会参加を支援するべく発達障害者支援法が制定された。同法第2条において発達障害を自閉症，アスペルガー症候群その他の広汎性発達障害，学習障害，注意欠陥多動性障害その他これに類する脳機能の障害で，その症状が通常低年齢に発現すると政令に定めるものと規定している。

▶2 2011年の改正により，障害の定義等が改正された。

表X-1 障害者福祉関係法令

法令名（制定年）	障害者基本法(1970)	児童福祉法(1947)	身体障害者福祉法(1949)	知的障害者福祉法(1960)	精神保健及び精神障害者福祉に関する法律(1950)	障害者総合支援法(2012)
対象	身体障害，知的障害，精神障害（発達障害を含む），その他の心身の機能障害があり，継続的に日常生活，社会生活に相当な制限を受ける状態にある者(第2条)	満18歳に満たない者(第4条)（障害児を身体に障害のある児童，知的障害のある児童，又は精神に障害のある児童（発達障害を含む）としている）	別表に掲げる身体上の障害がある18歳以上の者で，都道府県知事から身体障害者手帳の交付を受けた者(第4条)	18歳以上の知的障害者(ただし知的障害者の定義はない)	統合失調症，精神作用物質による急性中毒又はその依存症，知的障害，精神病質その他の精神疾患を有する者(第5条)	左記の障害児・者福祉の個別法に定める障害児・者並びに難病等により障害がある者（18歳以上）(第4条)
理念目的	障害者の自立と社会参加の支援(第1条)	児童の健全育成，その生活の保障と愛護(第1条)	身体障害者の自立と社会経済活動への参加を促進するための援助と必要に応じた保護(第1条)	知的障害者の自立と社会経済活動への参加を促進するための援助と必要に応じた保護(第1条)	国民の精神保健の向上と精神障害者の医療及び保護，社会復帰の促進，自立と社会経済活動への参加促進のための援助(第1条)	障害児・者の日常生活・社会生活の支援，障害の有無にかかわらず国民が安心して暮らすことのできる地域社会の実現(第1条)

④**知的障害者福祉法**：1960年に制定された精神薄弱者福祉法が1998年に知的障害者福祉法に名称変更されました。知的障害者の自立と社会経済活動への参加を促進するため，知的障害者を援助するとともに必要な保護を行うことを目的としています。援助の実施機関，障害福祉サービス，障害者支援施設等への入所等の措置などが規定されています。

⑤**精神保健及び精神障害者福祉に関する法律**（精神保健福祉法）：1950年に制定された精神衛生法が1987年に精神保健法に改正され，さらに1995年に精神保健及び精神障害者福祉に関する法律に改正されました。他の福祉法と異なり，保健，医療，福祉の分野にまたがって構成されています。目的は，国民の精神的健康の保持及び増進と，精神障害者の医療及び保護，社会復帰の促進，自立と社会経済活動への参加促進のための援助をすることです。精神保健福祉手帳，相談指導，精神障害者社会復帰促進センターなどが規定されています。

⑥**障害者の日常生活及び社会生活を総合的に支援するための法律**（障害者総合支援法）：障害者自立支援法（2005年制定・2006年施行）が，2013年から障害者総合支援法へと名称が改められ，施行されました。施設，居宅の枠組みを越えて，総合的な自立支援システムの構築を目指すという障害者自立支援法の基本的な考え方が引き継がれています。新たなポイントとしては，①制度の谷間のない支援の提供，②**障害支援区分**の創設，③個々のニーズに基づいた地域生活支援体系の整備，④サービス基盤の計画的整備，などがあげられます。

▷ 3　障害支援区分
⇒ X-4 参照。

2　実施体制

　障害者の福祉施策は，障害者福祉の関係法令・通知に基づき，都道府県・指定都市，市町村が実施にあたっています。地方分権化および社会福祉改革により，障害者福祉における市町村の役割は拡大し，市町村中心の施策実施体制に移行してきています。

　実施にあたる専門機関には，①障害者福祉行政の第一線機関であり，障害者福祉に関する実情把握，相談援助活動などを行う福祉事務所，②障害児の福祉に関する相談援助活動を担っている児童相談所，③身体障害者の専門的相談指導等の中枢機関である身体障害者更生相談所，④知的障害者の専門的相談指導等の中枢機関である知的障害者更生相談所，⑤精神保健福祉行政の技術的中核となっている精神保健福祉センター，⑥療育指導，精神障害者の社会復帰の促進を行っている保健所，などがあります。その他，地域福祉活動を行う民間奉仕者として民生委員・児童委員，地域での相談活動を行うボランティアの身体障害者相談員，知的障害者相談員などが配置されています。

（直島正樹）

Ⅹ 障害者福祉

 障害者の日常生活及び社会生活を総合的に支援するための法律（障害者総合支援法）

 障害者総合支援法の制定・施行までの流れ

わが国の障害者福祉サービスの提供システムは，2003年に従来の措置制度から支援費制度へと大きく転換されました。しかし，導入後早々に，「居宅生活支援」におけるサービス利用者の増加に伴う財源の悪化など，さまざまな課題が表面化し，見直しを迫られることとなりました。

そこで，2004年，厚生労働省社会・援護局障害保健福祉部によって，「今後の障害保健福祉施策について（改革のグランドデザイン案）」が発表され，これらを具現化するものとして，2005年に障害者自立支援法が制定されました（施行は2006年）。同法によって，それまで身体障害，知的障害，精神障害と障害種別ごとに定められていた施設・事業体系が全障害に共通するサービスシステムとして再編され，利用者負担の仕組み（原則として1割の自己負担）も大きく変わることとなりました。しかし，サービス利用料の応益負担の仕組み，全国一律・全障害共通の障害程度区分認定の仕組みなどは，施行当初から課題となっており，法律そのものの抜本的改正の必要性が叫ばれていました。そこで，2010年には障害者自立支援法等の一部が改正（2010年から2012年にかけて段階的に施行）され，利用者負担の見直し（原則として応能負担）などが行われました。その後，新たに総合的な障害者福祉の法制度の創設を目指し，障がい者制度改革推進会議総合福祉部会によって，「障害者総合福祉法の骨格に関する総合福祉部会の提言――新法の制定を目指して（骨格提言）」が取りまとめられました。この骨格提言と障害者基本法の一部を改正する法律（2011年公布・施行）の内容を踏まえる形で，障害者自立支援法に代わる法律制定に向けた検討が進められ，2012年には，「地域社会における共生の実現に向けて新たな障害保健福祉施策を講ずるための関係法律の整備に関する法律」が公布されました。これにより，2013年から障害者自立支援法が障害者総合支援法へと名称が改められ，施行されることとなりました。

障害者総合支援法に基づく障害者福祉サービス提供の仕組み

障害者自立支援法では，精神障害者に関するサービスも含め，それまでの

▷1　**障害福祉サービス**
障害者・児の保健福祉サービスとして，もともとは障害者自立支援法で初めて法律上定義された用語である。具体的には，自立支援給付の中の，介護給付と訓練等給付にかかわる諸サービスのことを指す。

▷2　**共同生活援助（グループホーム）への一元化**
2014年4月からは，共同生活介護（ケアホーム）が共同生活援助（グループホーム）に一元化され，入浴，排せつ，食事の介助その他の日常生活上の支援が実施されることとなった。

「施設」や「居宅」といった枠組みを越えて，総合的な自立支援システムの構築が目指されました。「自立支援給付」と「地域生活支援事業」を中心的な柱として，障害者福祉のサービス提供の仕組みが再編されました。障害者総合支援法においても，その基本的な仕組みが概ね引き継がれています（図Ⅹ-2）。

「自立支援給付」は，①介護給付費，②訓練等給付費，③自立支援医療費，④補装具費などに大別されます。たとえば，介護給付費の支給対象となる**障害福祉サービス**には，居宅介護，施設入所支援などがあります。訓練等給付には，**共同生活援助（グループホーム）**などのサービスがあります。

なお，介護給付を受ける場合は，**障害支援区分**の認定を受ける必要があります。その認定結果によって利用できるサービスの種類・量などが異なるため，すべて希望通りになるわけではありませんが，基本的には障害者自身がどのサービスを利用するかを選択できる仕組みになっています。

③ 障害者総合支援法の今後のあり方

障害者自立支援法は，「障害者・児にとって使いやすいサービス提供体制をつくる」という考えのもとで制定・施行され，さらに障害者総合支援法へと改められました。しかし，サービス利用料の負担，全国一律・全障害共通の障害支援区分認定に関する課題など，多くの検討課題について，解決に向けた議論が進められていますが十分とはいえません。今後も，本法は改正される可能性がありますが，実際にサービスを利用する障害者・児の立場で使いやすいものであることが必要です。現在の障害者総合支援法は，「実質的には骨格提言と障害者基本法の一部を改正する法律の内容を踏まえる形にはなっていない」とも指摘されています。**障害者の権利条約**が国連で採択・発行され，日本も批准するなど，障害者・児の人権・権利の尊重が大切であるとされてきています。このような社会において，社会福祉士をはじめとした社会福祉専門職は，特にその点を意識し，考えていくことが求められます。

（直島正樹）

▷3 障害支援区分
障害の程度（重さ）ではなく，標準的な支援の必要の度合を示す区分を意味する。そのことをより明確にする意図から，障害者総合支援法においては，「障害者等の障害の多様な特性その他の心身の状態に応じて必要とされる標準的な支援の度合を総合的に示すものとして厚生労働省令で定める区分」と定義され，これまでの「障害程度区分」から「障害支援区分」へと名称が改められた（2014年4月施行）。

▷4 障害者の権利条約
⇒Ⅹ-5 参照。

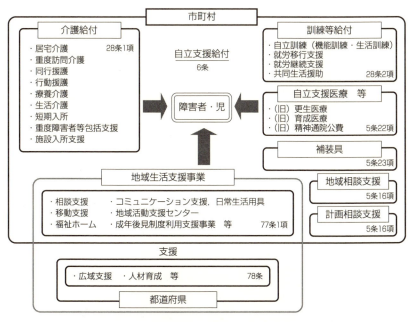

図Ⅹ-2 総合的なサービスの体系（概要）

出所：厚生労働統計協会『国民の福祉と介護の動向 2015/2016』2015年，123頁を一部改変。

X 障害者福祉

 障害者の権利に関する条約（障害者の権利条約）

 障害者の権利に関する条約（障害者の権利条約）採択までの経緯

　国際人権規約（1966年）などの中核的な国際人権文書の採択以後，1970年代初め頃から複数の障害者・児の人権・権利に関する国際文書が国連で採択されてきました。主要なものとして，知的障害者の権利宣言（1971年）をはじめ，障害者の権利宣言（1975年），障害者に関わる世界行動計画（1982年），障害者の機会均等化に関する基準規則（1993年）などがあげられます。そもそも国際文書には2種類あり，1つは条約や規約，議定書といった法的な拘束力を有するものと，もう1つは宣言や規則，勧告といった法的な拘束力を持たず，政治的・道義的なガイドラインとしての意義を有しているものです。ここにあげた知的障害者の権利宣言などは，いずれも後者の形をとるものでした。

　1980年代後半には，国際障害者年（1981年），国連障害者の10年（1983年～1992年）などの流れも受けて，国連によって法的な拘束力を持つ障害者の差別禁止条約や権利条約の作成が何度か試みられましたが，この時点ではあまり多くの国々の支持を得ることができず，実現することができませんでした。しかしその後，アメリカの「障害を持つアメリカ人法」（1990年）やイギリスの「障害者差別禁止法」（1995年）など，複数の国・地域で障害者・児の人権・権利にかかわる法律が制定・施行されたことにより，1990年代後半頃から条約の作成を求める声が次第に高まっていきました。

　このような状況の中，2001年には，国連の第56回総会において，障害者の権利にかかわる条約の制定に向けた議論を行うための特別委員会の設置が決まりました。その後，8回にわたる委員会での議論などを経て，2006年12月13日，国連の第61回総会において「障害者の権利に関する条約」（以下，障害者の権利条約）が採択され，2008年5月3日に発効されました。法的な拘束力を持つ本条約が採択・発効されたことにより，世界各国の障害者・児に関するさまざまな取り組みを推進する上で，大きな意義を有することになりました。

 障害者の権利に関する条約（障害者の権利条約）の主な特徴

　障害者の権利条約は，前文と本文50条から構成され，障害者・児を治療や保

▷1　合理的配慮
「障害のある人が他の者との平等を基礎としてすべての人権及び基本的自由を享有し又は行使することを確保するための必要かつ適切な変更及び調整であって，特定の場合に必要とされるものであり，かつ，不釣合いな又は過重な負担を課さないものをいう」（川島聡＝長瀬修仮訳）。たとえば，「障害があることを理由で雇用しない」などという差別を禁止し，同時に，合理的配慮を行うことで障害者が仕事をできる環境をつくること（例：段差をなくす，手話を用いるなど）があげられる。

護の「客体」としてではなく，人権の「主体」として捉えることが前提とされています。そして，障害者・児の体験ができるだけ具体的に条約の中に組み込まれ，当事者が実際の生活の中で役立つようにまとめられている点も特徴といえます。これは，条約の作成プロセスにおいて，DPI（障害者インターナショナル）をはじめ，多くの障害当事者団体が「Nothing about us, without us！（私たち抜きに私たちのことを決めないで！）」を合言葉に働きかけを行っていった成果の1つといえます。

また，障害の責任が個人にあるとする「障害の医学モデル」ではなく，障害の原因と責任を社会（環境）との関係性にあるとする「障害の社会モデル」の考え方が反映された「障害の概念」と「障害者の概念」が明記されています（前文，第1条）。これに基づき，「障害に基づく差別」や「**合理的配慮**」などの概念が規定されています（第2条）。この「合理的配慮」の考え方が取り入れられた点は，本条約の大きなポイントとなっています。

なお，本条約全体を貫く理念として**インクルージョン**があり，第3条（「一般的原則」）において，「社会への完全かつ効果的な参加及びインクルージョン」が明記されています。第19条では，「自立した生活（生活の自律）及び地域社会へのインクルージョン」として，すべての障害者・児が自分の望む地域社会で生活することがあたりまえであり，それが権利として保障され，支援も行われることが示されています。第24条にも「教育」として，障害児（者）の教育に関する権利と，この権利を差別なしにかつ機会の平等を基礎として実現するため，あらゆる段階におけるインクルーシブな教育制度及び生涯学習について定められています。

❸ 今後のわが国における課題

本条約は，2006年12月の国連での採択，2007年3月の署名式後，世界の多くの国々が署名・批准をしています。わが国は，2007年9月28日に署名をし，以後，批准に向けて国内の関連制度・施策の整備を進めてきました。その一環として，2011年の障害者基本法の一部を改正する法律の公布・施行があげられます。さらには，2013年の障害者総合支援法の施行（障害者自立支援法から改正），障害者雇用促進法の改正，障害者差別解消法の成立なども，本条約の批准に向けた具体的な取り組みであったといえます。

2013年12月4日，本条約締結のための国会承認を経て，2014年1月20日には国連へ批准書を提出し，わが国も締約国となりました。今後は，本条約の理念を「絵に描いた餅」で終わらせることなく，実質的なものにしていく必要があります。たとえば，社会福祉，保育，教育現場などにおける実践への反映，障害当事者にとって使いやすい福祉サービス提供体制の整備など，実際に目に見える形で条約批准の効果が表れることが期待されます。

（直島正樹）

▷2 **インクルージョン**
1980年代以降，アメリカにおける障害児教育の分野で注目されるようになった理念で，ノーマライゼーションの理念を基に，エクスクルージョン（排除）に対峙するものとして提唱された。「包み込む」という意味を持ち，「包括」「包含」などと訳される。障害の有無にかかわらず，また能力にも関係なく，すべての子どもが地域社会の教育，保育などの場において包み込まれ，個々に必要な支援が保障された上で教育，保育などが受けられることをいう。

▷3 第3条，第19条ともに川島聡＝長瀬修仮訳による。日本政府による仮訳（2009年版）では，「社会への完全かつ効果的な参加及び包容」（第3条），「自立した生活及び地域社会への包容」（第19条）とされている。

▷4 2014年1月20日時点で，締約国は139か国および欧州連合であり，日本は140番目の締約国となった。

（参考文献）
東俊裕監修，DPI日本会議編集『障害者の権利条約でこう変わる』解放出版社，2007年。
長瀬修・東俊裕・川島聡編『障害者の権利条約と日本――概要と展望（増補改訂版）』生活書院，2012年。
小野浩監修，障害福祉青年フォーラム編『障害のある人が社会で生きる国ニュージーランド――障害者権利条約からインクルージョンを考える』ミネルヴァ書房，2013年。

Ⅹ　障害者福祉

 障害者プラン

① 障害者プランとは何か

　障害者プランとは，1993年に策定された「**障害者対策に関する新長期計画**」▷1（1993〜2002年）を具体化するための重点施策実施計画として，1995年に政府の障害者対策推進本部（1996年障害者施策推進本部と改称）が決定した障害者に関する国の施策実施計画を指します。副題に「ノーマライゼーション7か年戦略」とあるように，1996〜2002年度までの7か年計画で，障害のある人々が地域社会の中でともに暮らせる社会をつくるために実施すべき施策が明記されていました。その内容は，保健福祉施策のみならず，住宅，教育，雇用，通信・放送など障害者の生活全般にわたったものでした。▷2

② 新障害者プランへ

　2002年度で「障害者対策に関する新長期計画」が終期を迎えるに伴い，新たな「障害者基本計画」（2003〜2012年）が2002年に策定されました。新障害者基本計画は，リハビリテーションとノーマライゼーションの理念を継承し，障害の有無にかかわらず，国民誰もが相互に人格と個性を尊重し支え合う共生社会の実現をめざし，障害者施策の基本的方向について定められたものです。

　この新障害者基本計画では，施策の基本的方針として，①社会の**バリアフリー**化▷3，②利用者本位の支援，③障害の特性を踏まえた施策の展開，④総合的かつ効果的な施策の推進という4つの横断的視点が取り上げられました。さらに，重点的に取り組む課題として，精神障害者施策の総合的な取り組み，アジア太平洋地域における域内協力の強化などが掲げられました。

　そして，新障害者基本計画に基づく諸施策の着実な進展を図るべく，前後期それぞれ5年間にわけて「重点施策実施5か年計画」（新障害者プラン）が策定され，重点的に実施する施策項目ならびに数値目標，およびその達成期間等が定められました。さらに，2013年には，「障害者基本計画（第3次計画）」（2013〜2017年度）が策定され，関連成果目標（表Ⅹ-2）が掲げられるなど，障害者の自立や社会参加の支援などに向けた施策の一層の推進が図られています。

（直島正樹）

▷1　**障害者対策に関する新長期計画**
啓発広報，教育・育成，雇用・就業，保健・医療，福祉，生活環境，スポーツ，レクリエーションおよび文化，国際協力について，1993年から10年間の障害者施策の方向と目標を示したもの。

▷2　このプランの意義は，①高齢者福祉施策の新ゴールドプラン，児童家庭福祉対策のエンゼルプランとあわせて，保健福祉施策の3つのプランができあがり，保健福祉施策の協力的かつ計画的な推進が図られることになったこと，②事業の具体的な数値目標が明記されたこと，③19の関係省庁が参画して横断的に策定され，障害の種別を越えて障害者の生活全般にわたる総合的な施策を確立する基盤ができたこと，④障害者施策の実施主体として市町村の位置づけを強化したこと，などである。

▷3　**バリアフリー**
障害者の活動の場を拡大し，社会参加を促進するために，道路，建築物，駅等，生活環境面における物理的な障壁，および障害者についての誤解，偏見といった心理的障壁を除去すること。

表 X-2　障害者プラン

障害者基本計画関連成果目標事項	現状（直近の値）	目標
１．生活支援		
福祉施設入所者の地域生活への移行者数	2.9万人（平成17～23年度）	3.6万人（平成17～26年度）
福祉施設入所者数	14.6万人（平成17年度）	12.2万人（平成26年度）
障害者総合支援法第89条の3第1項に規定する協議会を設置している市町村数	1,629市町村（平成24年度）	全市町村（平成29年度）
訪問系サービスの利用時間数	494万時間（平成24年度）	652万時間（平成26年度）
日中活動系サービスのサービス提供量	893万人日分（平成24年度）	978万人日分（平成26年度）
療養介護事業の利用者数	1.9万人分（平成24年度）	1.6万人分（平成26年度）
短期入所事業のサービス提供量	26万人日分（平成24年度）	33万人日分（平成26年度）
相談支援事業の利用者数	計画相談支援2.6万人 地域移行支援0.05万人 地域定着支援0.1万人（平成24年度）	計画相談支援18.9万人 地域移行支援0.9万人 地域定着支援1.3万人（平成26年度）
２．保健・医療		
統合失調症の入院患者数	18.5万人（平成20年度）	15万人（平成26年度）
メンタルヘルスケアに取り組んでいる事業所の割合	43.6％（平成23年）	100％（平成32年）
入院中の精神障害者のうち、1年未満入院者の平均退院率	71.2％（平成20年度）	76％（平成26年度）
入院中の精神障害者のうち、高齢長期退院者数	各都道府県において算出	各都道府県において算出した値を元に設定
障害者支援施設及び障害児入所施設での定期的な歯科検診実施率の増加	66.9％（平成23年）	90％（平成34年度）
３．教育、文化芸術活動・スポーツ等		
特別支援教育に関する個別の教育支援計画作成率	76.2％（平成24年度）	80％以上（平成29年度）
特別支援教育に関する教員研修の受講率	72.1％（平成24年度）	80％以上（平成29年度）
特別支援教育に関する校内委員会の設置率	85.6％（平成24年度）	90％以上（平成29年度）
特別支援教育コーディネーターの指名率	86.8％（平成24年度）	90％以上（平成29年度）
４．雇用・就業等		
公共職業安定所における就職件数（障害者）	27万件（平成20～24年度の累計）	37万件（平成25～29年度の累計）
障害者職業能力開発校の修了者における就職率	60.0％（平成22年度）	65.0％（平成29年度）
障害者の委託訓練修了者における就職率	43.8％（平成22年度）	55.0％（平成29年度）
一般就労への年間移行者数	5,675人（平成23年度）	1.0万人（平成26年度）
就労継続支援B型等の平均工賃月額	13,586円（平成23年度）	15,773円（平成26年度）
就労移行支援の利用者数	45.6万人日分（平成24年度）	69.5万人日分（平成26年度）
就労継続支援A型の利用者数	53.2万人日分（平成24年度）	56.4万人日分（平成26年度）
50人以上規模の企業で雇用される障害者数	38.2万人（従業員56人以上企業）（平成24年）	46.6万人（平成29年）
公的機関の障害者雇用率	国の機関2.31％都道府県の機関2.43％市町村の機関2.25％都道府県等の教育委員会1.88％（平成24年）	全ての公的機関で雇用率達成（平成29年度）
50人以上の規模の企業で雇用される精神障害者数	1.7万人（従業員56人以上企業）（平成24年）	3.0万人（平成29年）
地域障害者職業センター	支援対象者数14.8万人（20～24年度の累計）	支援対象者数14.7万人（25～29年度の累計）
障害者就業・生活支援センター	利用者の就職件数1.5万件 定着率71.8％（平成24年度）	利用者の就職件数2.0万件 定着率75％（平成29年度）
ジョブコーチ養成数・支援	ジョブコーチ養成数5,300人 ジョブコーチ支援　支援終了後の定着率86.7％（平成24年度）	ジョブコーチ養成数9,000人 ジョブコーチ支援　支援終了後の定着率80％以上（平成29年度）
精神障害者総合雇用支援	（支援終了後の復職・雇用継続率83.3％（平成24年度））	支援終了後の復職率75％以上（平成29年度）

＊この他、「生活環境」および「情報アクセシビリティ」に関する成果目標が掲げられている。
出所：共生社会政策統括官「障害者施策：障害者基本計画」(http://www8.cao.go.jp/shougai/suishin/pdf/kihonkeikaku25.pdf) より抜粋。

X 障害者福祉

 ## 障害者雇用対策の現状と課題

 障害者の雇用促進のための施策の展開

　障害者の雇用対策の基本になっているのは，「障害者の雇用の促進等に関する法律」です。この法律は，1960年に制定された身体障害者雇用促進法を改正したものです。身体障害者雇用促進法は，一定割合の身体障害者の雇用を義務づける**雇用率制度**と**職場適応訓練**を主な内容としていました。1976年の改正で身体障害者雇用が法的義務となり，法定雇用率未達成の事業所から納付金を徴収する身体障害者雇用納付金制度が発足しました。

　その後，1987年に身体障害者雇用促進法の対象を身体障害者から知的障害者および精神障害者まで拡大し，雇用の促進に加え，職業リハビリテーションの推進を施策の中心に置く改正が行われ，名称も「障害者の雇用の促進等に関する法律」に変更になりました。こうして，すべての障害の種類を対象として，障害者雇用機会創出事業を展開し，障害者の雇用の促進および安定が図られるようになったのです。

　さらに，1997年の法改正で知的障害者の雇用も義務化され，2005年の法改正では，精神障害者に対する雇用対策が強化され，精神障害者も雇用率制度の対象となりました。なお，その後も法改正が行われており，障害者のより一層の雇用促進・安定が目指されています。

　障害者が一般労働市場でその職業能力を発揮し，職業活動に参加するためには，障害の種類や程度，希望，適性，職業経験などの条件に応じた職業指導，職業訓練，職業紹介，さらには就職後のアフターケアなどの職業リハビリテーションサービスを提供する必要があります。職業リハビリテーションサービスを専門に行う機関には，ハローワーク，障害者職業センター，障害者職業能力開発校，などがあります。

　また，職業生活を継続するためには，雇

▷1　雇用率制度
法定雇用率は，2013年4月1日以降，一般の民間企業2.0％，特殊法人等2.3％，国および地方公共団体2.3％，都道府県等の教育委員会2.2％となっている。

▷2　職場適応訓練
障害のある人が，作業環境に適応しやすいようにし，訓練修了後は引き続き雇用してもらうことを期待して，民間事業所に委託して実施しているもの。

表X-3　障害者雇用関係施策の概要（2015年度）

I　障害特性に応じた就労支援の推進
　1　精神障害者への就労支援の充実
　　(1) ハローワークにおける精神障害者への専門的支援の強化
　　(2) 医療機関に対する精神障害者の就労支援ノウハウの周知等の実施
　　(3) 精神障害者・発達障害者の雇用ノウハウの蓄積を図るためのモデル事業の実施
　　(4) 障害者トライアル雇用事業の実施
　2　発達障害者・難病患者への就労支援の充実
　　(1) 発達障害者の特性に応じた支援策の着実な実施
　　(2) 難病患者への支援策の着実な実施
　3　地域の関係機関との連携等による「福祉」，「教育」，「医療」から「雇用」への移行推進
　　(1) 福祉，教育，医療から雇用への移行推進事業の実施
　　(2) ハローワークのマッチング機能の強化
　4　障害者の在宅就業に関する調査・研究
II　地域就労支援力の強化による職場定着の推進
　1　障害者の職場適応・定着等に取り組む事業主への支援の拡充
　2　障害者就業・生活支援センターの設置の推進及び職場定着支援の強化
III　中小企業に重点を置いた支援策の実施
　1　中小企業に重点を置いた支援策の実施

出所：厚生労働省編『厚生労働白書（平成27年版）』日経印刷，2015年，資料編，152頁より抜粋。

用主への啓発活動や職場の環境改善を行い，職場と障害者との良好なコミュニケーションを構築するための関係調整が重要です。近年，ジョブコーチが障害者と一緒に入職し，技能指導や職場の人間関係調整等を行い，最終的にはジョブコーチなしで職場定着を図っていく，**援助付雇用**とよばれる支援方法が導入され，現在は職場適応援助者（ジョブコーチ）支援事業として実施されています。さらに，**トライアル雇用（障害者試行雇用事業）**，**特例子会社**制度等も導入され，障害者の能力や特性に応じた職域の拡大を図っています。

このように，障害者の雇用促進のための施策は展開していますが，一般企業の障害者の実雇用率は1.88％，雇用率達成企業は47.2％（2015年6月現在）にとどまっています。

2 福祉的就労

企業等の一般の事業所での就労が困難な障害者が，各種の授産施設や福祉工場，無認可小規模作業所で支援を得ながら働くことを福祉的就労と呼んでいます。ただ，福祉的就労から一般就労への移行が停滞していることや，いずれも生産性が低く低賃金になっていることなどの課題を抱えています。そこで，障害者自立支援法（現：障害者総合支援法）では従来の施設体系を再編し，能力や意欲に応じて効果的な就労支援を行うべく，就労移行支援事業，就労継続支援事業が創設されました。さらに，賃金水準の向上を図るべく，2007年度から就労支援事業所における工賃倍増5か年計画が推進され，2012年度からは工賃向上計画が進められています。

3 職業活動支援の課題

職業活動に参加することは市民としての基本的な権利であるといえます。この権利を保障し，職業を通じて社会参加を促進していくためには，障害種別による制度上の格差を是正するとともに，在宅就業などを含めた就労形態の選択肢を広げることにより，就業機会を拡大することが求められます。また，雇用と福祉とが連携し，障害者の就労，生活支援の拠点を整備し，就業と生活の双方をカバーする地域におけるネットワークの形成が望まれます。

障害者自立支援法（現：障害者総合支援法）において，就労移行支援事業が創設され，労働関係機関と連携し，職業訓練，職場実習，就職後の職場定着支援等の就労支援を行うことになりました。障害者就業・生活支援センターやジョブコーチによる支援等が有効に機能し，福祉的就労から一般就労への移行を促進することが期待されます。

（直島正樹）

▷3　近年の「障害者の雇用の促進等に関する法律」の改正
2008年の改正では，中小企業における障害者雇用の促進，障害者の短時間労働への対応の強化などが行われ，2012年の改正により，法定雇用率の引き上げなどが行われた。2013年の改正では，精神障害者の雇用義務付け（施行は2018年4月）が盛り込まれるとともに，雇用上の障害者への差別の禁止などが定められた。

▷4　援助付雇用・ジョブコーチ
「就職から職業訓練へ」という発想のもと，ジョブコーチとよばれる就労専門指導者が実際の職場において障害者を個別的に援助し，職場定着を目指していく方法。

▷5　トライアル雇用（障害者試行雇用事業）
障害者を雇用した経験が乏しいため，障害者に適した職域開発，雇用管理等のノウハウがない事業主向けの短期間の試行雇用を行う事業。障害者の雇用のきっかけづくりとすることを目的としている。

▷6　特例子会社
事業主が障害者の雇用に特段の配慮をした子会社のこと。一定の要件下で特例子会社に雇用されている労働者を親会社に雇用されているとみなし，実雇用率にカウントできる。

Ⅹ 障害者福祉

障害者の権利保障とアドボカシー

障害者の権利保障

かつての社会福祉では保護や慈善が優先していましたが，現代では「人間らしい生活のための権利保障」としての福祉が定着しています。この中心的な役割を担ったのが増加する高齢の障害者を含めた障害者福祉の分野でした。また，国連は1975年12月9日「障害者の権利宣言」を採択し，第3条に「人間としての尊厳を尊重される権利」，「同年齢の市民と同等の基本的権利」を有していると明記しています。では，具体的にどのようなことを指すのでしょうか。

○障害者の生きる権利

まず何よりも生きる権利が障害者の基本的権利です。しかし，この基本的な権利さえも侵害されてきたことは歴史が物語っていますし，現代においては科学技術の進歩による出生前診断と根強い**優生思想**とがあいまって，さらに拡大する危険性さえ，はらんでいます。1948年に制定された優生保護法には「この法律は優生上の見地から不良な子孫の出生を防止する」と記され，不良な子孫には障害者や，ハンセン病患者などがあげられていましたが，1996年に母体保護法として改正され，ようやく法的に障害児の命に尊厳が払われることになりました。しかし，この尊厳が人々の間に浸透するためには，障害者本人や家族が負担を感じずに生きていける社会が現実に達成される必要があります。

権利が保障されるためには，まず法的に権利が確立され，次にそれが有効に実現される法的・社会的条件が確立されなければなりません。

アメリカでは，障害当事者による権利運動の成果として，1990年アメリカ障害者法（The Americans with Disabilities Act：ADA）が成立しました。この法律では障害者の権利として①雇用の差別の撤廃，②一般交通機関の利用制限の撤廃，③一般市民が利用する建物や施設の利用制限の撤廃，④聴覚障害者や言語障害者の電話の取り次ぎをめぐる差別の撤廃，などを位置づけ，障害があっても差別を受けることなく，あらゆる生活分野において同じアメリカ人として，さまざまな活動に参加する機会が平等に保障されています。これらの権利が侵害された場合には訴訟を提起して，裁判所による救済が認められています。このようにアメリカでは，障害者が差別を受けないことが当然に認められる権利であると考えられています。この機会平等の法理は政策理念や抽象的な権利ではありません。この点においてADAは極めて大きな示唆を与えてくれます。

▶1　優生思想
人類の遺伝的形質に着目し，悪質の遺伝形質を淘汰し，優良なものを保存しようとする思想。

○日本の障害者基本法

　障害者基本法は，心身障害者対策基本法（1970年制定）の改正法として1993年に制定されました。その後2004年，2011年に大きな改正がされました。次に2011年の改正の要点のみを記します。

- 目的規定の見直し（第1条）……全ての国民が障害の有無にかかわらず，等しく基本的人権を享有するかけがえのない個人として尊重される，という理念にのっとり，相互に人格と個性を尊重し合いながら共生する社会を実現する。
- 地域社会における共生（第3条）……共生社会の実現のためには障害者はあらゆる分野の活動に参加する機会，どこで誰と生活するかについての選択の機会，意思疎通のための手段についての選択の機会の確保とともに情報の取得や利用のための手段についての選択の機会の拡大が図られること。
- 差別の禁止（第4条）……障害を理由とした差別や，その他の権利利益を侵害する行為の禁止。また，社会的障壁の除去の実施には合理的配慮をすること。この差別等の防止のための啓発及び知識の普及に努める。

▷2 「第2条　障害の定義」については X-1 参照。

▷3 障害者差別解消法（2013年）成立，2016年施行。

　いずれも障害者福祉の新たな視点として注目に値します。2006年の障害者自立支援法の施行以来，その見直しを目指した大きな動きの中で2009年には障害当事者を含めて，障がい者制度改革推進本部が設置され，その一部が改正され2012年6月障害者総合支援法が成立，翌年4月に施行されました。しかし，改革推進本部の提言の多くは盛り込まれず，施行後3年をめどに再検討することになっています。

② アドボカシー

　そこで権利侵害を救済するもう1つの手立てとして苦情処理制度や福祉オンブズマンを導入したり，障害のために独力では権利の行使に困難を伴う人々を支援し，その意見を代弁するアドボカシー（弁護・権利擁護）の制度が整備されつつあります。アドボカシーには，①みずからの権利を表明する主体を形成するセルフ・アドボカシー（自己の権利擁護）：みずからの権利が侵害されているにもかかわらず，その事実に気づいてもいない当事者に気づきを促す，②法的な権利があるのに，それが侵害されている個人の法的な権利を守らせるためのパーソナル・アドボカシー，③法や制度，政策に障害者の権利が組み込まれていない場合にその法や制度・政策を変えていくシステム・アドボカシー，の3つの種類があります。また，活動対象別にみると，個々のクライエントのためのケース・アドボカシーと権利擁護運動をするクラス・アドボカシーとがあります。近年，アドボカシーは専門ソーシャルワーカーの基礎的な義務や役割として，あるいは社会福祉政策論の観点からは制度的条件を整備する必要性から，重要視されるようになってきました。

（中田智恵海）

X 障害者福祉

9 セルフヘルプグループ

1 セルフヘルプグループ——つながりたい・わかってほしい

　近年の社会経済的に不安定な状況の下では，生活上の突然の大きな変化や挫折や喪失といった受け入れ難い状況に遭遇することも少なくありません。そうした状況を抱えて生きていかなければならない同じような生きづらさや困難を抱える人たち同士が自発的に継続的に集まり，相互援助によって特定の目的を達成しようとする小グループがセルフヘルプグループ（以下，SHG）です。そこで仲間とつながり，生きづらさをわかりあって，体験を語り合い，情報を交換することによって，受け入れ難い状況に向き合って新たな生き方を探ります。

● SHGの分類

　SHGは，メンバーが目標とする活動で分類すると次の4種類があります。①自己実現と個人的成長に焦点をあてるグループ：癌回復患者の会など，②権利擁護に焦点をあてるグループ：障害者や患者の会など，③社会の価値観から解放されて新しい生活方式をつくり出すグループ：性同一性障害の人たちの会など，④回復を目指すグループ：社会的な運動には全くかかわらず，自己の回復のみに着目するグループ（Alcoholics Anonymous：**AA**など），があります。[◀1]
4つめはアノニマス系といわれ，他の3つと基本的に異なり，12のステップや伝統と呼ばれるグループ運営の方法を世界中で共有しています。

2 SHGの機能

　SHGの機能は次の2つに分けられます。

● 自助的・相互支援的機能

　社会からの偏見や差別に苦しむ人にとっては，SHGは居場所であり，オアシスとなります。そこでは，仲間とつながることで，「この苦悩を味わうのは自分1人ではなかった」と孤立から解放されます。仲間はそこにいるだけで苦しみや哀しみを「丸ごと分かり合える」宝です。また，仲間は役割モデルであり，互いに人格的な模範となり，それは人間としての存在を認め合うことになるのです。また，SHG内では援助を受けるだけではありません。これは**援助者治療原則**と称されるように，他の仲間を援助することは自分自身が最も援助されることにつながります。[◀2]

　一人ひとりの体験をメンバーが共有し，蓄積されていくので，体験型専門的

▶1 AA（Alcoholics Anonymous）
アルコール依存症者の自助グループ。1935年にアメリカで誕生して以来，世界的な広がりをもつ自助グループとなっている。

▶2 援助者治療原則
援助する者が最も援助を受けるというもの。一般に一方的に援助を受ける者とみなされる障害者や病者が，SHGでは援助を与える役割も果たす。

知識に富むしろうとは**レイ・エキスパート**[3]として，問題への対処方法も洗練され，問題解決能力が高まります。体験型専門的知識は主体形成の重要な要因です。SHGのもう一つの柱である脱・専門職至上主義は，専門職におまかせしないで自分自身の選択や決定を大切にします。

それぞれのSHGでは多様性や違いを認め合う固有の文化が築かれており，独自の価値観や自己概念が形成されます。

◯運動的・社会改良的機能

SHGは病気や障害を抱えたまま，生き生きと生きられる社会の実現を目指して活動する基地となります。そこでは大きく次の2点が行われます。

①社会に対して理解を求めたり，意識や態度の変更や改善を求めます。平均的状況からの逸脱を許さない社会，あるいは少数者を偏見によって差別し，排除しようとする社会の非人間性と不正常を訴え，一般市民の意識や態度の変更を求めます。仲間同士がつながり，わかってもらえたという思いは一般市民とつながり，わかってもらいたいと広がっていくのです。

②運動や行政交渉をしたり，自治体の企画会議や審議会に参画して社会福祉制度やサービスの創出や整備を図ります。家族会や親の会といったSHGが，福祉事業所を運営して，本人たちの就労を支援したり，地域社会で暮らす場を用意したりもします。こうした場は一方で一般市民に生きづらさを抱える人とふれあい，正しく理解する機会を提供することにもなっています。

◯セルフヘルプ・クリアリングハウス

SHGがこれほど有効であるといっても，それらを達成できるSHGばかりではありません。入会も退会も自由で，生活上の困難を抱えた人たちの，人材も資金も十分ではない脆弱な小グループです。リーダーの後継者がいない，内部分裂して仲間同士の葛藤も生じる，脱・専門職至上主義を標榜して，必要な専門職とつながることを避ける，自分自身の体験を押しつける，など問題は山積しています。そのためにSHGの運営を支え，SHGがなければ新たに立ちあげを支援する組織が必要です。それが**セルフヘルプ・クリアリングハウス**[4]です。日本にも10数か所，活動し始めてきています。どのようにSHGを支援しようとするのか，主要な2点だけをあげておきます。

①生活上の課題を抱えて孤立する人をSHGにつなぐ。電話，情報誌やホームページによる情報提供によって仲間とのつながりを手助けする。兵庫県のセルフヘルプ支援センターでは，おおむね2年に1度，情報誌を作成して，種々の相談窓口に配布するとともにホームページで公開している。

②SHGの世話人同士の交流会を開催して，グループの運営やメンバーの増強方法などについて相互に学び合う場を設定する。SHGは万能薬ではありません。援助の方法の一つとして，対人援助職者は生活困難にある人をSHGにつなぎ，その歩みを黒子となって見守る姿勢が大切です。

（中田智恵海）

▷3 レイ・エキスパート (Lay Expert)
しろうとではあるが，体験した問題に関しては体験型専門的知識を有する人を指す。

▷4 セルフヘルプ・クリアリングハウス
地域によっては，セルフヘルプ支援センター，セルフヘルプ情報支援センター，セルフヘルプチーム，などとも呼ばれる。

X 障害者福祉

 # リハビリテーション

1 リハビリテーションとは何か

○リハビリテーションの源流

リハビリテーション（rehabilitation）という用語は，ラテン語に由来します。re（再び），habilis（適する），action（すること）からなっており，「再び適したものにすること」と理解されます。リハビリテーションが障害者の領域で適用されるようになったのは，20世紀の世界大戦が産み出した多数の戦傷障害者の職業および生活の保障をめぐってです。戦争で障害を負った傷痍軍人を再び国家に役立てるために，リハビリテーションの技術は活用されたのです。すなわち，**社会効用的障害者観**にもとづき，医学的訓練や職業訓練が実施されたのです。日本のリハビリテーションの歴史も，第二次世界大戦後の身体障害者福祉法に基づく諸施策に始まります。リハビリテーションは「更生」と邦訳されてこの法律の目的に盛り込まれ，職業的自立のための諸施策が展開されていったのです。

▷1 社会効用的障害者観
手段としての人間という人間観の下に，障害者を社会の発展に寄与できるようにするために援助する観点を指す。

○リハビリテーションの意義

国連の「障害者に関する世界行動計画」（1982年）は，リハビリテーションを，「身体的，精神的，及びまたは社会的に最も適した機能水準を達成できるようにし，これにより，各個人に対し自らの人生を変革する手段を提供することを目的とした，目標志向的かつ有限的な過程」ととらえています。この定義で注目されるのは，①リハビリテーションの分野が，残存機能の拡大と失われた機能の代替を中心的な課題とする医学的なものにとどまらず拡大したこと，②リハビリテーションの主体が障害者本人であり，専門職が一方的にそのプログラムを決定し実行するものではない，としたことにあります。

今日のリハビリテーションの理念は，全人間的復権，つまり，障害があるために剝奪された権利を全面的に回復し，人間にふさわしい生活の回復を目指し，主体者である障害者のQOLを最大限に高めることにあります。そして，リハビリテーションの根底にある重要な思想は，人権，ノーマライゼーション，自らの生活における自己決定権の行使を主張した**自立生活運動**です。

▷2 QOL
⇒X-2 参照。

▷3 自立生活運動
アメリカで始まった障害者主体の運動であり，日本にも影響を及ぼしている。その意義は，自己決定権の行使と障害者本人の主体性を強調する自立観を提起したことにある。

リハビリテーションの分野

○医学的リハビリテーション

医学の知識や方法により，障害の除去・軽減を目指して行われるのが医学的

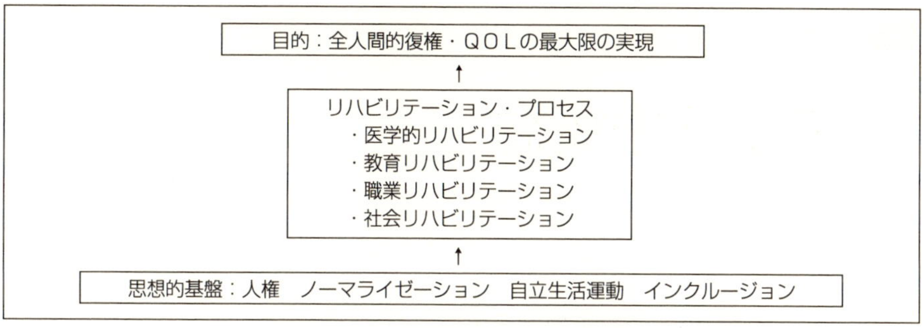

```
┌─────────────────────────────────────────────┐
│         目的：全人間的復権・QOLの最大限の実現    │
│                      ↑                       │
│            リハビリテーション・プロセス          │
│             ・医学的リハビリテーション           │
│             ・教育リハビリテーション             │
│             ・職業リハビリテーション             │
│             ・社会リハビリテーション             │
│                      ↑                       │
│   思想的基盤：人権　ノーマライゼーション　自立生活運動　インクルージョン  │
└─────────────────────────────────────────────┘
```

図X-3　リハビリテーションの構造

（注）人権，ノーマライゼーションといった思想的基盤のもと，リハビリテーション・プロセスは全人間的復権，QOLの最大限の実現という目的の達成を目指している。

リハビリテーションです。心身の機能，生活活動の諸問題に焦点をあて，その問題を解決するために，理学療法・作業療法などによる機能回復訓練や，二次障害の発生予防，補装具の活用による日常生活動作の改善などを行っています。具体的には，脳卒中による片麻痺，中枢神経系の運動機能問題，精神障害，知的障害から生じる障害等を対象にしています。

○教育リハビリテーション

教育リハビリテーションは，障害児・者が教育を受けその潜在性を発揮し，その人らしい生き方を追求できるように支援することです。その範囲は，就学前の通園施設および学齢期における学校教育から成人に対する生涯教育まで含みます。従来，大きな関心がむけられている学齢期の学校教育の取り組みは，障害児が一般児童と一緒に教育を受ける統合教育から，障害児を学校生活や社会生活に包み込んでいこうとする，**インクルージョン**へと展開しています。

▷4　インクルージョン
⇒ X-5 参照。

○職業リハビリテーション

職業リハビリテーションは，障害者が就業の場を得，かつ，それを継続することができるように支援することをいいます。就労をとおして，障害者が社会の構成員として，自己実現を果たしていくことを可能にすることを目指して，主に「障害者の雇用の促進等に関する法律」をもとに実施されています。その支援過程は，職業評価，職業指導，職業訓練，職業紹介，さらには職業を継続していくためのアフターケアなどからなっています。

○社会リハビリテーション

社会リハビリテーションは，**社会生活力**を高めることを目的とした支援をいいます。障害者の潜在性に信頼をよせ，障害者が社会環境と良好な交互作用関係を築けるように支援し，障害者が自分自身の生活の主体として人生を創り上げることを目指しています。支援プログラムの具体例としては，健康管理，時間・金銭管理，介助，福祉用具，住宅，外出，自己の認識，コミュニケーションと人間関係，社会参加と社会資源，余暇活動，などがあげられます。

▷5　社会生活力（SFA：Social Functioning Ability）
さまざまな社会的状況のなかで，自分のニーズを満たし，一人ひとりに可能な最も豊かな社会参加を実現する権利を行使する力のこと（1986年国際リハビリテーション協会の定義）。

（久保美紀）

XI 地域福祉

地域福祉の概念

1 地域福祉のとらえ方

　日本の社会福祉は，社会福祉六法を法的な根拠として，主な対象者ごとの援助を規定しています。これに対して地域福祉の分野は，地域社会において福祉の総合化を図りつつ，住民に共通する生活課題を対象とします。このために縦割り行政の弊害をみつめ，福祉行政の枠を越えて関連の保健や医療・教育・雇用・住宅などに至る生活行政の再編成を課題としてとらえます。こうして住民の生活の場である地域社会において，新たな福祉の発展を促す実践を展開してきました。

○時系列の視点でみる

　こうした地域福祉の概念は，歴史的な視点でとらえて「狭義の地域福祉」と「広義の地域福祉」に分けると内容が把握しやすくなります。ここで押さえるべき点は，地域福祉の概念を構成するうえで必須の要件となった，諸外国からの福祉の方法論が与えた影響です。それにはまず戦後，日本の社会福祉協議会における活動論を基礎づけたアメリカのコミュニティ・オーガニゼーションがあります。その解釈から**地域福祉の組織化活動**の理論も導かれました。

> ▶1　地域福祉の組織化活動
> ⇒参照。

　1970年代に入ると，イギリスからコミュニティ・ケアの考え方が導入され，在宅福祉の政策や関連するサービスの推進に対する指針を与えました。ほぼ同時期に，日本の主要な福祉研究者による独自の地域福祉の概念も次々と構築されました。これらの概念はそこに含まれる方法論のアプローチの特性から，次のように分類する考え方が定着しています。

①構造的概念

　この概念には，地域福祉を政府・自治体の制度・政策論と規定する「政策制度論的アプローチ」と，地域福祉を国家独占資本主義段階における政府・自治体がとる社会問題対策と規定する「運動論的アプローチ」の2つがあります。

②機能的概念

　この概念には，福祉サービスを受ける住民・要援護者の側から地域福祉の体系を展開する「主体論的アプローチ」と，福祉サービスを供給する側から地域福祉の供給システムを構想する「資源論的アプローチ」の2つがあります。

　また岡村重夫によって示された福祉コミュニティの概念が，地域福祉の指標となって今日に至っています。さらに「完全参加と平等」をテーマに掲げた，

1981年からの国際障害者年によってノーマライゼーションの理念が広く浸透し、地域社会における当事者の自立や環境改善の考え方を飛躍的に前進させました。

◯狭義の地域福祉の課題

以上のような福祉の方法論を基礎として、狭義の地域福祉の枠組みにおける主な活動の課題としては、次の3つがあげられます。

① 生活に必要な福祉サービスの提供
② 生活環境の改善活動
③ 地域福祉の推進に必要な組織化活動

①では、個人や家族が抱える生活上の福祉問題を解決するために、必要な各種の福祉サービスの整備を目標にするもので、具体的には、居宅生活へのケア、施設利用のサービス、問題に対する予防を実施します。

次の②は、個人や家族が営む生活の環境を豊かにする諸活動を意味し、物的・制度的な環境条件の改善や意識的な環境の改善を行います。

最後の③には、一般的な組織化活動の他に地域福祉計画の策定のプロセスも含まれています。広範な生活問題に対して、緊急度の高い課題から対処の方策を構想する**地域福祉計画の策定**は、2000年の社会福祉法の成立の際に法定化されました。

▷ 2　地域福祉計画の策定
⇒ⅩⅠ-8 参照。

最近において狭義の地域福祉では、上述の課題を推進するためにNPOやセルフヘルプ・グループ、ケアマネジメント、ソーシャル・サポート・ネットワークなどの方法論も導入して考察されており、ますます多様化の様相を示しています。

❷ 広義の地域福祉と今後の目標

狭義の地域福祉に対する広義の地域福祉とは、社会福祉を構成する老人福祉、身体障害者福祉、児童福祉、知的障害者福祉、精神障害者保健福祉などにおいて、地域福祉の考え方が積極的に取り入れられていることを意味します。近年になってこれらの分野の福祉でも、自立、地域支援、社会復帰、参加、などがキーワードとなり、地域福祉の諸技術を幅広く活用しています。

このように地域福祉は、狭義において概念が多様化する一方、広義の概念では分野が多角化しているため、理論を体系化することが一層困難になりつつあります。しかし一方で、社会福祉法の第1条や第4条で「地域福祉の推進」が目的として定められ、その包括的な推進の方法論の確立が急務になっています。

このために今後は、コミュニティという生活の場を拠点とし、広義の地域福祉における諸課題をみすえながら、狭義の地域福祉として用いられる技術を効率的・有効的に使用して、望ましい福祉コミュニティを形成することが目標となります。

（瓦井　昇）

XI 地域福祉

 地域の組織化と福祉の組織化

 組織化論の構成

○コミュニティ・オーガニゼーション論の2つの流れ

　地域の組織化と福祉の組織化は，地域福祉論においてもっとも混乱が生じやすい概念です。これを正しく把握するためには，日本がアメリカからコミュニティ・オーガニゼーション（以下，COと記す）の理論を学び取った歴史を押さえなければなりません。

　1950年代，草創期の社会福祉協議会の活動を方向づける上で，CO論は大きな役割を果たしました。この時期に日本が導入したCO論は，ニーズを効果的に資源へ適応させることを目標とした「ニーズ・資源調整説」と，事業やサービスに関係する機関・団体・グループおよび個人との相互関係を改善促進して，連絡調整を図る「インターグループ・ワーク説」が中心でした。

　1960年代に入ると，**岡村重夫**がロス（Ross, M. G.）の『コミュニティ・オーガニゼーション——理論と原則』を全訳し，紹介しました。地域住民の共通の問題を発見し，この対策を住民参加によって計画的に図るロスの理論は，CO論の統合化説に位置づけられるもので，この理論は『社会福祉協議会基本要項』（1962年策定）にある住民主体の原則を基礎づけました。

○岡村重夫の組織化論

　岡村重夫は，1974年に著した『地域福祉論』において，地域福祉の構成要素として，コミュニティ・ケア，一般的地域組織化と福祉組織化，予防的社会福祉をあげ，この3要素と地域福祉活動の各対象者の分野を組み合わせることで，地域福祉の全体像が展望できると論じました。この中でロスの理論を取り込みながら，地域福祉の組織化論を展開しました。

　そこではまず，地域福祉にとって望ましい地域社会構造や，社会関係をつくりだす地域組織化活動を展開する基盤となるコミュニティ型地域社会の形成を，一般的地域組織化と定めました。さらに日常生活に困難をもつ人々の生活上の利益に同調して代弁する個人や機関・団体が，共通の福祉関心をもって関与する特別なコミュニティ集団を福祉コミュニティと定義し，この形成を目的とする福祉組織化を理論化しました。そして一般的地域組織化が目的とする地域コミュニティと，福祉組織化が目的とする福祉コミュニティでは，後者が前者の下位コミュニティとして位置づけられますが，両者の間には密接な協力関係が

▷ 岡村重夫
⇒ⅠⅠ-1参照。

あるべきと論じました。

2 組織化の考え方と今後の課題

○ 地域組織化と福祉組織化

1980年代に入ると，全国社会福祉協議会も地域福祉の内容を再検討する中で，組織化の考え方を地域組織化と福祉組織化に二分して整理しました。これは岡村の組織化論に，CO論のニーズ・資源調整説とインターグループ・ワーク説を組織化の考え方として組み合わせ，再構成したものと理解できます。

地域組織化とは，住民の福祉への参加や協力，さらに意識や態度の変容を図りつつ，福祉コミュニティの形成を目標とする概念です。より具体的に述べると，地域社会で問題を抱える者が主体的に解決できるように，

① 高齢者や障害者およびその家族などの当事者の組織化
② 地区や校区の社会福祉協議会といった，活動のための基盤組織の構築
③ 一般の住民に対するボランティア活動の啓発や促進

などの活動を実践するものとなります。これは岡村による福祉組織化の理論とほぼ同じ内容です。

全国社会福祉協議会による福祉組織化は，福祉サービスの組織化と調整，さらにこうしたサービスの供給体制の整備や効果的な運営を目標とする概念となっています。より端的にいえば，社会資源の動員および開発を目標とする組織化です。ここでの社会資源には，各種の施設・サービス・相談機能・制度的資源，そして当事者を援助するボランティア・グループなどの地域組織の資源や，家族・近隣関係などのインフォーマルな資源まで含まれます。さらに，これらの社会資源を効率的に活用するための関係機関・団体間の連絡調整やそのためのシステムの構築も，福祉組織化の実践となります。

○ 今後の組織化論の課題

地域組織化と福祉組織化の区分は，岡村による用語をそのまま使用しつつ異なった定義づけをしたため，当初かなり混乱を招きました。このために両者を統合し，地域福祉の組織化として述べる論者も少なくありません。狭義の地域福祉の考え方が多様化し，広義の地域福祉の範域が多角化している現在，組織化を「地域」と「福祉」に分別することが，積極的な意義を生み出すものになるとはあまり思えません。それよりも今後は，地域福祉計画や地域福祉活動計画において，福祉コミュニティ形成や要援護者の権利擁護などの目標をみすえた時に，それぞれの地域社会における福祉の個別・固有の課題をとらえながら，いかに2つの組織化を関連づけて推進するかが問われています。そこでは，ノーマライゼーションの理念が生かされた，住民一人ひとりを大切にするまちづくりの目標が先にあって，公私が協働して必要となる組織化を着手し，それらを有機的に組み合わせていくことが求められます。

（瓦井　昇）

XI 地域福祉

ボランタリズムとボランティア

1　2つのボランタリズム

　ボランタリズムには2つの意味があります。1つは"voluntarism"，わが国では「主意主義」と訳され「意志的なものを知性的なものよりも上位におく立場」(広辞苑)つまり，人間がもつ自由な意志や精神を理性や知性よりも重視するという考え方です。一方(y)が1字つく"voluntaryism"は，キリスト教の歴史の中で，国家から独立し干渉を受けないあり方を示した言葉です。国家権力や制度から独立して，自らの主体的な意志を尊重し活動していく思想であり，どちらもボランティアの思想的基盤になっている考え方です。▷1

2　「ボランティア」——主体性・社会連帯感を育むもの

　ボランティアという言葉は，ラテン語の「volo（意志する）」から派生して名詞の「voluntas（自由意志）」となり，これに人を表す「er」をつけて「volunteer」になったといわれています。

　このようなボランティアは，本来，「自発的な人」という意味です。ボランティアの思想的性格として阿部志郎は，主体性，連帯性，無償性をあげています。▷2 それは，「なにものにも強制されることなく行動する自発性に根ざし，行政に甘えず，真の自立を獲得しようとするボランティアは，相手の自立を尊重してやまない。ここに連帯が芽生え，福祉が育つ。福祉とは，自立を促す連帯的な行動を指すから」▷3 といわれています。

3　ボランティア活動——手段（具体的内容）と目的（目指すもの）を明確化する

　このようにボランティア活動（volunteer activities）は，主体性・社会的連帯感に基づく公共活動（市民活動）であり，奉仕活動ではないことを強調したいと思います。「～のために」ではなく，「～とともに生きる社会」を目指すことが，ボランティア活動の究極の目的です。そのためには，どのような社会的状況にある人も決して排除しないこと，一人ひとりが生命をもったかけがえのない存在として尊重し合いながらともに新しい社会を創造していくことを目指します。ボランティア活動は，このような重要な役割を担っています。

▷1　大阪ボランティア協会編『ボランティア＝参加する福祉』ミネルヴァ書房，1981年。

▷2　阿部志郎『ボランタリズム講演集2』海声社，1988年，40～41頁。

▷3　阿部志郎『福祉の哲学』誠信書房，1997年，90頁。

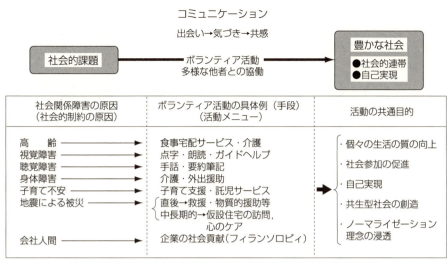

図XI-1 ボランティア活動の多様な手段（メニュー）とその目的

4 "社会的制約"という視点から見るとボランティアも利用者も同じ立場に立てる

　高齢者，障害者，子ども，貧困などの理由により，社会的制約を受けやすい人々がいます。これらの人々は，特別な存在ではありません。受験で余裕がない，子育ての最中で余裕がない，仕事が忙しく余裕がないなど，自分自身の生活をふりかえれば結構，社会的な制約を受けていると感じることも多いと思います。「**セルフネグレクト**」▷4，「**孤立死**」▷5も深刻な問題となっています。

　"社会的制約"という視点からみると，障害者も子育て中の母親も同じです。主婦・子育て中という理由でいろいろな制約（社会参加しにくい）を受けますし，障害者・高齢者という理由でいろいろな制約（社会参加しにくい）を受けます。

　このように考えると，一方的に支援をするだけの関係は成り立たなくなってしまいます。だからボランティア活動は，障害者や高齢者の社会参加を促すだけでなく，活動を通してボランティア自身の社会参加も促します。つまり，ボランティアにとっても利用者にとっても，自己実現のきっかけとなる共感・協働の企てといえるのです。

　「ボランティアは愛と怒りとをもつ，もっとも人間らしい人間であり，またその心情のとおりに行動する人間である。ボランティア活動はだれでも，いつでも，どこでもできる普通の行為であることを明記しなければならない」▷6という言葉は，筆者の好きな言葉の１つです。

5 ボランティアに期待されるもの

1. 社会連帯感に基づく自立への支援者の役割
2. 社会関係の孤立化（社会的孤立）を防ぐ役割（社会との橋渡し）
3. 社会変革（ソーシャルアクション）の主体者
4. ボランティア自身の自己実現

（新崎国広）

▷4　セルフネグレクト
「自分自身の健康や安全を脅かすことになる，自分自身に対する不適切な，または怠慢の行為」。多々良紀夫，二宮加鶴香『老人虐待』，筒井書房，1994年。

▷5　孤立死
地域社会との繋がりをもたない状態で，誰にも看取られずに死亡し，死亡した事実がすぐには誰にも気づかれなかったケースを指す。ただ明確な定義はなく，厚生労働省は全国調査を実施していない。

▷6　柴田善守「ボランティア活動の意義」『地域活動研究』第６巻２号　全国社会福祉協議会，1973年を，「ボランティア活動の理論」『ボランティア活動文献資料集』大阪ボランティア協会，1974年，173頁に再掲。

XI 地域福祉

4 NPO（民間非営利組織）活動の役割

1 NPO活動とは何か──「参加共生型社会」を目指して

NPO（non-profit organization）は，営利組織（profit organization）と対になる言葉で，営利を目的としない活動を行う組織のことをいいます。言い換えると「主体的に社会的な公益活動を行う民間の非営利組織」ということができます。公的機関の多くもNPOです。

ボランティア活動との共通点も多いのですが，大きな違いが2つあります。第1は，ボランティア活動が個人の活動であるのに対し，NPOは組織・集団を指します。第2は，非営利は共通ですが，NPOの場合，無報酬ではなく，事業で得た利潤をみずからが行う公益的な事業の活動資金として使うことも可能です。個々のもつ社会的課題を改善していくための資金を，活動で得た利潤や支援者からの寄付金によって調達します。活動で得た利潤を会員に還元するのではなく，社会に還元するのです。

従来のボランティア活動が，個人・任意団体のため組織化しにくかったり，責任の所在が明確でないために活動の規模や内容に制限を受け，ソーシャルアクションにつながらなかった点を克服するものとしてNPO活動は期待されています。すべての人々が自分たちの生活している社会を，より豊かでより生活しやすい社会にみずからの手で変革していくことを目指した社会を，参加共生型社会とよびます。もちろん，公的な責任がなくなった訳ではありませんが，行政に依存するのではなく，われわれ自身がさまざまな社会的課題に対して主体的に関わっていくことによって，真に豊かな社会をつくっていくことに寄与する目的で行われている活動がNPO活動なのです。

▷1 voluntary organization, voluntary sectorともいう。

2 特定非営利活動促進法の制定

NPO活動の社会的立場を確立するため，1998年「特定非営利活動促進法」が制定されました。一般にこの法律を，NPO法といいます。

○目　的

この法律は，特定非営利活動を行う団体に法人格を付与すること等により，ボランティア活動をはじめとする市民が行う自由な社会貢献活動としての特定非営利活動の健全な発展を促進し，もって公益の増進に寄与することを目的としています。

○活動内容

主な内容は次のとおりです(2011年の改正で下線部の3項目が新設されました)。①保健, 医療又は福祉の増進を図る活動, ②社会教育の推進を図る活動, ③まちづくりの推進を図る活動, <u>④観光の振興を図る活動</u>, <u>⑤農山漁村又は中山間地域の振興を図る活動</u>, ⑥学術, 文化, 芸術又はスポーツの振興を図る活動, ⑦環境の保全を図る活動, ⑧災害救援活動, ⑨地域安全活動, ⑩人権の擁護又は平和の推進を図る活動, ⑪国際協力の活動, ⑫男女共同参画社会の形成の促進を図る活動, ⑬子どもの健全育成を図る活動, ⑭情報化社会の発展を図る活動, ⑮科学技術の振興を図る活動, ⑯経済活動の活性化を図る活動, ⑰職業能力の開発又は雇用機会の拡充を支援する活動, ⑱消費者の保護を図る活動, ⑲前各号に掲げる活動を行う団体の運営又は活動に関する連絡, 助言又は援助の活動, <u>⑳前各号に掲げる活動に準ずる活動として都道府県又は指定都市の条例で定める活動</u>。

3 特定非営利活動促進法の一部を改正する法律(改正NPO法)

今回の改正(2011年6月公布, 2012年4月施行)により, 国税庁長官が認定する現行の認定制度が廃止され,「都道府県の知事又は指定都市の長」が認定する新たな認定制度が開始されます。今回の改正の主な点は, ①第3の認定制度・仮認定制度の導入に伴って, 第1条に, 旧法の目的に加え「運営組織及び事業活動が適正であって公益の増進に資する特定非営利法人の認定に係る制度を設けること」の文言が追加された点, ②新たに「認定制度」が設けられ,「認証制度」と「認定制度」の2階建ての法律となり, 認定・認証事務の所轄庁が一元化された点, ③従来の17の活動分野に上記の3項目が追加された点等です。なお, 新設の「認定制度」は, これまで租税特別措置法に規定されていた国税庁長官による認定制度を廃止し, 改正NPO法において地方自治体が行う制度として位置づけられました。

4 NPO支援センターに期待される役割・機能

NPO支援センターとは, NPOをサポートしてその活動を推進するために設立された機関です。NPO法の施行以降, 多くのNPO支援センターが設立されました。NPO支援センターは, 表XI-1のような機能を果たしています。

(新崎国広)

表XI-1 NPO支援センターにおける機能

①情報提供に関する機能(情報の収集, 集積, 発信・啓発活動)
②場所や機材の提供に関する機能
③ネットワーキング支援機能(団体間の連絡調整, インター・グループワーク)
④マネジメント支援機能(組織運営管理・コンサルテーション)
⑤アドボカシー機能(NPO活性化のためのさまざまな政策提言, ソーシャルアクション)
⑥シンクタンク機能(NPO現状分析・調査・研究)
⑦資源仲介機能(活動資金や必要物質等をNPOに提供する個人や組織を仲介する)

出所:加藤哲夫「日本のインターミディアム, 特にNPO支援センターをめぐる現状と課題」「ボランティア白書」編集委員会編『ボランティア白書2001』日本青年奉仕協会, 2001年, 120~122頁を筆者要約。

▷2 **公益法人制度改革関連法**
2006年5月, 第164回国会において公益法人制度改革関連法が成立したことに伴い, 公益法人制度が根拠にしてきた民法についても関連条文を削除するという改正が行われた。これを受け, 民法を準用していた特定非営利活動促進法においても, これまで準用していた民法の条文を概ねそのまま法に規定した。

▷3 **日本NPOセンター**
NPO全体の発展を願い, 設立した団体。民間非営利セクターに関するインフラストラクチャー・オーガニゼーション(基盤的組織)として, NPOの社会的基盤の強化を図り, 市民社会づくりの共同責任者としての企業や行政との新しいパートナーシップの確立を目指して活動している。200名を超える個人会員と100社を超える企業会員を有する, 日本を代表する中間支援組織。日本全国のNPOを対象に, ネットワーキングと組織基盤強化の支援を実施している。また, 経済界との共同研究の実施や自治体職員の出向の受け入れなど, セクターを超えたコーディネーターとしての存在感も大きい。掲載NPO数が日本最大級のNPO基本情報掲載データベース「NPO広場」の運営も行っている(https://www2.charity-platform.com/navi_view.php?id=451)。

XI 地域福祉

 住民参加と身近な地域活動

住民参加が求められている背景

今日，日本の行政システムは地域主権を積極的に進めようとしています。それぞれの地方自治体が主体的に責任をもってまちづくりを進めていくのです。その際には行政だけではなく，地域住民の参加が不可欠になります。

○地方自治法の改正

地方分権推進法（1995）をうけて国に設置された地方分権推進委員会は，地方公共団体に対して「政策策定過程等への住民の広範な参加を一層促進し，行政と住民との連携・協力に努め，住民の期待と批判に鋭敏かつ誠実に応答すること」を求めました。地方分権推進計画では，住民意志を把握・反映していくために①行政の情報化の促進，②行財政状況の情報提供，③住民の意見徴収等の拡充が必要としました。行政は住民に対して丁寧な情報公開を行い，また民間活動等との連携・協力していくために①地域コミュニティの活動の活性化の推進や連携強化，②ボランティア活動等の環境整備の推進などの提案がなされました。その後地方自治法が大改正（1999年）されました。

○地域福祉の推進と住民参加

こうした内容は，これまで地域福祉を推進しようとしてきた考え方と一致します。地域福祉では，住民が主人公（住民主体の原則）であり，生活を営む一人ひとりが，地域の福祉課題に気づき，それを解決しながら，福祉コミュニティを形成していくことを目標に，さまざまな支援をしてきました。住民の福祉活動への支援，ボランティア活動の推進，住民参加型在宅福祉サービスやNPO活動の発展など大きな広がりがありました。しかし従来の福祉制度（措置制度）では行政の権限が強く，中核となる施策については住民が意見を出してもなかなか反映されることはありませんでした。ところが今後は，地域福祉計画や介護保険事業計画など政策策定過程にまで住民参加が求められるようになりました。つまり「**自治型地域福祉**」が重要な課題となってきたのです。

2 地域住民の完全参加

○地域福祉の推進

社会福祉法第4条では，地域福祉を推進するためには，地域住民と，社会福祉を目的とする事業を経営する者，そしてボランティアなど社会福祉に関する

▶ **自治型地域福祉**
右田紀久恵が，『自治型地域福祉の展開』（法律文化社，1993年）において概念化したもの。地域福祉と自治，地方自治体との関連を地域福祉概念の中に包摂するもので，住民の主体性を「自治」性を媒介として実現することを唱えている。

活動をする人たちの三者がお互いに協力しあうことが大切であるとしています。この地域住民のなかには、福祉サービスを必要とする人も含まれています。法律では福祉サービスを必要とする人も地域社会を構成する地域住民の一人として位置づけており、全ての住民が豊かな日常生活を営み、社会、文化、経済などあらゆる分野の活動に参加できるようにすることが必要であるとしています。すなわちノーマライゼーションを実現していくことを意図しているのです。

●ノーマライゼーションと完全参加

またこの考え方には福祉サービスを必要とする人を特別な人としてとらえるのでなく、地域住民の一員として位置づけるという社会的包摂（ソーシャルインクルージョン）の視点があります。たとえばそれは「施設の利用者」ではなく、地域にある施設の「生活者」としての見方を大切にしようとするものです。また限られた場面や機会だけではなく、さまざまな分野に「完全参加」するということの重要性が強調されています。これはノーマライゼーションを目標とした国際障害者年（1981年）のテーマ「完全参加と平等」を意味しています。つまり住民参加を考えていくときには、地域住民の完全参加を実現していくことが大事にされるとともに、そのための最大限の環境整備と支援をしていかなければなりません。このような「参加型福祉社会」を創造していくために、すでに1993年に「国民の社会福祉に関する活動への参加の促進を図るための措置に関する基本的な指針」が告示されています。

3 身近な地域活動をすすめる

一方、「地域福祉」が実体化してきているとはいえ、生活の基盤となる地域の規模の問題があります。人口数百人の村から何百万人の市までを、「市町村」と一言でまとめてしまうのは無理があります。

そこで地域福祉では、住民にもっとも身近な基本的な生活圏を単位として、そのなかでの支え合い活動などを豊かに推進することが大切であるとしてきました。「身近な地域」の規模は小さければ小さいほど、お互いの距離は縮まり濃厚な人間関係を築くことになります。ただしあまり小さくなりすぎると、今度は逆に支援しにくい問題がでてきたり、効率が悪くなることもあります。そこで保健や福祉サービスの利用や提供がしやすい範囲として中学校や小学校の通学範囲、おおむね1～2万人規模を単位として考えます。もちろん地域によっては、それ以下の小さな単位をつくっていくこともあります。

市町村社会福祉協議会のなかには、「地区を単位とした社協」を組織化して、この身近な地域活動を組織的に推進しているところもあります。大切なことは、住民相互のインフォーマルな活動を豊かに展開していくことです。フォーマルなサービスと住民参加による支えあいがうまく連携して、豊かな自立生活を支援していくことが重要です。

（原田正樹）

XI 地域福祉

地域福祉とまちづくり

1 地域福祉を推進する

○地域福祉の実体化

わが国では，1990年の社会福祉八法改正によって，市町村を基盤とした社会福祉体制への移行が本格的に始まりました。この法律改正によって，たとえば高齢者や身体障害者の在宅福祉サービスと施設福祉サービスが身近な地域で一元的に提供されるようになりました。そのためにすべての市町村は「老人保健福祉計画」の策定が義務づけられ，それぞれ策定してきました。つまりこれからの市町村は主体的・計画的に福祉行政を進めていくことになったのです。1997年からは戦後の社会福祉の基礎構造を改革するための検討が本格化します。

○地域福祉の歩み

地域福祉の重要性は1970年代から指摘されてきました。当時高度経済成長のなかで，生活の基盤としての地域にさまざまな問題が生じてきたこと，同時にそれまでの地域社会が崩壊してきたことから，改めてこの地域社会への関心が高まってきました。社会福祉の分野では，それ以前から社会福祉協議会が地域組織化活動を進めていました。1962年には「住民主体の原則」が打ち出されています。またイギリスのシーボーム報告（1968年）などからの影響を受け，コミュニティ・ケアという考え方も取り入れられてきます。当時，岡村重夫による『地域福祉研究』（1970年）『地域福祉論』（1974年）が刊行され，本格的な理論研究もはじまりました。その後，収容型施設への批判，ノーマライゼーションの広がり，在宅福祉サービスの展開，ボランティアや市民活動の推進などによって，ますます地域福祉が重要視されてきたのです。こうした流れのなかで，その後の社会福祉基礎構造改革では，今後の社会福祉のあり方として地域福祉の推進を中心課題として位置づけ，2000年から施行された社会福祉法のなかで<u>地域福祉の推進</u>（第4条）が明記されるに至りました。より具体的に地域福祉の推進が求められる時代へと移り変わってきたのです。

2 福祉コミュニティを創造する

○福祉コミュニティ

牧里毎治は福祉コミュニティのことを「一般的に用いられる地理的なコミュニティに対して，多かれ少なかれ，地域社会における共同生活を基盤としつつ，

▷1 地域福祉の推進（社会福祉法第4条）
第4条 地域住民，社会福祉を目的とする事業を経営する者及び社会福祉に関する活動を行う者は，相互に協力し，福祉サービスを必要とする地域住民が地域社会を構成する一員として日常生活を営み，社会，経済，文化その他あらゆる分野の活動に参加する機会が与えられるように，地域福祉の推進に努めなければならない。

ハンディキャップ（社会的不利）をもつ階層の福祉追求を原点にサービス・施設の体系的整備とともに，地域住民の福祉意識・態度の醸成を公私協働で図ろうとする機能的コミュニティのひとつである」と定義しています。つまりノーマライゼーションを実際的な生活課題に即して具現化していくコミュニティのことをいいます。

○地域福祉の主体形成

こうした福祉コミュニティを創造していくためには，その内実を伴う主体形成が大切です。大橋謙策は地域福祉の主体形成として①地域福祉の実践主体，②福祉サービスの利用主体，③社会保険制度の契約主体，④地域福祉計画の策定主体といった4つの視点から整理しています。地域福祉を推進していくためには，こうした「力」が一人ひとりの個人にも，そして地域にも備わっていくことが重要なのです。

社会福祉協議会では，こうした福祉コミュニティを形成していくことを目的として，「ふれあいのまちづくり事業」を1991年から実施してきました。この事業は在宅でのケアを基本におきながら，コミュニティ・ケアへと発展させていく戦略をもった事業です。つまり一人ひとりの自立生活を支えながらも，個人だけの支援で完結してしまうのではなく，誰でも安心して暮らすことが可能になる地域づくりを支援していくのです。そのためにはソーシャルサポートネットワークづくりが不可欠になります。福祉関係者だけでなく，保健や医療などさまざまな関係者が連携しあったり，近隣の人やボランティアが一緒に協力して支えあうネットワークが大切です。こうした福祉問題を解決していくために，日常的に支えあうことができるのが福祉コミュニティです。

3 バリアフリーのまちづくり

まちづくりを進めていくためには，もう一つ「バリアフリー」の視点とその取り組みが必要です。共生できる社会を目指して，障壁（バリア）を除去していくことです。今日では4つの障壁が指摘されています。

第1は，建物や住宅，道路，交通機関などにみられる物理的障壁です。2006年には高齢者，障害者等の日常生活における移動や施設の利便性や安全性を図るために**バリアフリー新法**が制定されました。第2は制度上の障壁です。たとえば障害があるために特定の仕事に就けないなどといった欠格条項の見直しが進んできています。第3は文化・情報の障壁です。そして第4は意識上の障壁です。私たちの意識のなかにある偏見を，どのように軽減していくことができるかも重要なバリアフリーの課題といえます。まちづくりを進めていくためには，こうした総合的な視点が大事にされています。

▷2　バリアフリー新法
⇒ⅩⅡ-5 参照。

（原田正樹）

XI 地域福祉

 # コミュニティ・ケア

 ## コミュニティ・ケアの発祥と進展

○ care in the community から care by the community へ

　コミュニティ・ケアとは，居宅の要援護者に対して地域の社会資源や住民参加によって援助する方法論です。こうしたコミュニティ・ケアは，もともとは施設ケアに相対する援助のあり方として派生してきたもので，1859年にイギリスで成立した精神衛生法を源流とし，精神医療における処遇の領域で進展してきました。つまりコミュニティ・ケアは，精神病患者や精神障害者を大規模な施設で長期間収容してきた弊害が多くの人々に認識され，その改善を図るための理念として構想されたのです。

　イギリスのコミュニティ・ケアの実践は，1950年代から本格化しました。大規模な精神科の病院は徐々に閉鎖され，地域で暮らす精神病患者や精神障害者へのサービスを地方自治体が開発するようになりました。このように1950～1960年代のコミュニティ・ケアは，精神病患者や精神障害者などに対するコミュニティ治療に重点を置いた，「コミュニティ内での地域ケア（care in the community）」を課題としていました。

　こうしたコミュニティ・ケア実践の流れは，1968年に出されたシーボーム報告によって変化が生じました。同報告は1965年の労働党政府による諮問に対する，シーボーム（Seebohm, F.）を長とする委員会の答申です。この報告の核心は，以下の勧告の部分にありました。

　　「コミュニティに立脚した，健全な家族志向サービスを行う部局を地方自治体に新たに設けること，また住民の誰もがそのサービスを受けられるようにすべきであること，を勧告する。」

　この勧告に従って，1970年には地方自治体社会サービス法（Local Authority Social Services Act）が成立し，対人社会サービスを地方自治体の社会サービス部に統合する方向での組織改革が実行されました。そして1970年代からイギリスの地方自治体による福祉政策は，関連する社会資源やサービスを用いた広範囲な対象者のためのコミュニティ・ケア実践，いい換えると「コミュニティによるケア（care by the community）」に力点が置かれるようになったのです。[1]

○ コミュニティ・ケア政策の変化

　その後，石油危機に端を発した1980年代の経済的危機は，当時のサッチャー

▷1　1970年代までのコミュニティ・ケアの詳細については，小田兼三『現代イギリス社会福祉研究』川島書店，1993年，147～165頁を参照。

政権を公共支出の削減，そして**小さな政府**(small government)へと向かわせました。この影響でコミュニティ・ケアも財政的な合理性を追求する観点からの見直しが図られ，非営利の民間組織によるサービス供給やコミュニティ活動への住民参加，そして家族・隣人などのインフォーマル・ケアによる援助の理念を重視するようになりました。こうしてコミュニティ・ケアに要する費用に対して政府の関心が高まり，コミュニティを基盤とするケアのパッケージの方が，経費がかからないと判断されたのです。この結果，パッチシステムといわれる人口1万人前後の近隣社会を基盤として，在宅ケアのサービス供給を重点化する施策が多くの自治体で採用されました。

1990年に国民保健サービスおよびコミュニティ・ケア法（National Health Service and Community Care Act）が成立すると，コミュニティ・ケアにおける民営化重視の方針が決定的なものとなりました。地方自治体はサービスを確保する責任を負うものの，その供給を直営する義務がなくなり，有効性や費用効率性を考慮して営利・非営利の民間組織のサービスを買い上げる傾向が強まりました。このため近年のコミュニティ・ケアにおいては，サービス供給組織と利用者の間を調整するケアマネジメントを重視しています。

❷ 日本におけるコミュニティ・ケアの検討と今後の課題

日本で初めて政策的にコミュニティ・ケアを検討したのは，東京都社会福祉審議会の答申『東京都におけるコミュニティ・ケアの進展について』（1969年）においてでした。この答申では，コミュニティ・ケアを「コミュニティにおいて在宅の対象者に対し，そのコミュニティにおける社会福祉機関・施設により，社会福祉に関心をもつ地域住民の参加を得て行われる社会福祉の方法である」と暫定的に規定し，施設ケアに相対する概念としての検討に着手しました。

それに続く中央社会福祉審議会による答申『コミュニティ形成と社会福祉』（1971年）では，コミュニティ・ケアを「社会福祉の対象を収容施設において保護するだけでなく，地域社会すなわち居宅において保護を行い，その対象者の能力のより一層の維持発展をはかろうとするものである」と規定しました。これは当事者の自立を目標としたcare in the communityの理念をふまえ，地域を基盤にする社会福祉の資源を統合したサービス体系を目指す提言として評価をされました。

けれども日本では，地域福祉においてコミュニティをいかに対象化すべきなのかという論議が不十分だったこともあり，コミュニティ・ケアと在宅福祉のネットワーキングとの意味の違いが不明確な時期が長く続きました。今後は，施設の地域化の課題に取り組みつつ，変動するコミュニティの実態をとらえ，固有の福祉課題に対して有効なコミュニティ・ケアを推進していく必要があります。

（瓦井　昇）

▷2　**小さな政府**
政府の規模を縮小して，政府が関与する仕事を減らしつつ減税を行い，それにより民間の活力を高めようとする政策をいう。近年における政府の規模の肥大化は，福祉行政による影響が大きいという批判が高まり，福祉の民営化によってそれに対する住民の要請に応えながら，行政を改革しようとする施策が各国でとられた。

▷3　1980年代以降のコミュニティ・ケアの動向については，生活福祉研究機構編『イギリスの実践にみるコミュニティ・ケアとケアマネジメント』中央法規出版，1998年，10〜17頁を参照。

XI 地域福祉

地域福祉計画の理論と策定過程

 地域福祉計画論の展開

○自治体と福祉計画

　1990年代の福祉政策を振り返ると，それは「サービスの計画的推進」の時代の幕開けであったといえます。1990年の福祉関係八法改正に伴う老人保健福祉計画を皮切りに，障害者基本計画（障害者プラン）・児童育成計画（エンゼルプラン）・介護保険事業計画が自治体レベルで次々と策定されました。さらに2000年に成立した社会福祉法でも，市町村が地域福祉の推進を一体的に進める市町村地域福祉計画，そして都道府県が市町村の地域福祉を支援する都道府県地域福祉支援計画を策定する際の要点が法律に明記されました。

○地域福祉計画論の変遷

　自治体が主体となって策定する福祉計画では，後発になった地域福祉計画ですが，理論的にはもっとも早くから検討がなされました。日本にコミュニティ・オーガニゼーション論が導入された戦後まもなくから，計画の必要性は論じられています。その技術が本格的に討議されたのは，1983年に市町村の社会福祉協議会（社協）が法制化されたのを機に，全社協が地域福祉特別委員会に地域福祉計画研究小委員会を設置したことが発端となりました。この成果である全社協『地域福祉計画──理論と方法』（1984年）では，地域の社会資源を動員しての福祉ニーズの充足が目標とされ，具体的には直接的なサービス提供と福祉的環境づくりの設定を計画の目的としました。

　1980年代後半から，市町村社協による地域福祉計画が全国的に策定され始めました。それと同時に福祉改革の論議も進み，市町村の福祉行政における地域福祉・在宅福祉の重点化も強まりました。こうした動向を受けて，1989年に東京都地域福祉推進計画等検討委員会が，『東京都における地域福祉推進計画の基本的あり方について』の答申を発表しました。この答申では，地域福祉計画には都が策定する地域福祉推進計画，市区町村が策定する地域福祉計画，社協が中心となり住民が主体的に策定する地域福祉活動計画の3種類があると規定し，これら3つの計画が有機的に関係することで，地域福祉システムが構築されると提言したのです。この考え方は全社協も採用し，1990年代に入ってから市区町村社協が策定する計画は地域福祉活動計画とするように指導しています。[1]

▷1　全国社会福祉協議会『地域福祉活動計画策定の手引』全国社会福祉協議会，1992年，6～8頁を参照。

2 計画の策定過程

こうした地域福祉計画の策定は，コミュニティワークを実践する過程の中に位置づけられます。コミュニティワークとは，「問題の把握」→「計画の策定」→「計画の実施」→「記録と評価」という一連の流れで展開し，必要となる組織化や社会資源の動員および開発をしていく社会福祉援助技術の一つです。

◯問題の発見

問題の把握は，問題の発見と地域の診断に分けられます。最初に取り組む問題の発見では，地域社会を歴史的・文化的・社会的に固有の要素をもつ存在として理解し，問題を個別化して把握することが前提となります。

次は，住民のニーズを通して地域社会の問題状況を発見する段階へと移ります。やはり既存の関係資料の参照が前提になりますが，新たな実態調査の実施が必要な場合もあります。こうした調査票の質問項目を考える際も当事者を含む住民にヒアリングをしたり，あるいはともに考えるといった手順が大切です。この段階では，生活環境などの住民に共通する問題と，高齢者や障害児者などの当事者別の問題を二面的にとらえることが求められます。

◯地域の診断

問題を発見すると，その解決に向けて諸条件を検討する地域の診断の段階へと移ります。地域の診断では，次の3つが要点になります。

①住民の問題意識の程度
②問題の発生原因
③ニーズと社会資源との関係

①の住民の問題に対する関心や解決への要求度の把握は，問題を取り上げる順序を確定する判断材料となり，②の追究は予防および解決策を考える要件となります。③はニーズに対する社会資源の有無やその活用状況の把握であり，問題解決の見通しを考える上で欠かせない作業となります。こうして地域の診断をすることにより，問題解決の優先順位や手順が確定し，次の計画の策定の過程へとつながって地域活動の統合化が図られます。

◯福祉計画の三層構成

計画の策定では，住民の参加が全過程で重視されます。しかしそれは行政機関との協働を否定するものではなく，状況に応じて公私関係は求められます。理論的に社会福祉の計画は，構想計画，課題計画，実施計画，の三層構成によって策定されます。構想計画とは事業方針や政策であり，問題の明確化にもとづいて，「何のために何を行うか」という先見性をもった目標の設定を図ります。課題計画は構想計画の方針を実現するために，問題解決に必要な力量を高める課題の検討がなされます。最後の実施計画では，短期・中期・長期の目標別の事業を設定することになります。

（瓦井　昇）

▷2　社会福祉計画の三層構成についての詳細は，高田真治『社会福祉計画論』誠信書房，1979年，174～188頁を参照。

XI 地域福祉

 ボランティア・コーディネーターの役割

 ボランティア・コーディネーター（volunteer coordinator）

　ボランティア・コーディネーターとは，ボランティア活動を行いたいという希望者（volunteer）と，ボランティア活動を必要とする人々（利用者）との間にたって，両者の想いを実現するためにコーディネート（連絡調整）を行う専門職をさします。活動範囲は社会福祉分野だけでなく環境保護，国際協力，文化活動，災害救援などさまざまな分野にまでその活動が広がっています。そのような社会的な背景とボランティア・コーディネーター自身の想いが実って，2001年に日本ボランティア・コーディネーター協会（JVCA: Japan Volunteer Coordinators Association）が設立されました。JVCAでは，ボランティア・コーディネーターを「市民のボランタリーな活動を支援し，その実際の活動においてボランティアならではの力が発揮できるよう，市民と市民または組織をつないだり，組織内での調整を行うスタッフ」と規定しています。

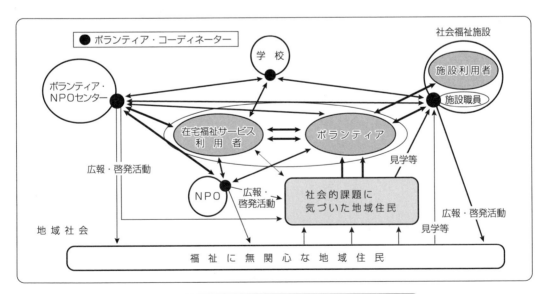

図XI-2　コーディネーターとボランティア，利用者との関係

（注）　ボランティア・コーディネーターは，所属する機関と地域社会とのインターフェイス機能をもち，地域の主体形成や施設の社会化を推進する役割を担っている。
出所：筆者作成。

❷ 社会福祉分野におけるボランティア・コーディネーターの役割

　岡村重夫は，社会福祉を福祉六法を基本とする「法律による社会福祉（statutory social service）」と「自発的社会福祉（voluntary social service）」の2つに分けています。「法律による社会福祉が社会福祉の全部ではない。いな全部であってはならない。<u>法律によらない民間の『自発的な社会福祉』による社会福祉的活動の存在こそ，社会福祉全体の自己改造の原動力として評価されなければならない。</u>」（下線筆者）と指摘しています。

　2000年改正された社会福祉法では，「地域福祉の推進」が明文化されています。地域福祉では，ケアマネジメントや**ソーシャル・サポート・ネットワーク**といった社会福祉援助技術にみられるように，他の関連領域の専門職との連携や連絡調整が非常に重要になります。従来のような，限定された分野だけに通用する専門性だけでは対応できなくなってきています。ボランティアコーディネーターは，さまざまな社会的課題に対して主体的に関わりたいと願うボランティアの想いと利用者のニーズに対応して，柔軟に「個人と個人」，「個人と社会資源」を重層的に結びつけていく重要な役割を担っています。（新崎国広）

▷1　岡村重夫『社会福祉原論』全国社会福祉協議会，1983年，3頁。

▷2　ソーシャル・サポート・ネットワーク
⇒XI-10 参照。

表XI-2　福祉分野におけるボランティア・コーディネーターの機能と役割

機　能	役　割
企画立案機能	所属機関・施設におけるボランティアの基本的活動方針を明確にし，活動プログラムの企画立案を行う役割。活動理念との整合性のあるプログラムづくりを行う役割。
関係調整機能	利用者のニーズとボランティア希望者のニーズがうまくマッチングできるように調整し，ボランティアが活動しやすいように環境を整える役割。
スーパービジョン機能（ファシリテート機能）	活動中に生じた悩みや疑問に対してスーパーバイズを行い，ボランティア自身が自分のペースやレベルに応じて問題意識（気づき）を深めるように働きかける役割。
カウンセリング機能	活動中特に不安の高いボランティアに対して，十分受容し心理的支持（承認）を行って，ボランティアの主体的活動（積極性）を促進させる役割。
グループワーク機能	反省会等のグループでの話し合いを企画し，ボランティア相互の話し合いを通して多様な価値観や考え方があることの理解を促す役割。
コミュニティ・ワーク機能	所属機関・施設と地域社会とのインターフェイス的機能をもち，利用者の社会参加の推進や施設の社会化を図る役割。地域の主体形成の推進に寄与する役割。
利用者の権利擁護機能	ボランティアに対し，利用者のおかれている社会的状況の理解を促し，プライバシーの侵害等，無意識の権利侵害を予防する役割。また，福祉サービスの質を高めるために，ボランティアがオンブズマンや第三者評価的役割を担えるように育成していく役割。
情報提供機能	所属機関・施設以外のボランティア活動のメニューや，ボランティアセンター・活動施設等の社会資源についての情報を提供する役割。
ソーシャルアクション機能	福祉ニーズが高いにもかかわらず，制度が未整備な部分へ先駆的なインフォーマル・サービスを創造していく役割。先駆的インフォーマル・サービス創造のために，地域社会での啓発活動や社会的課題に気づいた人々との協働を推進していく役割。
福祉教育機能	体験学習のプロセス（体験→気づき→考察→仮説化→再体験）を通してボランティア活動の意義や社会連帯意識の意義等のさまざまな社会的課題に対する啓発を行う役割。ノーマライゼーション思想の発展・成熟を促す役割。

出所：筆者作成。

XI 地域福祉

ソーシャル・サポート・ネットワーク

1 ソーシャル・サポート・ネットワーク

　人は，まったく他者との関係なしに1人で生きていくことはできません。さまざまな部分で，他者との関わりをもちながら生活しています。ソーシャルワークではこのような個人と環境との相互作用や生活主体者としての個人の尊厳を重視します。個人が生活主体者としてかけがえのない人生をおくるためには，行政機関や施設等のフォーマルなサポートシステムだけでは十分ではありません。個人の多様な生活を支えるためには，家族や友人，職場の同僚や隣人等のインフォーマルなネットワークの存在も重要です。このような社会（環境）と個人の相互作用におけるインフォーマル・サポートを，有機的にコーディネートしていくのがソーシャル・サポート・ネットワーク（social support network）アプローチです。わが国においても，地域福祉推進の大きな鍵を握るものとして，ケアマネジメントや小地域福祉活動等の分野で注目をあびています。

2 ソーシャル・サポート・ネットワークの史的展開

　ソーシャル・サポート・ネットワークの重要性が注目されてきたのは，1970年代以降のことです。それまでのソーシャルワークは，「クライエント―ワーカー関係」を基本とする個人に対する援助と，専門職によるフォーマルな制度や資源によるサービス提供が中心でした。

　イギリスでは，1950年代からコミュニティ・ケアが重視され，さまざまな実践が行われていました。1968年の「シーボーム報告」では，個々人や家族の個別化されたニーズに対応するため，地域に根ざしたサービス提供の必要性を提唱，「地域自治体社会サービス法」（1970年）によって具体化されました。このようなインフォーマルなネットワークを重視する傾向は，「バークレイ報告」（ソーシャルワーカー：役割と任務）（1982年）を契機に，より明確になりました。

3 ソーシャル・サポート・ネットワークアプローチの3類型

　L. マグワァイア（L. Maguir）は，ソーシャル・サポート介入を次の3つに分類しています。

○ネットワーク介入アプローチ

個人のインフォーマルなソーシャル・ネットワークを構築している家族・友

人・隣人・同僚等を対象に家族療法の視点から発展した臨床的アプローチです。

○ケースマネジメントアプローチ

多様な専門的なサービスとその提供者が不必要にサービスを重複させず，クライエントのために相互に補完・支援し合えるよう，各機関の連絡調整を行います。このようなコーディネートによりクライエントの生活を支援していくアプローチを指します。

○システム開発アプローチ

個人のインフォーマルな「自然発生的なソーシャル・サポート」と，自助・相互援助・ボランティアグループ等の「意図的に創られたソーシャル・サポートシステム」や自助努力を活用し，クライエントの生活を支援していくアプローチです。クライエント自身の問題解決に対する意志と自助努力が成否に大きく影響するため，クライエントのワーカビリティ（自己問題解決能力）をいかに引き出していくかが，課題となります。

❹ ソーシャル・サポート・ネットワークのもつ課題

ソーシャル・サポート・ネットワークは有意義な活動ですが，万能薬ではありません。医薬品が多くの効用をもつと同時に危険な副作用を有するのと同じように，次の点に十分に留意することが，効果的に活用する秘訣といえます。

○公的責任の明確化──安上がり福祉の担い手となっていないか

ソーシャル・サポート・ネットワークは，公的サービスの代替ではありません。効果的に機能するためには，専門相談機関の充実や公的な社会資源の整備が必要不可欠です。すべての責任を，インフォーマルなサービスに押しつけては，地域福祉の推進どころか，ますます市民が社会福祉から関心をなくす原因になることを，十分留意しなければなりません。

○専門性の確立──経験主義や情熱に流された援助になっていないか

ソーシャル・サポート・ネットワークをソーシャルワーク・アプローチとして機能させるには，理論的方向性をもった援助として，クライエントを中心としたサポートシステムとして機能しているか，冷静に判断・検証していくことが重要です。家族やボランティアの共感に基づく情熱は，硬直化した制度を打破する大きな力にもなりますが，時にはクライエントの自立の妨げにもなります。ワーカーの専門職としての力量が重要です。

○コミュニティ・ソーシャルワーカーの養成が急務

わが国では，縦割り福祉行政や施設福祉サービス中心の施策の影響で，対象別，分野別の専門性をもったソーシャルワーカーが多く，総合的な視点に立って地域福祉を実践していく専門職は，まだまだ少ないといえます。今後ますます地域福祉を推進していく中で，このような総合的な視点をもったソーシャルワーカーを育てていくことが重要です。

（新崎国広）

参考文献

L・マグワァイア著，小松源助・稲沢公一訳「解説：ソーシャルサポートネットワークの動向と課題」『対人援助のためのソーシャルサポートシステム』川島書店，1994年，242頁。

同上書「第2章 ソーシャルサポートシステム介入──理論と実際」39～54頁。

XI 地域福祉

 # 成年後見制度と日常生活自立支援事業（地域福祉権利擁護事業）

1 成年後見制度

○制度の概要と改正点

民法の成年後見制度とは，認知症高齢者や知的障害・精神障害などにより意思能力・判断能力が不十分となった者が，財産管理や身上監護，遺産分割などに関係する契約締結の法律行為をする際に，こうした意思決定が困難な者の能力を補って損害を受けないようにして諸権利を守るとともに，社会的に支援する体制づくりを目指す制度です。

2000年4月から施行された同制度は，それまで民法にあった禁治産・準禁治産制度を改正したものです。その主な改正点は，次の2つに関する内容です。

①軽度の認知症を対象とする「補助」類型の新設
②当事者の判断能力が低下する前に後見人を選定できる「任意後見制度」の創設

旧制度で使われていた用語のうち，禁治産→「後見」（**心神喪失者**が該当）に，準禁治産→「保佐」（**心神耗弱者**が該当）と改められました。そして新たに「補助」の類型を加えて，後見・保佐・補助の3類型で成年後見制度を運用することにしたのです。この補助の類型では，「軽度の認知症・知的障害・精神障害等により代理権又は同意権・取消権による保護を必要とする者」を対象とします。

○法定後見と任意後見の制度

成年後見制度は，法定後見と任意後見の2つの制度で構成されます。法定後見制度は，当事者本人や配偶者・親族などから家庭裁判所に申し立てがあり，家裁がその必要性を認めた時に，後見人（公的支援者）をつけるものです。

任意後見制度とは，意思能力・判断能力が低下する以前に，当事者本人が前もって締結した任意後見契約に従って，任意後見人が当事者を援助する制度です。任意後見人には，配偶者などの家族の他に弁護士・司法書士・社会福祉士などの第三者が想定されています。そして当事者本人の自己決定権を尊重するために，**公証人**が**公正証書**を作成して登記しておきます。任意後見人には，この公正証書の契約の中で，具体的に決められた行為の代理権だけが与えられます。

○制度上の課題

成年後見制度では財産を管理するだけではなく，身上監護への配慮義務を規定した点が重要になります。なぜなら身体的・精神的なケアが必要となる被後

▷1 心神喪失者
精神障害のために自分の行為の善悪が判断できないか，あるいはその判断に基づいて自分の行動がコントロールできない状態にある人。

▷2 心神耗弱者
心身喪失者のように判断能力や制御能力を欠如していないが，その能力が精神障害のために著しく低下している人。

▷3 公証人，公正証書
公証人とは，30年以上の実務経験を有する法律実務家の中から，法務大臣が任命する公務員で，公証役場で公正証書の作成や定款の認証などの執務をしている。また公正証書には，遺言や金銭の貸借に関するものなど数種類があるが，すべて公証人法や民法などの法律に従って公証人が作成する公文書の扱いとなる。

見人の福祉面を考慮しなければ，成年後見は成り立たないからです。しかし1カ月近くかかる手続上の煩雑さや，第三者の後見人および任意後見監督人への費用負担が，制度の利用を促進する上で障壁になっているため，助成制度の準備といった改善が図られています。

❷ 日常生活自立支援事業（地域福祉権利擁護事業）

○事業の概要

2000年に成立した社会福祉法においては，地域福祉権利擁護制度が創設されました。この制度は，自己決定能力の低下した認知症高齢者や知的障害者，精神障害者などが居住地域で可能な限り自立した生活を営めるように，日常生活を支援することを目的としています。

この制度を具体化するものとして，各都道府県社会福祉協議会（社協）を実施主体とした地域福祉権利擁護事業が第2種社会福祉事業として実施されました。その後，厚生労働省は，地域住民に分かりやすい制度とするため，2007年4月から「日常生活自立支援事業」に名称を変更しました。同事業は国の補助事業として行われ，判断能力は一定程度あるが必ずしも十分でない者（施設入所者や長期入院者も含む）に対して，次の援助を行います。

①福祉サービスに関する情報提供や助言
②福祉サービスの利用手続きの援助
③福祉サービスの利用料の支払いなど
④苦情解決制度の利用援助

この他に，日常的な金銭管理（公共料金・税金の支払い・預貯金の払い戻しなど）や書類（預貯金通帳や印鑑など）の預かりにも対応しています。

○事業の実施と利用の条件

日常生活自立支援事業の実施においては，各都道府県社協に事業運営を所管するセンターが設置され，広域なエリアを担当する基幹的な市町村社協がその業務を担っています。サービスの利用希望者は，その基幹社協に相談すると専門員が自宅に訪問し，生活状況を把握します（相談費用は無料）。専門員は調査を行い援助の内容を特定し，契約締結能力の確認をして自立支援計画を策定します。利用契約を締結すると，担当する生活支援員が契約内容に基づいた援助を開始します。これらの援助には，一定の利用料が必要です。

厳格な手続きを要しないという面において，日常生活自立支援事業は成年後見制度を補完するものになります。しかし契約に際しては，利用希望者の契約締結能力の存在を確認できることが前提になっています。このため，すでに判断能力が著しく低下している場合は，成年後見制度を活用することになります。また，公費負担の有無にかかわらず民間の福祉サービスや入所施設などの契約では，社協は代理しないことを規定しています。

（瓦井　昇）

XI　地域福祉

ソーシャル・インクルージョン

ソーシャル・インクルージョン（社会的包摂）への関心

　ソーシャル・インクルージョンとは，「社会的包摂」を意味していますが，これはソーシャル・エクスクルージョン（社会的排除）という状態への対応を意味しています。社会的排除という言葉が使われ始めたのは，1960年代のフランスと言われていますが，その後ヨーロッパを中心に関心が高まり，1992年の欧州委員会において提出された報告書，「連帯の欧州をめざして──社会的排除に対する闘いを強め，統合を促す」によって，本格的に取り上げられました。

　わが国においては，2000年，当時の厚生省社会・援護局が提出した，「社会的な援護を要する人々に対する社会福祉のあり方に関する報告書」において着目され始めました。現在では，世界の国々で用いられ，社会政策や社会福祉を考えていく上で，必要不可欠なものとなっています。

　社会的排除は，そもそも経済成長，福祉国家の成熟の中で，なお社会から「排除された」人々が恒常的に生み出されてきている実態を表そうとしたものです。このことは，その後の福祉国家の見直しが進む中で，特に福祉国家を批判していく人たちが，その批判の根拠として強く主張していくことになりました。それゆえ，この社会的排除や社会的包摂という言葉は，実態を説明するのみでなく，政策的・制度的側面との結びつきが強い概念でもあります。

❷ ソーシャル・エクスクルージョン（社会的排除）とはどんな状態か

　社会的排除という状態は，単純に貧困や失業の状態にあることを意味するものではありません。また，そういった状態にある個人や家族のみを対象としたものでもありません。

　たとえば，貧困という状態はお金がない，失業とは仕事がないという一つの次元で示されるものですが，社会的排除はより多元的な側面から考えていくものです。つまり，経済的次元だけでなく，教育などの社会サービスへのアクセスの排除や社会的孤立といった社会参加へのアクセスの排除などの社会的次元，そして，機会の平等や表現の自由といったような市民権からの排除などの政治的次元が重なり合った状態とされており，様々なつながりが切れてしまった，不調和を起こしてしまった社会における関係性の問題を意味しています。

　また，こういった多次元の関係性を問うということも踏まえて，決して排除

されている個人のみに着目するのではなく，排除している社会のシステムに対して焦点化していくことを必要としています。近年日本でも注目されている「子どもの貧困」問題などは，親の貧困・失業，教育へのアクセス，機会の平等の問題などが複雑に絡み合っており，まさしくこの社会的排除の視点から社会的包摂を考えていかなければならない問題といえるでしょう。

③ ソーシャル・インクルージョン（社会的包摂）の実際

社会的包摂の目指すべきことは，一言でいえば，「つながり」の再構築，もう少し踏み込めば，地域社会における新しい「つながり」の創出にあると言えます。そのことは，単に社会的排除の状態にある個人や集団，コミュニティを変化させることを意味するものではなく，制度やその排除の過程を変化させることが必要なのです。つまり，社会的包摂とは，排除する側の問題を指摘し，それに対して取り組んでいくことを意味しているのです。

こういった視点を持って具体的な取り組みを行った一つの例がイギリスといえます。ブレア政権による「第三の道」では，多元的な要因を持っている社会的排除の問題に対して，従来のような一次元的な対応としての縦割り的な対応ではなく，公的機関や企業，地域やボランタリーセクターなどの各主体が対等な関係をもって横断的に地域で協働していくパートナーシップを位置づけ，実践されました。このようなコミュニティのつながりの再構築を図っていく取り組みは，社会的包摂を進めていく上で重要です。

その一方で，近年は**ワークフェア**の手法を用いた政策が勢いを増しています。そのことは，いかに個々人が"能力"を高め，労働市場に適応するかなど，依然として個々人の"能力"を問う社会の構造，思想が主流にあることを示しているといえます。

④ ソーシャル・インクルージョン（社会的包摂）の実現に向けて

社会的包摂の重要な視点は，個々人の変化による社会への適応ではなく，その個々人を社会的排除の状態にしている様々な社会的仕組みの問題点を解決していこうとすることです。"能力"のみを問うものではありません。それゆえ，社会的包摂には，たとえば，ビジネスの観点から就労を生み出し，行政や企業とのつながりも生み出すことによって地域社会の構造に変化を起こし，社会問題の解決と経済構造の変革も図っていくような，よりラディカルな取り組みも必要といえます。

そのことは，障害などの困難を抱えた人を社会に適応させるよう変化を求めるのではなく，社会がその人の権利を保障していくよう変革していくその過程こそが社会的包摂であり，そのためには，互いの異なりを理解し，受け入れ合う**共生思想**の広がりも鍵を握っていると言えるでしょう。

（直島克樹）

▷1 ワークフェア
労働あるいは求職活動，地域貢献活動などを条件に支援を認めるもの。指導に従わない場合は，支援の停止，廃止を行うというもの。起源はアメリカでの取り組みにある。

▷2 共生思想
共生とは，単純に一緒にいるというものではなく，そこには異なるがゆえの葛藤や対立があり，そこに向き合い続け，苦心の末にたどり着くものと理解しなければならない。

参考文献
熊田博喜「ソーシャル・インクルージョンと地域社会」園田恭一・西村昌記編著『ソーシャル・インクルージョンの社会福祉——新しい〈つながり〉を求めて』ミネルヴァ書房，2008年，23〜52頁。

XII これからの社会福祉の課題

 苦情解決と福祉オンブズマン

 苦情解決への対応の必要性

　社会福祉の分野においては，1998年10月に福祉サービスにかかわる苦情解決に関する委員会の報告書（全国社会福祉協議会・福祉サービスにかかわる苦情解決に関する検討委員会作成）が発表されて以降，利用者が福祉サービスを適切に利用することができるように，また福祉サービスに対する満足度を高めることができるように支援するシステムづくりがなされてきました。

　社会福祉法（2000年5月）の成立に伴い，利用者を支援するシステムは一層注目されるようになっています。それは，この法律が利用者本位の福祉制度の構築を目指し，具体的には，措置制度から利用者がサービスを選択できる選択制度へ変化したからです。選択制度では，福祉サービスの提供場面において，利用者と提供者が対等な関係をつくれるかどうかが重要なポイントになりました。意思決定能力の低い人，どのようなサービスがあるのかわからない人，サービスを実際に利用してこんなはずではなかったと思っている人などを支援する仕組みが求められます。また，選択するにしてもサービスの種類や量そのものが十分整備されていなければ，これまでの措置制度の方が良かったということになりかねません。そこで，利用者の満足度を高め，その人権を擁護し，適切なサービスを全般的に利用できるように，さらには，真に選択制度を成功させるために，利用者を支援する仕組みが導入されました。具体的には，日常生活自立支援事業，苦情解決制度，あるいはサービス提供側の情報の提供・開示，施設運営の透明性をはかること，サービスの質を向上させるための自己評価や第三者機関による評価制度の導入などです。

2 苦情解決の仕組み

　苦情解決の仕組み※1 については，社会福祉法第82条に規定されており，すべての社会福祉事業の経営者がこの取り組みに努めなければならないことになっています。利用者からの苦情を解決へと導くために，図XII-1のような仕組みが整備されています。苦情として寄せられる内容は，具体的なサービスの提供方法であったり，サービス内容であったり，利用者の個人的な嗜好の問題などがあります。苦情解決の過程については，2つの段階に取り上げて解説します。

　第1段階では，利用者からの苦情を申し出やすいような環境をつくり，苦情

▷1　苦情解決の仕組み
第1段階は，各事業所ごとに利用者からの苦情を解決する段階。
第2段階は，第1段階で解決できないときに対応したり，利用者が第2段階の機関である都道府県単位に設置された運営適正化委員会に，直接苦情を申し出る場合。

内容の確認と記録をし、第三者委員に報告する苦情受付担当者がいます。もちろん、苦情を申し出た利用者が第三者委員への報告を拒否した時はこの限りではありません。この他、苦情受付担当者は、苦情受付から解決・改善の経過と結果を記録します。苦情解決責任者とは、苦情解決の総括責任者としての役割を担う人で、事業所の施設長や理事がなります。運営適正化委員会との対応にあたったり、苦情申出人あるいは第三者委員に対して「このようにして、苦情は解決あるいは改善されました」と、その結果を報告します。

第三者委員[2]は、事業者から独立した立場で利用者を援助する人です。国は、利用者本位の福祉制度の構築を目指してはいますが、利用者にとって不可欠なサービスを継続的に提供する事業者と利用者の関係は、対等になりにくい傾向にあります。不満だと思っていても、なかなか口に出すことができない状況があります。ここで、第三者委員が登場することによって、話しやすい環境が整備され（話すだけで不満が解

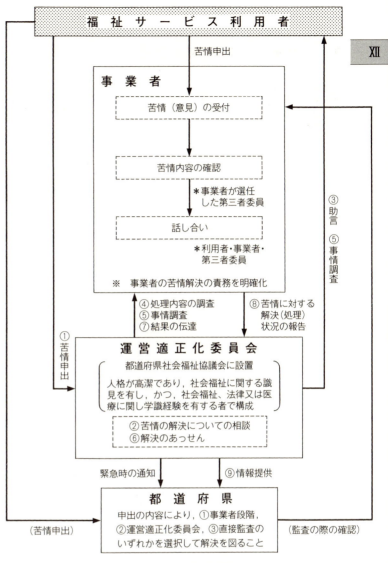

図XII-1　福祉サービスに関する苦情解決の仕組みの概要

決する場合もある）、利用者の希望や要望を引き出し、まとめ、事業者に提案することです。第三者が入ることによって、話し合いの過程が公平に扱われ、透明性を確保することができます。つまり、「利用者の話した要望は、結論だけが返ってくるのではなく、意見の伝わる過程、話し合いの経過がよくわかる」ということです。第2段階は、苦情が事業所内の話し合いでは解決できない場合や直接運営適正化委員会が苦情を受け付ける場合です。

このように、人権を擁護するために市民からの苦情に対して、調査権や行政を監視する権限をもち、制度改善の意見表明や勧告する権限をもつ人たちをオンブズマンと呼んでいます。福祉施設、行政機関および地域ごとに設置されています。社会福祉の分野でのオンブズマンを、特に、福祉オンブズマンと呼びます。

▷2　第三者委員
苦情相談委員あるいは苦情解決委員と呼ばれることもある。

（笠原幸子）

XII これからの社会福祉の課題

 福祉サービスと福祉情報システム

 福祉情報化時代の到来

　パソコンの普及，インターネット・ユーザーの増加，定額制の低廉な通信サービスにむけた新規参入の続出など，21世紀は情報社会の幕開けです。このような情報技術は，直接的・具体的な対人サービスを基本とする社会福祉と区別してとらえられることが多かったのですが，地域福祉の推進という追い風に乗って，利用者の主体的なサービス利用が展開されることになり，欠かすことのできない重要な資源として広く認知されるようになってきました。

　「社会福祉法」（2000年5月）の成立によって，利用者の立場に立った社会福祉制度が構築されました。具体的には，行政が処分によりサービス内容を決定する措置制度から利用者が事業所と対等な関係に基づきサービスを選択する利用制度への変化があげられます。このような改正や介護保険制度の導入などは，福祉情報システムの構築の必要性を現実のものとしました。「介護保険って，どこに行ったら手続きできるの？」，「保育所の利用は？」，「デイサービスって何？」など，言葉だけが1人歩きしている時，福祉サービスと利用者とをつなぐための手だてとして，正確な情報とその情報の伝達システムが必要です。ここでは，福祉情報システムの構築の必要性と今後の福祉情報化を進める際の課題について解説します。

 福祉情報システム構築の必要性

　福祉情報システムの構築の必要性については，大きく6点に分けて整理します。

　1つ目は，福祉サービスの利用者と提供者が対等な関係であるため，両者の間には，双方向性をもったコミュニケーションが必要です。日々変化するニーズに関する情報は，すばやくサービス提供者へ伝達されなくてはならないし，サービス提供者からの情報も，利用者にわかりやすい内容で提供されなくてはなりません。2つ目は，地域における多様なサービス提供主体の参入によって，複数の機関・施設・組織等の連携が求められるということです。1人の利用者をめぐって，複数の機関・施設・組織などから，複数の福祉サービスの提供が考えられます。それらをスムーズに進めようとすれば，錯綜する情報を交通整理する福祉情報システムの構築は欠かせません。システムの構築は，**ケアマネ**

ジメント*1の円滑な実施につながります。3つ目は，上記のように複数の機関・施設・組織が参加するということは，それに伴ってさまざまな職種の専門職がチームを組んでサービスを提供していくということです。よりよいサービスを提供するためには，利用者のプライバシーを配慮しつつ，チーム全員の共通認識の確立と情報の共有化は欠かせません。4つ目は，福祉サービスが整備されるにしたがって，要援護者自身やその家族が福祉サービスを主体的に選択できるシステムが求められるということです。要援護者自身やその家族の情報処理能力に対応したシステムが期待されます。5つ目は，今現実に福祉サービスを必要としている人たち以外の地域住民への情報発信です。地域住民自身の将来設計の指針となったり，要援護者やその家族を真に理解するためにも，福祉情報システムの構築が求められます。6つ目は，利用者の増大，福祉サービスの多様化・複雑化に伴う情報処理業務量の増加への対応です。各種データの蓄積は，適切な福祉サービスの需給調整や福祉サービスの将来設計にも役立ちます。

▷1　ケアマネジメント
⇒IX-6 参照。

③ 福祉情報システム構築の課題

福祉情報システム構築は，「援助実践の過程や援助関係の中にある多量の情報を，いかに処理したらいいのだろうか」ということからスタートしました。大切な情報がきちんと処理されていなければ，その情報は存在しないことと同じだと考えられるようになったのです。効果的な福祉情報システムを構築するためには，以下のような5つの課題があります。

1つ目は，必要な情報を収集してくること，そして，利用者のプライバシー保護を含んだ，各種情報の適切な整理です。

2つ目は，情報共有の仕組みには，必ずそれを使用する人たちのルールづくりも重要な課題となります。

3つ目は，両者（サービス利用者とサービス提供者）の情報処理能力に応じたシステムの構築です。すばらしいシステムをつくっても，理解できなかったり，コンピュータをはじめとする情報機器を操作できなければ，情報を発信したり入手したりすることはできません。

4つ目は，複数の機関・施設・組織などの連携のため，数値化できるものはコード化*2したり，統一された書式を作成したりすることです。共通して使用する言葉の共通認識も必要になります。

5つ目の課題として，技術の発達と関連していますが，情報システムの構築は，できるだけ安価な予算措置で導入されるものでなければなりません。

情報システムの構築は，福祉サービスを効果的・効率的に提供し，社会福祉従事者が提供するサービスを，ゆとりを持って提供できるようにするための手だてです。そして，人と人をつなぐコミュニケーション手段の1つです。

（笠原幸子）

▷2　コード化
数量として測定される値は別として，カテゴリーの区分値として与えられるデータを自然数などで記録すること。たとえば性別に着目すると，「男性」に1を，「女性」に2を与えて処理する場合，「女性」は性別という特徴に関して，「男性」の2倍の値をもつということは意味しない。「女性」というグループに与えられた記号・符号にすぎない。

XII これからの社会福祉の課題

国際福祉の現状と課題

1 国際福祉の定義と背景

　国際福祉の定義は，学問的に確立していませんが，広義には地球上に住むすべての人々の「福祉（＝幸せ）」の実現を目指す視点を意味し，狭義には国際的に発生している社会福祉問題の解決への取り組みととらえることができます。

2 国際福祉の背景

　国際福祉の考え方と実践は，**国際化**▷1を背景に登場してきました。異文化との交流や情報のスピード化といった国際化による恩恵の一方で，急速に進んだ国際化のために，人々の生活を脅かす問題が多く発生するようになりました。
　従来の社会福祉は，「限定された社会（国家）を構成する人々」を対象に，その生存や生活上の問題を解決するためのさまざまな制度をつくってきました。しかし，国際化によって発生した問題については，1つの国や地域のなかだけに要因を見出し，解決することはできません。既存の枠組みを超えて，問題に取り組む必要が生じてきたのです。

3 国際福祉と人権

　国際福祉の重要な基盤に，人権の確立があります。人権とは，人間が生きることを保障され，よりよい生活と幸せを獲得することができるという人間固有の権利のことです。「**世界人権宣言**」▷2やその他の人権に関する条約等で，人権の重要性は国際社会で広く確認されていますが，現実にはいまだに多くの人々の人権が侵害されています。国際福祉では，こうした人権侵害の実態把握と人権開発のための具体的なアプローチが求められます。

4 国際福祉問題の現状

　国際福祉問題には，ストリートチルドレン，児童労働，スラム，人身売買，売買春被害，医療・保健衛生，教育，農村開発，人種・民族差別，内戦・紛争，難民・避難民，国際養子縁組，外国人労働者の問題などがあります。このように対象となる問題が広範なのは，本来，福祉の基本的概念が人間の生存や生活に関する基本的ニーズを満たすことを目指しているからです。
　これらの問題はそれぞれ単独に存在しているのではなく，お互いに関連して

▷1　国際化
交通手段の発達や情報技術の革新によってもたらされた。国際化の特徴は，より多くのヒト，モノ，情報が，より速いスピードで行き来するようになり，これによってグローバリゼーション，ボーダレス化が進んでいる。

▷2　世界人権宣言
1948年国連が採択した基本的人権についての根本的文書。世界平和のための人権尊重を謳った前文と，自由権的基本権（生存権，信教の自由など），生存権的・社会権的基本権（参政権，社会保障権など）を掲げた30条から成る。

います。たとえば，現在，東南アジア諸国の農村では多くの先進国企業が進出し換金作物が契約栽培されていますが，市場経済が村に入ってきたことで，血縁・地縁の相互扶助を基盤とした伝統的な生活が大きく変化しています。また契約栽培での大量の農薬使用が農民の健康を害し，自然環境にも深刻な被害を与えています。こうしたことは地域社会の崩壊を招き，農村の人々の都市への流出，都市部でのスラムやストリートチルドレン，買春被害の問題などへとつながっています。これらの背景には先進国と途上国の絶対的な経済格差があり，途上国の人々の選択肢が非常に少なく，自己決定を阻害された状態におかれていることを見落としてはなりません。

いわゆる「内なる国際化」の進展も，日本で国際福祉に目が向けられた大きな契機です。在日韓国朝鮮人の問題，中国帰国孤児の問題をはじめ，増加する外国人労働者とその家族，とりわけ子どもの権利の問題，世界で発生する難民の受け入れ問題などがありますが，それらの取り組みの方法に課題が残されています。

⑤ 国際福祉活動の現状

現在行われている国際福祉問題に関する国際協力の主体は，国際機構，政府，民間のレベルに分類することができます。国際機構としては，国際連合（国連）とその他の国連機関があります。国連は世界平和の維持を掲げ，人権保障の推進や国際的社会経済問題の解決を行う世界的機構です。

各国政府や政府の実施機関が行う途上国への援助や国際機関への経済協力をODAといいます。ODAの目的は，相手国の経済開発や福祉の向上に寄与することとされています。

ODAが政府レベルの活動であるのに対して，民間の草の根レベルで活動を続けているのがNGOです。NGOの特徴は，対象となる地域住民の直接的な参加を促進しやすいこと，住民の意思を反映させやすいことがあります。最近ではODAとNGOの連携がすすめられ，その効果が期待されています。

⑥ 国際福祉の課題

今後の課題の1つに，具体的な問題解決のためのシステムづくりがあります。これには地球規模で問題を分析するマクロな視点が要求されます。同時に，当事者を個別的にとらえるミクロな視点を忘れてはなりません。国際福祉では，取り扱う問題が大きく漠然としているために，ともすれば遠い国の人々のことと，わが身と切り離して考えてしまいがちです。しかし，国際福祉問題には先進国に住む1人ひとりの生活のあり方が大きく関わっていることを知り，問題に直面している人々を社会的弱者として位置づける前に，同じ時代に同じ地球上に生きる人間であるという視点に立ち返ることが必要です。　（門永朋子）

▷3　その他の国連機関
難民保護と問題解決をはかる国連難民高等弁務官事務所（United Nations High Commissioner for Refugees: UNHCR）や，子どもの生存と発達を保障するための医療，栄養，教育等の側面から援助を行う国連児童基金（United Nations Children's Fund: UNICEF）などがある。

▷4　ODA（Official Development Assistance）
政府開発援助。政府間で行われる2国間援助と，国際機関への貸し出し・拠出である多国間援助がある。国際協力事業団（Japan International Cooperation Agency: JICA）の青年海外協力隊等の派遣は，ODAの1つである。

▷5　NGO（Non Governmental Organization）
非政府組織。NPOと同様に民間の非営利組織のことを指すが，NGOは非政府であることに，NPOは企業とは異なる社会貢献活動を行うことに力点を置いた意味で使われる。国際協力，人権，福祉などの分野でアドボケイターとして，革新的な活動を行ってきた。近年は，市民参加の場としての役割が期待されている。

参考文献
萩原康生『アジアの社会福祉』中央法規出版，1995年。

黒木保博「社会福祉の課題(3)　国際社会福祉」古川孝順・松原一郎・社本修編『社会福祉概論』有斐閣，1995年。

谷勝英『現代の福祉――アジアへの接近』中央法規出版，1991年。

XII これからの社会福祉の課題

福祉教育と社会福祉

 社会福祉基礎構造改革のなかで

◯ 福祉改革と福祉教育

これからの社会福祉は，福祉サービスの提供者と利用者が対等な関係性に立つことが重要です。そのためには，利用者が主体となって福祉サービスを自己選択・自己決定できるような仕組みにしていくことが必要です。しかしそれは単にサービスが選択できればいいというだけでなく，「自己選択・自己決定できる力」が私たち一人ひとりに備わっていなければなりません。またその結果，「自己責任」についてもきちんと考えておかなければなりません。

自己責任を明確にするからこそ，自立した個人として発言をし，参画をしていくことになります。他人任せにするのではなく，自らの社会福祉活動への参加や行政の計画策定過程（たとえば地域福祉計画の策定）への参画などが不可欠になってきます。これからの地域福祉の時代のなかでは，この地域住民の「自治能力」がとても大切です。

◯ 福祉意識の変革

またノーマライゼーションを具現化していくためには，差別や偏見をなくしていかなくてはなりません。心のバリアフリーといわれる福祉意識の変革が必要です。このことは時間をかけて取り組まなければならず，簡単なことではありませんが確実に働きかけていかなければ，いつまでたっても社会は変わっていかないのです。このように21世紀の社会福祉をすすめていくためには，私たち一人ひとりの「自立生活を営むことができる力」や「共に生きる力」を育むことが不可欠です。そのために**福祉教育**の役割はますます重要になってきています。

② 今日的な福祉教育の状況

◯ 学校教育への「内在化」

これまで学校のなかで，福祉教育やボランティア体験は「時間が余ったら取り組む」程度の位置づけでした。ところが2002年度の学習指導要領から，福祉教育やボランティア体験が学校教育のなかで多く取り組まれるようになりました。「生きる力」を身につけていくために，子どものときから社会福祉を学ぶこと，ボランティアなどを体験することの大切さが認められてきたのです。ただし，これは単に社会福祉の専門知識や技術を小学生のときから学ぶという主

▶ **福祉教育の概念**
「憲法第13条，25条等で規定された基本的人権を前提にして成り立つ平和と民主主義社会をつくりあげるために，歴史的にも，社会的にも疎外されてきた社会福祉問題を素材として学習することであり，それらとの切り結びをとおして社会福祉制度・活動への関心と理解をすすめ，自らの人間形成をはかりつつ，社会福祉サービスを利用している人々を社会から，地域から疎外することなく，共に手をたずさえて豊かにいきていく力，社会福祉問題を解決する実践力を身につけることを目的に行われる意図的な活動である」（全社協・福祉教育研究委員会〔大橋謙策委員長〕1982年）。

旨ではありません。「老いる」とはどういうことか、「障害」とは何か、「人が生きるとはどういうことか」を体験的に学ぶことが第一です。これは生徒だけのことではありません。義務教育の教員免許を取得するためには、1週間の社会福祉施設や特殊学校での体験が義務づけられています。また小学校や中学校だけでなく、高校では2003年度から教科「福祉」が始まりました。福祉教育が学校教育のなかに内在化されてきたのです。

○地域のなかで推進する

しかし、福祉教育は学校のなかだけで実施されるものではありません。家庭や地域のなかでも取り組まれることが大切です。むしろ日常生活のなかで自然に身につけていくことが重要なのです。けれども核家族化がすすみ、地域のなかでの人間関係が希薄になってきた今日、生活のなかで福祉を学ぶことは難しくなってきています。そこで地域の福祉力や教育力を高めていくことも含めて、地域ぐるみで福祉教育を推進していくことが求められています。学校と地域と家庭が連携して、子どもを育むためのネットワークをつくっていくことが大切です。そのなかで協同実践されていくことが必要です。

○生涯学習の視点で推進する

さらに福祉教育を子どもだけのものとせずに、生涯学習の視点から子どもから大人まで一緒に福祉を学ぶことが求められます。いつでも、誰でも、どこでも福祉を学ぶことができるという社会福祉の学習権を保障し、福祉教育実践を進めていかなくてはなりません。

3 福祉教育を推進するにあたっての課題

○福祉教育実践の形骸化

このように福祉教育は大きく広がってきましたが、いくつかの問題も生じてきています。たとえば、障害の擬似体験だけで障害者を理解しようというプログラム、「慰問」といった施設訪問、全校一斉の（強制的な）ボランティア活動、形ばかりの手話や点字の学習等です。福祉教育では目的やねらいを十分吟味しておかないと、かえって「貧困的な福祉観」を再生産することにつながります。福祉教育の関係者が協議を重ね、プロセスを大事にした「協同実践」という手法が有効です。

○推進システムをつくる

福祉教育を推進していくためには、福祉教育の内容や方法を身につけたり、評価法や教材開発をすすめたり、指導者の養成や研修を整備したりするなど、全体的な推進システムをつくっていく必要があります。現在こうした課題について、全国社会福祉協議会や日本福祉教育・ボランティア学習学会などが取り組んでいるところです。またソーシャルワーカーとしてどのように福祉教育に関わっていくことができるのかも検討が始まったところです。　　（原田正樹）

XII　これからの社会福祉の課題

住宅保障と社会福祉

 公営住宅を通した住宅保障

　憲法第25条で生存権の保障が定められていますが、住宅は、人間の健康で文化的な最低限度の生活を支える基盤となるものです。第二次世界大戦後、わが国では、持ち家取得などのための住宅金融公庫法（1950年）、公的住宅の直接供給として公営住宅法（1951年）、都市の中間所得層を対象とした住宅・都市公団法（1955年）、地方の住宅供給として地方住宅供給公社法（1965年）などを制定して、憲法で定められている健康で文化的な最低限度の生活を保障してきました。しかし、公営住宅には絶対数の不足や老朽化などの問題、公団住宅は高い家賃・都市部（職場）から遠い・狭いといった問題が指摘されています。

2 住宅保障と社会福祉

　わが国の社会福祉の理念や社会福祉の制度・政策との関連で住宅を考察すると、まず、低所得者層を対象とする公営住宅法があげられます。この法律は、低所得者を対象に廉価な家賃で住宅を供給する法律として、社会福祉と深い関係をもっています。1996年の公営住宅法の一部改正までは、公営住宅は、第一種公営住宅と第二種公営住宅の2つの種別に区分されていましたが、流動的な経済社会状況に対応しつつ、住宅に困窮した者に対して適切に公営住宅を供給できるように、上記のような区分は廃止されました。しかし、廃止後も公営住宅については、国の補助金の交付の決定などに関して、国土交通大臣と厚生労働大臣との協議によって実施されることになっていますし、生活保護法で規定する住宅扶助に該当する住宅として被保護者が利用しています。公営住宅の整備状況については毎年減少傾向にあります。ただし、阪神・淡路大震災が発生した1995年は、災害公営住宅が増加し公営住宅の整備総数は増加しました。また、公営住宅の中には、車いす使用が可能な住宅など、入居者の生活に適するような配置や設計がされ、入居の際には優先的な取り扱いがされる特定目的公営住宅もあります。

3 障害者・高齢者向け住宅の整備

　1970年代から、わが国の社会福祉の理念や制度・政策は地域福祉に注目するようになりました。その結果、福祉サービス提供の中軸が施設福祉サービスか

ら在宅福祉サービスへとシフトしてきました。このような流れに伴って，在宅生活を支える基盤として，安全で快適な住宅の確保と円滑な利用ができる建築物等の整備は欠くことのできないものとなってきました。

2001年には，高齢者の居住の安定確保に関する法律が成立し，**高齢者向け優良賃貸住宅制度**、高齢者専用住宅制度，高齢者円滑入居賃貸住宅制度等ができました。しかし，同法の改正によって，2011年10月より上記の制度は廃止になり，サービス付き高齢者向け住宅の登録制度が始まりました。同制度は，欧米各国に比べて整備が遅れている高齢者向けのサービス付き住宅の供給を促進するために制度化されました。独居高齢者や夫婦のみの高齢者の世帯が急増していること等への対応です。バリアフリー住宅で，介護・医療と連携し，食事の提供や清掃・洗濯等の家事援助等のサービスを提供（少なくとも安否確認や生活相談サービスは必要）する「サービス付き高齢者向け住宅」は都道府県知事へ登録することが義務付けられています。サービス付き高齢者向け住宅では，その供給を促進させるため供給促進税制が創設されました。また，障害者等が地域で自立生活を促進するために，公営住宅をグループホームとして活用できる制度も1996年の公営住宅法の一部改正によって進められています。これらの法整備と並行して，1994年には，高齢者，身体障害者等が円滑に利用できる特定建築物の建築の促進に関する法律（通称，**ハートビル法**）が成立しました。その後，ハートビル法と**交通バリアフリー法**は統合され，2006年に，高齢者，障害者等の移動等の円滑化の促進に関する法律（通称，バリアフリー新法）が成立しました。

④ 住宅保障を支える人たち

低所得者に対する住宅保障の重要性は変わりませんが，高齢化の進展によって，住宅保障に関する施策の重点は低所得者から高齢者や障害者へとシフトし，それに伴って新しい資格等が登場しました。たとえば，**シルバーハウジング**（高齢者世話付住宅）に居住している高齢者に対して，必要に応じて生活指導・相談，安否確認，一時的な家事援助，緊急時対応などを行うボランティアであるライフサポート・アドバイザーが位置づけられたり，在宅で暮らす高齢者や障害者の，安全で快適な住環境整備をコーディネートすることを業務とする福祉住環境コーディネーターという新しい検定資格が，東京商工会議所によって1999年5月にスタートしました。この資格は，介護保険の導入で，手すりの設置など住環境整備のための改築の一部が保険で行えることになり，住宅改修のニーズが高まってきたことから，要請された資格であると思われます。資格保持者は，医療・福祉・建築について体系的な知識をもち，さまざまな専門職と連携をとりながらサービス利用者にとって適切な住宅改修プランを作成したり，福祉用具や諸施策情報などについて助言します。

（笠原幸子）

▷1　高齢者向け優良賃貸住宅制度
民間の土地所有者が賃貸住宅を建設する場合，都道府県知事が認定した賃貸住宅については，共同施設整備費の補助，住宅金融公庫融資の拡充，家賃の補助などが行われることと同時に，バリアフリー・緊急時対応サービスなどの内容が義務づけられている。

▷2　ハートビル法
高齢者や障害者の自立と積極的な社会参加が可能になるように，不特定多数の人たちが利用する公共性のある建築物を高齢者，身体障害者などが円滑に利用できるように，建築主への指導，誘導などを行い，良質な建築物が増えることを目的にしている。バリアフリー新法の施行に伴って廃止された。

▷3　交通バリアフリー法
2000年に成立した「高齢者，身体障害者等の公共交通機関を利用した移動の円滑化の促進に関する法律」（通称，交通バリアフリー法）は，旅客施設や車両等を中心とした生活圏のバリアフリーを定めた法律。バリアフリー新法の施行に伴って廃止された。

▷4　シルバーハウジング
高齢者の単身世帯，夫婦世帯が地域社会の中で自立して安全で快適な生活を営めるよう配慮した住宅。

XII　これからの社会福祉の課題

医療福祉における
ソーシャルワーカーの展望

1　日本における医療ソーシャルワーカーの導入

　日本における医療ソーシャルワーカーの活動は，済生会病院，および聖ルカ国際病院において第二次世界大戦前に始まりました。これは，イギリスの**慈善組織協会**（COS）の影響を受け，アメリカのマサチューセッツ総合病院にソーシャルワーカーを設置した**キャボット医師**の影響によるものです。

　産業革命後のイギリスでは，社会問題が深刻化する中で，計画性のない慈善が各地で行われ，かえって社会は混乱していました。そこで，COSは貧困や疾病に苦しむ人々に対して，相談調査という方法で彼らの生活全体を把握し，効率的に援助する必要がある，という立場をとり，病院の中にソーシャルワーカーを置きました。

　日本でも，関東大震災直後は傷病者があふれ，生活困窮者への対応が急務とされていました。患者の身体・心理・社会的な状況が整っていなければ，医師の診断と治療は効果をなさないとしたキャボット医師は，主に患者の心理・社会的状況の把握と調整をソーシャルワーカーに委ねることで，医師の立場である彼は適切な診断と治療に専念することができました。こうして，患者に全体的かつ効果的に関わることを志したのです。この理念が，当時の日本で必要とされたわけです。

　日本に取り入れられつつあったソーシャルワーカーの理念は，第二次世界大戦後の荒廃の中で，連合国最高司令部（GHQ）の指導によって本格的に展開されることとなりました。戦後の日本では衣食住の困窮が緊迫し，さらには結核が蔓延し，戦傷者や戦災孤児に加え，浮浪者や病者が町にあふれている状況でした。GHQは，第1に米軍兵の健康維持と疾病予防の立場から医療と公衆衛生の充実を目的として，ソーシャルワーカーの導入に取り組みました。これは，キャボット医師の目指した科学的な手法による社会福祉の実践とはかけ離れたものでした。こうして，GHQの主導により，国から各都道府県へと方針を下ろしていく体制を基礎とし，全国の保健所にソーシャルワーカーを配置することとなりました。しかし，すでに日本には保健婦（現保健師）制度があったため，ソーシャルワーカーはなかなか定着しませんでした。さらには，医療

▷1　**慈善組織協会**（COS）
社会福祉サービスの濫救や漏救を防止するために英国で組織された民間団体。その後米国にも広がった。19世紀後半の産業革命により，資本主義の発展の一方で失業と景気変動のために生まれた貧困者に対して民間の篤志家たちが計画性のない救済事業を行った。これに対し，COSは友愛訪問により現状調査と個別的な保護を行い，これがケースワークの原型となり，今日のコミュニティワークにもつながる。

▷2　**リチャード・キャボット**
（Richard C. Cabot；1868-1939）
ボストンのマサチューセッツ総合病院の医師。アメリカにおいて初めて医療におけるソーシャルワーカーを導入した人物である。後に，アイダ・キャノンというソーシャルワーカーとその業務の発展と定着に尽力する。

的なケアをも実践できる保健婦がソーシャルワーカーの機能の一部を担うようになり，結果的には，占領軍の撤退後，日本の独立とともに，ソーシャルワーカーはあいまいな立場となっていきました。

❷ 現代の医療ソーシャルワーカーの状況

その後，ソーシャルワーカーは主に病院の中に取り入れられ，活動を継続することとなります。時代が大きく変化を遂げるにしたがって，ソーシャルワーカーに対するニーズも変わってきました。このような状況下で専門職としての確立を目指し，1953年に日本医療社会事業協会が創設されました。1987年には社会福祉士及び介護福祉士法が，1997年には精神保健福祉士法が制定され，国家資格となっています。しかしながら，日本の医療制度の中での位置づけについては議論が続いており，ソーシャルワーカーとしての身分は依然として確立されていないのが現状です。

長寿社会が到来し，疾病構造が変化し，また一般国民の生活水準の向上や意識も変化する中で，医療に対する人々のニーズは多様化しています。同時に，医療技術が高度に専門分化を遂げ，かつては死に至るとされた病にかかっても延命が可能となったことで，**インフォームド・コンセント**の徹底，リハビリテーションや在宅における継続医療の必要性など，さまざまな生活問題が発生するようになりました。このような状況において，保健医療の場において人々が遭遇する経済的・心理的・社会的問題を解決し調整を行い，社会復帰の促進を図るソーシャルワーカーの果たす役割には，大きな期待がよせられています。

❸ 医療ソーシャルワーカーの役割と機能

かつては貧困者を主な対象としていましたが，現在ソーシャルワークが対象とするものは，広く一般国民の社会生活上の困難となっています。保健・医療の場にソーシャルワーカーが必要とされるのは，健康を害することで，人々は身体的・心理的にダメージを受けると同時に，経済・労働・教育・家庭などの社会的機能を損失し，生活をしていく上でのさまざまな困難を抱えることとなるからです。ソーシャルワークは，人々がこの社会生活上の困難を解決し，生活問題に対処する能力を高め，その人らしい生活を取り戻すことを目的としています。そのための方法として，ソーシャルワーカーは生活の当事者であるその個人の立場に立って，社会資源の入手を助けたり，個人・組織・地域などの社会環境や施策に働きかけたりします。

その前提には，その人らしい生活をおくるという権利を守る専門職者としての，人間尊重，個別性，自己決定，守秘義務などの価値や倫理を身につけることが必要です。

（野村裕美）

▷3 インフォームド・コンセント
治療を行うにあたって，医師が患者および家族に対して，病状・予後・治療方針・治療の見込み・副作用等について十分な説明を行い，両者の話し合いによって，患者や家族が納得できる選択や決定を行うこと。医師もその決定を支持する。

XIII 社会福祉を支える人たち

 社会福祉専門職者の現状と課題

1 社会福祉専門職者の現状

　社会福祉制度・政策の拡充に伴い，社会福祉施設，社会福祉行政機関（福祉事務所，児童相談所など）および社会福祉協議会の職員ならびに各種の相談員，ホームヘルパーなどの社会福祉従事者数は増加しています。これら従事者の量的確保および資質の向上は，多様化する国民の福祉ニーズへの対応を図るためには，欠かすことのできない重要な課題です。

　社会福祉の分野の資格としては，従来，社会福祉主事任用資格と保育士（2001年11月の児童福祉法の一部改正する法律の成立によって法定化されました）がありました。これらの資格は主として福祉事務所や児童福祉施設において重要な役割を果たしてきましたが，社会福祉サービスの拡充に伴い，これらの資格だけでは必ずしも十分ではないという認識が広まってきました。これに対応すべく**社会福祉士**及び**介護福祉士**法（1987年）や**精神保健福祉士**法（1997年）が成立しました。

2 社会福祉分野における人材確保の動向

　1992年6月，社会福祉事業法及び社会福祉施設職員退職手当共済法等の一部を改正する法律（いわゆる福祉人材確保法）が成立しました。これに基づいて，1993年には，中央福祉人材センターおよび福祉人材センターの全都道府県設置が行われ，同年4月には，専門職者としての価値・知識・技術を備えた人材の養成，魅力ある職場をつくって有能な人材を確保し，福祉ニーズに対応したサービスの提供を図っていくことを内容とした社会福祉事業に従事する者の確保を図るための措置に関する基本的な指針が厚生大臣より告示されました。

　また，1998年9月に厚生省は，福祉専門職にふさわしい知識，技術ならびに人間性を獲得することを目指して，その養成の基本的なあり方を検討するために，福祉サービスの中心的な役割を果たす社会福祉士，介護福祉士，社会福祉主事の教育課程等の具体的な内容を見直す検討会を発足させました。翌年の3月には福祉専門職の教育課程等に関する検討会報告書でその基本方針が報告され，各養成課程の改正も実施されました。社会福祉法（2000年）において「質の高い福祉サービスの提供」を目指したことは，苦情解決や福祉サービスの評価といったシステムの整備とともに，社会福祉専門職者への期待をますます高

▷1　社会福祉士
⇒XIII-2 参照。

▷2　介護福祉士
⇒XIII-3 参照。

▷3　精神保健福祉士
精神保健福祉士法において，「精神障害者の保健及び福祉に関する専門的知識及び技術をもって，精神科病院その他の医療施設において精神障害の医療を受け，又は精神障害者の社会復帰の促進を図ることを目的とする施設を利用している者の社会復帰に関する相談に応じ，助言，指導，日常生活への適応のために必要な訓練その他の援助を行うこと（以下「相談援助」という）を業とする者」と規定されている。

めました。しかし、このような外在的な要因だけで、社会福祉専門職者の資質の向上が達成できるわけではありません。社会福祉専門職者の態度や意識といった内在的な要因に関する専門職者としての合意も必要です。さらに、2007年に社会福祉士及び介護福祉士法等の一部を改正する法律が成立し、養成課程における教育内容等が大きく改められました。

3 社会福祉専門職者の課題

社会福祉専門職者の課題を考察するときには、3つの視点が存在します。1つ目は、卒後教育、レカレント・システムなど生涯にわたる学習を視野に入れた社会福祉専門職者の養成の視点です。2つ目は、社会福祉専門職者固有の専門職性の視点です。3つ目は、社会福祉専門職者の資格制度の視点です。ここでは、それぞれの視点から社会福祉専門職者の課題を指摘しておきます。

1つ目の社会福祉専門職者の養成の視点では、近年、福祉系の養成校の定員割れに伴う福祉・介護人材の不足、社会福祉施設などにおける実習の受け入れ体制の未整備、養成機関と実習施設との連携などの課題があげられます。また、福祉系の養成施設、とくに大学にあっては、保健・医療をはじめとした学際的な学問領域と交錯した養成教育も進んでいます。このような状況において、社会福祉学とは何か、再度その中軸を確認することが求められます。

2つ目の社会福祉専門職者固有の専門職性の視点では、1915年にフレックスナー（Flexner, A.）が「ソーシャルワーカーは専門職か」という講演で、「ソーシャルワーカーは専門職を構成する諸属性の成熟度からして、いまだ専門職とは言いがたい」という結論を紹介して以来、専門職化を進めていく上で、社会福祉専門職者固有の専門職性が重要な論点となりました。フレックスナーやグリーンウッド（Greenwood, E.）らが、専門職を構成する属性について示しましたが、いずれの属性においても、社会福祉専門職者は、専門職として完成していないとしています。わが国においても、社会福祉専門職者は、あたらしい専門職性のモデルの構築が、今後の課題として期待されています。

3つ目の社会福祉専門職者の資格制度の視点では、社会福祉士制度と精神保健福祉士制度が並立して存在していることなど、資格制度がやや混乱した状態にあることを指摘できます。また、社会福祉士および精神保健福祉士については、養成施設では、指定した科目を履修することによって国家試験の受験資格を付与するだけですから、資格を取るためには、国家試験に合格しなければなりません。介護福祉士についても、2015年度から養成施設の修了者も受験資格を付与されるだけになる予定でしたが、2022年度へ変更になりました。また、3年以上の実務経験者に対する介護福祉士試験の受験資格も改正され、実務者研修の受講が求められるようになりました。

（笠原幸子）

XIII 社会福祉を支える人たち

2 社会福祉士の成り立ちと現状

1 社会福祉従事者の概要

わが国では，少子高齢社会の到来により，社会福祉サービスの質量ともに充実が求められています。時代の変化に応えるべく，サービスの基盤となる社会福祉施策の整備・拡大を図るとともに，新たな国家資格の法制化も進められてきました。たとえば，1997年には，精神保健福祉士と言語聴覚士が法制化されました。また，同年には介護保険法が制定され，**介護支援専門員**という新たな職種が誕生しました。現在，社会福祉の仕事や社会福祉に従事する人々に対する世の中の期待と関心は，さらに高まってきています。

なお，社会福祉従事者とは，社会福祉施設，社会福祉行政機関，社会福祉協議会などの職員，さまざまな分野の相談員，ホームヘルパーなどのことを指します。多種多様化する国民のニーズに応えるため，これらの社会福祉従事者の量的確保および質的向上が急務の課題となっています。

2 社会福祉士の誕生

わが国には，社会福祉を担う従事者として，社会福祉主事という資格が戦後まもなくして置かれました。これは，1951年に制定された**社会福祉事業法**に基づくもので，大学で厚生労働大臣の指定した科目のうち3科目を履修し単位を取得することなどにより生じる任用資格です。

その後，社会情勢の変化とともにシルバーサービスの出現など，社会福祉のサービスが拡充されることとなりました。超高齢社会を迎えつつあったわが国においては，社会福祉主事という資格だけでは今後の人々のニーズに対応しきれないとの危機感が共通認識として広がりました。その間には，社会福祉施設で働く人々の専門資格化をはかる制度の試案など，さまざまな議論が展開されました。このような過程を経て，時代の要請に対応するべく，1987年に社会福祉士及び介護福祉士法が成立しました。2007年の同法の改正により，養成課程の見直し等が行われました。

3 社会福祉士の資格

社会福祉士の資格は，国家試験の合格および社会福祉士登録簿への登録によって取得できます。そのためには，図XIII-1のように法律上多様に用意されたル

▷1 介護支援専門員
通称ケアマネジャー。介護保険制度の成立とともに誕生した資格。利用者の心身の状況に応じて適切な居宅および施設サービスが利用できるように，介護サービス計画（ケアプラン）を作成して具体的な社会資源と結びつけていく仕事をする。
⇒ IX-3 参照。

▷2 社会福祉事業法
日本国憲法制定後，旧生活保護法・児童福祉法・身体障害者福祉法という福祉三法が制定された後，社会福祉事業法により社会福祉実践の基盤が整備された。同法によって，社会福祉行政を行う第一線行政機関としての福祉事務所が設置された。2000年に社会福祉法となった。

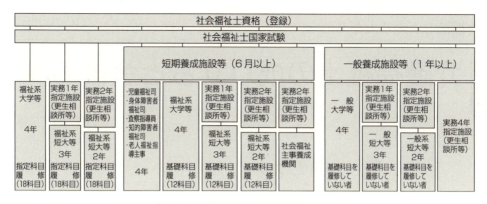

図XIII-1　社会福祉士の資格取得方法

出所：厚生労働統計協会『国民の福祉と介護の動向　2013/2014』2013年，224頁を一部改変。

ートによって，受験資格を得ることが前提となります。

　法的に社会福祉の仕事を位置づけたことは，それまで以上に社会福祉の従事者に対する社会的評価を高めました。そして，責任の遂行と，意欲をもってみずからの専門性の向上に努めようという従事者の士気を高めるきっかけともなり，歴史的に意義のあることとなりました。法律上では，社会福祉に関する専門的な知識と技術をもち，「身体上若しくは精神上の障害があること又は環境上の理由により日常生活を営むのに支障がある者の福祉に関する相談に応じ，助言，指導，福祉サービスを提供する者又は医師その他の保健医療サービスを提供する者その他の関係者との連絡及び調整その他の援助を行う」ことを仕事とする専門職とされています。社会福祉士は，通称ソーシャルワーカーとも呼ばれています。この資格は，資格を得た人しかこの名称を用いることができない名称独占といわれるもので，一般に業務独占の資格とは区別されています。

4　社会福祉士の仕事

　社会福祉士は，高齢者，身体障害者，精神障害者，知的障害者，児童，または病者など，援助を必要とする人々やその家族に対して相談助言を行っています。所属している施設・機関としては，老人福祉施設，児童福祉施設，障害者支援施設などの社会福祉施設全般，福祉事務所や児童相談所などの公的社会福祉機関，一般病院や精神科病院などの保健・医療機関，都道府県および市町村の社会福祉協議会，介護老人保健施設や有料老人ホームなどがあげられます。また，介護保険制度の実施によって，施設・機関によっては，介護支援専門員の資格をもち，その仕事を兼任している人も出てきました。

　所属などは異なるにせよ，社会福祉士は社会福祉の立場に立つという共通基盤をもって，専門的援助にあたっています。常に生活の主体者である利用者の立場に立ち，さまざまな社会資源の情報提供やその活用を側面的に支援しています。また，利用者が主体的にサービスを利用できることを目的とし，その実現に向けて関係諸機関との連絡調整を行います。

（野村裕美）

XIII 社会福祉を支える人たち

介護福祉士の成り立ちと今後の課題

1 介護福祉士の誕生

　介護福祉士が資格化された背景には，高齢化社会の到来に向けた対応策という意味がありました。家族や地域がこれまでもち備えていた介護機能や能力が低下してきたことで，これを社会的に行う必要性が出てきました。国民の誰もが必要な時に安心して利用できるように，質的にも保障され，量的にも供給できるシステムを早急にたちあげる必要があったのです。

　このような状況において，1987年に社会福祉士及び介護福祉士法が制定されたのは，高齢者を中心とした社会福祉のサービス提供の担い手を，専門職として確保するために，必要な政策だったといえます。

2 介護福祉士の資格

　介護福祉士は，高齢者や身体障害者など，介護を必要とする人々の生活を支える知識・技術をもった介護の専門職です。この資格を取得すると介護職員，ホームヘルパー，ケアワーカーなどの職種で活かすことができます。

　法律上では，介護福祉士は「専門的知識及び技術をもって，身体上又は精神上の障害があることにより日常生活を営むのに支障がある者につき心身の状況に応じた介護を行い，並びにその者及びその介護者に対して介護に関する指導を行うこと（以下「介護等」という。）を業とする者」とされています。

▷ ここでの介護とは，「喀痰吸引その他のその者が日常生活を営むのに必要な行為であつて，医師の指示の下に行われるものを含む」と規定されている。

　介護福祉士は社会福祉士と同様，名称独占の国家資格です。これまでは，資格の取得方法には，介護福祉士の養成校などを卒業と同時に資格取得できるルート，所定の実務や科目の履修を経て受験資格を得てから試験に合格して資格取得できるルートという，大きく2つの方法がありましたが，厚生労働大臣が指定する養成施設を修了し名簿登録する取得方法が廃止され，2015年より国家試験をうけて資格をえるルートだけになります（図XIII-2）。また，社会福祉士の試験と異なり，介護福祉士の試験科目には介護等に関する専門的技能についての実技があります。

3 介護福祉士という仕事

　介護福祉士は，介護老人福祉施設，介護老人保健施設，有料老人ホーム，障害者支援施設などで働いています。また，可能な限り住み慣れた地域社会で家

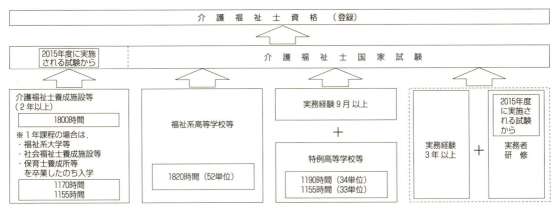

図XIII-2　介護福祉士の資格取得方法

出所：厚生労働統計協会『国民の福祉と介護の動向　2013/2014』2013年，224頁を一部改変。

族や友人と過ごす在宅での療養を選択した高齢者に対して派遣されるホームヘルパーなどにもこの資格を有する人がたくさんいます。なかには，1997年に介護保険制度が制定されたのを機に，介護支援専門員の資格を取得し，その仕事についている介護福祉士もいます。

介護福祉士の業務は，日常生活の活動を維持したり拡大したりすることを目的とした，広義のリハビリテーションを通じた身体への働きかけがあります。

また，生きがいや生きる意欲に働きかけたり，本人だけでなく介護者などに対しても，介護の疲れをいやしたりするための精神的な援助を行います。さらに買物や調理，掃除，洗濯などの家事機能や，金銭管理，交通機関の利用などの生活管理機能など，その人をとりまく環境を調整・整備する援助も行います。また，生活の自立に結びつく指導や福祉機器・住んでいる地域の社会資源などの情報の提供や活用への指導も行います。さらには，以上のような援助が効果をなすように，利用者の状況を的確にかつ定期的に把握し，必要な時には他職種や他機関とも調整がつけられるような連携業務も行っています。

❹ 介護福祉士の今後の課題

少子高齢社会をむかえ，サービスの質的保障が急務となり，これを達成するために社会福祉士及び介護福祉士法が法制化されました。しかし，利用者の心身の変化とともに社会的状況の変化に的確に対応できる専門的な価値や倫理，技術をもつ介護福祉士の創出と養成が次なる課題としてあることも事実です。

介護福祉士の教育水準の向上のためには，高等学校や介護福祉士養成校でのカリキュラムの見直し，教育にあたる講師の質の向上，日本介護福祉士会などが主体的にとりくむ卒後・現任訓練課程の拡充化について議論を行う必要があります。また，在宅福祉を実質上になうホームヘルパーの養成研修内容についても，介護福祉士資格と連動しつつ再考が重ねられています。

(野村裕美)

XIII 社会福祉を支える人たち

社会福祉主事

1 社会福祉主事の仕事

　社会福祉主事は，社会福祉法の第18条に基づき福祉事務所などに配置された職員のことをいいます。主として生活保護法，児童福祉法，母子及び父子並びに寡婦福祉法，老人福祉法，身体障害者福祉法，知的障害者福祉法に定める援護，育成または更生に関する事務などを行います。

　社会福祉主事任用資格と呼ばれるこの資格は，もともとは公務員が福祉事務所などの福祉行政の仕事に従事する際に必要とされた資格でした。したがって，まず公務員試験に合格し，福祉事務所に配属されてはじめて資格として認定されるもので，国家資格ではありません。福祉事務所で，ケースワーカー（現業員）の仕事をするのに必要な資格ということです。また，福祉事務所に配置されている**老人福祉指導主事**▼1，**身体障害者福祉司**▼2，**知的障害者福祉司**▼3などの基礎的資格にもなっています。

　ケースワーカーは，生活保護法に定められている内容に基づいて，援助を求めて福祉事務所に訪れた人の面接あるいは家庭訪問，それに基づいて措置の必要の有無の判定，さらには指導を行います。具体的には，病気や離婚，または，身寄りを亡くすなどの問題によって，生活に困窮した人の相談にのり援助を行う資格です。実際の仕事に就くと，民生委員・児童委員や保健師，ホームヘルパーなど多くの人々と協力しながら仕事を進めることになります。

　職場は，公務員として福祉行政に従事することになるのですが，福祉行政以外にも，老人ホーム，障害者福祉施設，児童福祉施設などの生活指導員，生活相談員，児童指導員などの職員になるための要件にも準用され，求人条件になっていることがあります。社会福祉士及び介護福祉士法（1987年）の成立後は，施設での指導員の求人条件では社会福祉士が，介護職員の求人条件では介護福祉士が期待されています。しかし，社会福祉主事の資格が無用になったということではなく，今後も，社会福祉士，介護福祉士と並んで，社会福祉分野の基礎的な資格として位置づけられ続けていくものと思われます。

2 社会福祉主事の資格取得のコース

　社会福祉主事の資格は，次の4つのコースのいずれかの要件を満たす20歳以上の人が取得できます。1つ目は，大学で厚生労働大臣が指定する社会福祉に

▷1　**老人福祉指導主事**
福祉事務所において，老人福祉を担当する社会福祉主事で，福祉事務所長の指揮監督を受けて現業員を指導監督する所員のこと。

▷2　**身体障害者福祉司**
身体障害者更生相談所に必ず配置されている。身体障害者に関して専門的知識や技術を必要とする相談・指導にあたる所員のこと。

▷3　**知的障害者福祉司**
知的障害者更生相談所に必ず配置されている。知的障害者に関して専門的知識や技術を必要とする相談・指導にあたる所員のこと。

表XIII-1　厚生労働大臣が指定する社会福祉に関係する34科目

・社会福祉概論　・社会福祉事業史　・社会福祉援助技術論　・社会福祉調査論　・社会福祉施設経営論
・社会福祉行政論　・社会保障論　・公的扶助論　・児童福祉論　・家庭福祉論　・身体障害者福祉論
・保育理論　・知的障害者福祉論　・精神障害者保健福祉論　・老人福祉論　・医療社会事業論　・地域福祉論
・法学　・民法　・行政法　・経済学　・社会政策　・経済政策　・心理学　・社会学　・教育学　・倫理学
・公衆衛生学　・看護学　・介護概論　・栄養学　・家政学　・医学一般　・リハビリテーション論

関する科目（表XIII-1）のなかから3科目を修めて卒業する方法です。2つ目は，社会福祉主事任用資格を取得できる大学，短大などの養成機関（修業年限2年以上）を卒業する方法です。3つ目は，社会福祉関係の現任者として，厚生労働大臣の指定する通信課程を修了する方法です。4つ目は，地方公共団体に就職し，厚生労働大臣の指定する講習会を受講する方法です。具体的には，全国社会福祉協議会中央福祉学院の通信教育課程や都道府県の講習会があります。

社会福祉主事養成機関における課程は，福祉事務所現業員のみならず社会福祉施設従事者などにとっても，社会福祉の知識，技術，価値について体系的に学ぶことができ，毎年多くの福祉事務所職員や社会福祉施設の従事者が学んでいます。

3　社会福祉主事制度の課題

社会福祉主事の制度に対する課題は，大きく3点に整理されます。

1つ目は，福祉事務所のケースワーカーに対する課題です。その業務に適切に対応できる能力がますます要求されているにもかかわらず，現時点での教育内容は，表に示すように科目名の告示にとどまり，科目の目標や内容は明示されていません。ケースワーカーに焦点を当てた内容とはいいがたいと思われます。各科目を講義する教員の資格も含めて，ケースワーカーとしての専門的な資質を保障することのできる教育内容の検討が必要です。

第2点目は，厚生労働大臣の指定した科目の中から，わずか3科目を修めて大学を卒業すれば社会福祉主事任用資格の要件を満たすということに対する課題です。社会福祉主事の専門的な資質の向上という方向性から逆行しているようにみえます。今後は，任意の3科目の履修に加え，講習会や研修会の受講を条件とするなどの検討が求められます。また，卒業年度によって指定科目名が異なっています（表XIII-1の科目は，2000年から現在までの卒業者）。

第3点目は，福祉サービス提供者の拡大に伴い，住民参加型サービス供給組織やボランティア活動も活発になってきています。これらの活動に参加する人たちが社会福祉について体系的に学ぶ機会を整備することが求められます。

今後は，このような養成や講習課程を，社会福祉を担う人材の生涯にわたる研修体系の一環として位置づけたり，社会福祉を担う人材の基礎的な資格として位置づけるために，社会福祉士や介護福祉士といった国家資格との整合性についても整理していく作業が必要になってくると思われます。　　　（笠原幸子）

XIII 社会福祉を支える人たち

5 民生委員・主任児童委員

1 民生委員の活動内容

　民生委員は，民生委員法（1948年成立）に基づき，各市町村の居住地域において地域福祉活動を行うボランティアです。同時に，児童福祉法に基づく児童委員も兼ねています。2000年5月に社会福祉事業法が社会福祉法に改正された時に合わせて，従来の「保護・指導」という視点から「相談・助言・援助」という視点に大きく変化しました。その結果，民生委員（児童委員）の活動は，①地域住民の生活状態を必要に応じて把握すること，②援助が必要な人たちの相談に応じ，自立への助言や援助をすること，③援助が必要な人たちが福祉サービスを適切に利用できるように，情報の提供などを行うこと，④社会福祉事業者などと連携しその事業などを支援すること，⑤福祉事務所などの業務に協力すること，などとなりました。それと同時に，民生委員・児童委員活動の活性化が課題として示されました。これは，従来のエリートボランティアと呼ばれるような「名誉職」ではなく，「住民とともに生活を守っていく人たち」という，イメージをさらに強めようとしたものと考えることができます。実際に，「地域で気になる親子の問題について，『聞いてあげる』のではなく『一緒に考えよう』という姿勢が必要であると感じています」とか「地域の人たちと友達になること。挨拶や声かけをもっと積極的にしていきたいです」といった民生委員・児童委員の声も聞かれます。

2 民生委員・児童委員の現状と主任児童委員

　民生委員・児童委員の選出は，都道府県知事の推薦に基づき，厚生労働大臣が委嘱します。都道府県知事は，市町村に設置された**民生委員推薦会**が推薦した人について，地方社会福祉審議会の意見を聴いて推薦します。

　民生委員・児童委員の活動目的は，民生委員法第1条で，「社会奉仕の精神をもって，常に住民の立場に立って相談に応じ，及び必要な援助を行い，もって社会福祉の増進に努めるものとする」と定義され，児童福祉法第17条第1項に定義されているように，児童及び妊産婦につき，「その生活及び取り巻く環境の状況を適切に把握」，「その保護，保健その他福祉に関し，サービスを適切に利用するために必要な情報の提供その他の援助及び指導」，「児童福祉司又は……社会福祉主事の行う職務に協力する」こと等が期待されています（2001年

▶ **民生委員推薦会**
民生委員推薦会の委員は，当該市町村の区域の実情に通ずる者で，以下にあげる者のうちから，それぞれ2人以内を市町村長が委嘱している。
①市町村の議会の議員
②民生委員
③社会福祉事業の実施に関係のある者
④市町村の区域を単位とする社会福祉関係団体の代表者
⑤教育に関係のある者
⑥関係行政機関の職員
⑦学識経験のある者

11月の児童福祉法の一部改正する法律の成立によって児童委員の職務が明確に定義されました)。具体的には、図XIII-3に示すような相談活動を行っています。民生委員・児童委員の活動は、きわめて広範囲におよんでいることが理解されます。その活動は、高齢化の進展に伴って、高齢者およびその家族などに対するものが増加しています。一方、近年の継続的な少子化傾向に対して、「健やかに子どもを生み育てる環境づくり」も社会全体の課題になっています。それに対応するために、児童の福祉に関する相談などを専門的に担当する主任児童委員が、1994年1月より設置されました。主任児童委員とは、民生委員・児童委員の中でも、主として児童委員の活動に力点をおいている民生委員・児童委員のことです。

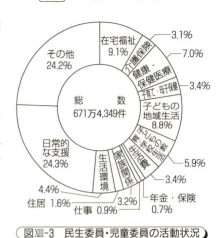

図XIII-3 民生委員・児童委員の活動状況

出所：厚生労働統計協会『国民の福祉と介護の動向2015/2016』2015年、255頁。

3 民生委員・児童委員のルーツと今後の課題

民生委員制度は、岡山県の笠井信一知事による「済世顧問制度」(1917年)が始まりです。翌年大阪でも、林市蔵知事が小河滋次郎博士の協力のもと「方面委員制度」を始め、その後、各地に広がりました。

バラバラに実施されていたこの制度を統一した方面委員令(1936年)は、大阪の方面委員制度に準拠してつくられました。戦時下においては、国家総動員体制のもと、方面委員は軍事扶助法(1937年)に基づく軍事援護事業を担当することになりました。扶助を受けようとする者の家計の状況などの調査が必要であり、方面委員の力にたよらざるを得なかった経緯があります。第二次世界大戦後、生活保護法(1946年)の実施にあたっては、同時に公布された民生委員令によって、民生委員は、軍事扶助法と同様に期待され、市町村長の補助機関となりました。しかし、新生活保護法(1950年)では、民生委員は協力機関と位置づけられました。この間、1947年の児童福祉法制定に伴い児童委員を兼務することになり、民生委員令から「民生委員法」(1948年)として法律が成立しました。

その後、民生委員・児童委員は全国民生委員児童委員連合会を組織し、ほぼ10年ごとに民生委員・児童委員活動の指針として民生委員・児童委員活動強化方策を策定しています。1997年の活動強化方策では、民生委員・児童委員活動の3原則として、住民性、継続性、包括・総合性が提示され、7つの働きとして、社会調査、相談、情報提供、連絡通報、調整、生活支援、意見具申があげられました。

21世紀にはいり、核家族化や単身世帯の増加が進む中、地域社会では人びとのつながりが薄れつつあります。一方、地域福祉の主体は住民自身であるという意識も浸透してきています。民生委員・児童委員は、安全で安心なまちづくりをすすめる上で、住民同士が支え合う関係を構築するための応援団としての活躍が期待されています。

(笠原幸子)

さくいん

あ行

ICIDH　166
ICF　167
アカウンタビリティ　7
アセスメント　84, 89, 157
アドボカシー　181
アメリカ障害者法　169, 180
「イエ」観念　26
医学的リハビリテーション　184
医学モデル　87
石井十次　34
遺族基礎年金　111
遺族厚生年金　111
一時保護　66
意図的な感情の表出　14
医療ソーシャルワーカー　220
医療扶助　116
医療保護施設　120
医療保障　112
インクルージョン　185, 208
インテーク　88
インフォームド・コンセント　221
ウェッブ夫妻　108
ウエルビーイング　122
ウエルフェア　122
ヴォルフェンスベルガー，W.　21
ADA　169, 180
エーデル改革　44
エスピン=アンデルセン，G.　32
NGO　215
NPO　192
エリザベス救貧法　40
援助計画作成　85
援助計画実施　85
援助付雇用・ジョブコーチ　179
エンゼルプラン　135
エンパワメント　100
ODA　209
大河内一男　16
岡村重夫　3, 15, 188
岡本栄一　15
岡山孤児院　34

か行

介護支援専門員　151, 224
介護認定審査会　150
介護の社会化　25
介護福祉士　222, 226
介護扶助　116
介護保険事業計画　59, 155
介護保険制度　148
介護保険法　47, 147
介護療養型医療施設　151, 153
介護老人福祉施設　151-153
介護老人保健施設　151
家族　26
価値　12
家庭学校　34
家庭児童相談室　48, 65
寡婦　142
間接援助技術　82
完全雇用　32
完全参加　195
管理的・評価的機能　99
基準及び程度の原則　119
機能障害　166
機能の概念　186
キャボット，R.C.　220
救護施設　120
教育的機能　98
教育扶助　116
教育リハビリテーション　185
京極高宣　3
協働活動の原則　93
緊急保育対策等5か年事業　135
金銭給付　116
苦情解決　210
組合管掌健康保険　113
グリーンウッド，E.　223
グリフィス報告　41
グループワーク（集団援助技術）　82, 90
ケアプランの実施　157
ケアマネジメント　156
ケアマネジャー　151
ケアワーカー　162
ケアワーク　162
軽費老人ホーム　152

ケインズ理論　32
ケースワーク（個別援助技術）　82, 88
ケースワークの7原則　14
現業員　64
現金給付　17
現実性の原理　15
現物給付　17, 116
公益法人　76, 193
効果測定法　95
合計特殊出生率　10, 22
更生施設　120
厚生年金保険法　110
厚生労働省　48, 62
構造的概念　186
交通バリアフリー法　219
公的年金制度　110
公的扶助　102, 107
孝橋正一　16
公費負担医療　112
後期高齢者医療制度　147
高齢化　24
高齢社会対策基本法　147
高齢者世帯　24
高齢者の医療の確保に関する法律　47, 147
ゴールドプラン21　155
国際家族年　122
国際高齢者年　145
国際障害分類　166
国際人権規約　6
国際生活機能分類　167
国際福祉　214
国民健康保険組合　113
国民健康保険法　112
国民年金法　110
国民保健サービスおよびコミュニティ・ケア法　199
子育て支援事業　134
子育て短期支援事業　143
国家公務員共済組合　113
子ども家庭福祉　122
子ども・子育て応援プラン　136
子ども・子育て関連3法　138

さくいん

子ども・子育て支援新制度　138
子ども・子育てビジョン　136
個別援助技術　82
個別化　14
コミューン　44
コミュニティ　28
コミュニティ・オーガニゼーション　188
コミュニティ・ケア　15, 28, 198
コミュニティワーク（地域援助技術）　82, 92
雇用均等・児童家庭局　48
雇用率制度　178

さ行

済世顧問制度　35, 231
最低生活保障の原理　118
査察指導員　64
シーボーム報告　41
ジェネリシズム　19
ジェンダー　10
支援費制度　38
資源開発の原則　93
自己決定　14
支持的機能　98
次世代育成支援　134
次世代育成支援対策推進法　59, 127
慈善組織協会　40, 86
肢体不自由児施設　131
肢体不自由児通園施設　131
肢体不自由児療護施設　131
自治型地域福祉　194
自治事務　114
児童委員　230
児童育成計画　59
児童買春禁止法（児童買春，児童ポルノに係る行為等の規制及び処罰並びに児童の保護等に関する法律）　47
児童家庭支援センター　131
児童館　131
児童虐待　140
児童虐待防止法（児童虐待の防止等に関する法律）　47, 141
児童権利宣言　124
児童自立支援施設　131
児童心理司　66
児童相談所　48, 66
児童短期入所事業　133

児童デイサービス事業　133
児童の権利に関する条約　124
児童福祉司　66
児童福祉施設　73
児童福祉施設最低基準　126
児童福祉施設の設備及び運営に関する基準　74
児童福祉法　46, 128, 170
児童遊園　131
児童養護施設　131
シビルミニマム　154
自閉症児施設　131
社会・援護局　48
社会活動法　82
社会関係　15
社会サービス法　44
社会事業　2
社会資源　83
社会生活力（SFA）　185
社会性の原理　15
社会的安全装置　102
社会的企業　57
社会的セーフティネット　102
社会的責任性の原理　15
社会的入院　156
社会的不利　167
社会福祉　2
　　──の価値　12
　　──の対象　16
　　──のニーズ　17
社会福祉運営管理　83
社会福祉基礎構造改革　36
社会福祉協議会　70
社会福祉計画法　83
社会福祉士　222, 224
社会福祉士及び介護福祉士法　47, 222, 224, 226
社会福祉施設　72
社会福祉施設の設備及び運営に関する基準　74
社会福祉主事　228
社会福祉調査法　82
社会福祉の援助原理　14
社会福祉法　37, 46
社会福祉法人　76
社会扶助　106
社会保険　104, 106
社会保障審議会　50
社会保障法　43

社会保障法タイトルXX　43
社会リハビリテーション　185
終結　85, 89
重症心身障害児施設　131
住宅扶助　116
集団援助技術　82
授産施設　120
主体性の原理　15
恤救規則　34
出産扶助　116
出生率　22
ジュネーブ宣言　124
受容　14
障害基礎年金　111
障害厚生年金　111
障害者基本法　47, 170
障害者計画　59
障害者総合支援法　170-173
障害者対策に関する新長期計画　176
障害者の権利に関する条約　174
障害者の雇用の促進等に関する法律　178
障害者プラン　176
少子化社会対策推進基本方針　135
少子社会　22
情緒障害児短期治療施設　131
情報収集　88
ショートステイ　133
初回面接　88
職業リハビリテーション　185
助産施設　131
職権主義　7
職場適応訓練　178
所得再分配　102
ジョブコーチ　179
自立　122
私立学校教職員共済　113
自立生活運動　168, 184
シルバーハウジング　219
事例調査　95
新・社協基本要項　70
新救貧法　40
親権喪失宣告　66
新ゴールドプラン　154
申請主義　7
申請保護の原則　119
身体障害者更生援護施設　73

233

さくいん

身体障害者更生相談所 48, 68
身体障害者手帳 132
身体障害者福祉司 64, 228
身体障害者福祉法 47, 170
身体的虐待 140
信用失墜行為の禁止 13
心理的虐待 140
スーパービジョン 98
スティグマ 30
ストレングス視点 100
生活扶助 116
生活保護制度 109
生活保護法 46, 114
生活モデル 87
生業扶助 116
生産年齢人口 24
精神障害者社会復帰施設 73
精神保健福祉士 222
精神保健福祉法（精神保健及び精神障害者福祉に関する法律） 47, 171, 222
生存権保障 46
性的虐待 140
成年後見制度 206
世界人権宣言 214
世帯単位の原則 119
セツルメント 34, 42, 86
セルフヘルプ 169, 182
船員保険 113
全体性の原理 15
専門性 18
葬祭扶助 116
ソーシャルアクション（社会活動法） 4, 83
ソーシャル・インクルージョン 21, 208
ソーシャル・ウェルフェア・アドミニストレーション（社会福祉運営管理） 83
ソーシャル・サポート・ネットワーク 204
ソーシャル・プランニング（社会福祉計画法） 83
ソーシャル・ロール・バロリゼーション 21
ソーシャルワーカー 78
ソーシャルワーカーの倫理綱領 96
ソーシャルワーク 4, 78

ソーシャルワーク・リサーチ（社会福祉調査法） 83
ソーシャルワークの統合化 87
措置制度 54
措置費 53

た行

第三者委員 211
第三者機関 73
第三の道 41
対人福祉サービス 23
WHO 166
単給 116
男女共同参画基本法 143
地域援助技術 82
地域活動 195
地域主体の原則 93
地域生活尊重の原理 15
地域組織化 188
地域福祉 186
地域福祉計画 58, 201
地域福祉権利擁護事業 207
地域福祉支援計画 59
地域包括支援センター 153
小さな政府 199
知的障害児施設 131
知的障害児通園施設 131
知的障害者援護施設 73
知的障害者更生相談所 48, 69
知的障害者福祉司 64, 228
知的障害者福祉法 47, 171
地方公務員等共済組合 113
地方自治の本旨 60
地方自治法 194
地方分権 60
中央省庁再編 51
直接援助技術 82
追跡調査 85
積立方式 111
ディスアビリティ 167
伝統的地域社会 28
統計調査 95
統制された情緒的な関わり 14
特定疾病 149
特定非営利活動促進法 192
特別養護老人ホーム 152
特例子会社 179
留岡幸助 34
トライアル雇用 179

な行

ナショナルミニマム 5, 32, 108, 154
難聴幼児通園施設 131
ニィリエ，B. 20
日常生活自立支援事業 207
日本国憲法第25条 46
日本ソーシャルワーカー協会 96
乳児院 131
人間尊重の原理 15
ネグレクト 140
年金財政方式 111
年少人口 24
能力障害 167
ノーマライゼーション 5, 20, 168, 195

は行

ハートビル法 191, 219
バートレット，H. M. 80
パールマン，H. H. 84
売春防止法 143
バイスティック，F. P. 14
バリアフリー新法 197, 219
バンク＝ミケルセン，N. E. 20
非審判的態度 14
必要即応の原則 119
ひとり親家庭 142
秘密保持 14
評価 85, 89
貧困との戦い 43
貧困の再生産 2
賦課方式 111
福祉オンブズパーソン 211
福祉関係八法 36
福祉教育 216
福祉国家 32
福祉コミュニティ 196
福祉事務所 48, 64
福祉住環境コーディネーター 219
福祉情報システム 212
福祉組織化 189
福祉多元主義 57
福祉的就労 179
父子家庭 143
婦人相談所 49
婦人保護事業 143
婦人保護施設 73
プランニング 89, 157
ふれあいのまちづくり事業 197

併給　116
ベヴァリッジ報告　41, 108
保育所　131
法定受託事務　114
方面委員制度　35, 231
訪問調査員　149
ホームヘルパー　164
保護の補足性の原理　118
母子及び父子並びに寡婦福祉法　47
母子生活支援施設　131
母子福祉施設　73
ボランタリズム　190
ボランティア　190
ボランティア・コーディネーター　202

ま行

三浦文夫　3
民生委員　230
民生委員法　47, 230
民生費　52
無告の窮民　34
無差別平等の原理　118
盲児施設　131
モニタリング　157

や行

友愛訪問員　86
優生思想　180
有料老人ホーム　152
養育放棄　140
要介護度　150
要介護認定　149, 150
養護老人ホーム　153
ヨーク調査　94

ら行

ライフサイクル　8
ライフモデル　87
リッチモンド, M.　84, 86
リハビリテーション　184
連帯と共生の原理　15
ろうあ児施設　131
老健局　48
老人福祉施設　73
老人福祉指導主事　64, 228
老人福祉法　47, 144, 147
老年人口　24
老齢基礎年金　111
老齢厚生年金　111
老老介護　25
ロールプレイ　99
ロス, M.G.　188
ロンドン調査　94

執筆者紹介 (氏名／よみがな／生年／現職／主著／社会福祉を学ぶ読者へのメッセージ) ＊執筆担当は本文末に明記

山縣文治（やまがた ふみはる／1954年生まれ）

関西大学教授
『子ども家庭福祉論』（単著・ミネルヴァ書房）『社会福祉用語辞典』（共編・ミネルヴァ書房）
社会福祉は，人間の生活の基本に関わる学問です。人間は誰でも幸せに生活することを願っています。そのためには，あなた自身が楽しく生活し，学ぶ必要があります。

岡田忠克（おかだ ただかつ／1970年生まれ）

関西大学教授
『社会福祉概論』（共著・ミネルヴァ書房）『社会福祉の理論と政策』（共著・中央法規出版）
社会福祉は実践の学問です。「学び」を通して，今後の自分の実践の機軸となる福祉観・援助観を発見して下さい。

新崎国広（あらさき くにひろ／1955年生まれ）

ふくしと教育の実践研究所SOLA主宰
『福祉教育のすすめ』（編著・ミネルヴァ書房）『なぎさの福祉コミュニティを拓く』（編著・大学教育出版）
人生の主人公はあなた自身です。一人ひとりのかけがえのない命を認め合い，支えあえる社会を一緒に創っていきましょう。

今堀美樹（いまほり みき／1961年生まれ）

大阪体育大学教授
『ソーシャルワーク入門』（共著・ミネルヴァ書房）『ソーシャルワーカーとケアマネジャーのための相談援助の方法』（共著・久美出版）
保育所での子どもたちとの出会いが，自分の限界と可能性とに気付かせ，今の仕事の原動力ともなっています。

岩崎久志（いわさき ひさし／1962年生まれ）

流通科学大学教授
『子どもの悲鳴 大人の動揺』（共著・中央法規出版）『教育臨床への学校ソーシャルワーク導入に関する研究』（単著・風間書房）
しっかり学ぶには，楽しく，そして創造的に取り組むことが一番だと思います。社会福祉という学問との出会いを大切にして下さい。

岩間伸之（いわま のぶゆき／1965年生まれ）

元 大阪市立大学教授
『支援困難事例と向き合う』（単著・中央法規出版）『対人援助のための相談面接技術』（単著・中央法規出版）
福祉を学ぶ最初の第一歩は，自分の関心を〈人〉と〈社会〉のつながりに向けることです。

笠原幸子（かさはら さちこ／1956年生まれ）

四天王寺大学教授
『シリーズ・基礎からの社会福祉③ 老人福祉論』（単著・ミネルヴァ書房）『新・介護福祉学とは何か』（共著・ミネルヴァ書房）
知識をもっているだけではよい実践はできませんが，知識は，問題にぶつかった時，前進していくパワーになります。たくさんのパワーを蓄積してください。

門永朋子（かどなが ともこ／1973年生まれ）

元 京都女子大学助教
『子どものリスクとレジリエンス』（共訳・ミネルヴァ書房）
災害や不況によって多くの人々が困難な状況に陥っています。福祉はこれらの問題の解決への一助となるでしょう。

瓦井 昇（かわらい のぼる／1963年生まれ）

元 福井県立大学教授
『福祉コミュニティ形成の研究』（単著・大学教育出版）『地域福祉方法論』（単著・大学教育出版）

空閑浩人（くが ひろと／1964年生まれ）

同志社大学教授
『ソーシャルワーク入門』（編著・ミネルヴァ書房）
社会福祉の仕事は，人の生き方に関わるものです。そして，社会福祉を学ぶことは，自分の生き方を問うことだと思います。

執筆者紹介（氏名／よみがな／生年／現職／主著／社会福祉を学ぶ読者へのメッセージ）　＊執筆担当は本文末に明記

久保美紀（くぼ　みき/1958年生まれ）

明治学院大学教授
『ソーシャルワーク理論を学ぶ人のために』（共著・世界思想社）『社会福祉の思想と人間観』（共著・ミネルヴァ書房）
社会福祉を，自分の暮らし・人生にひきよせて考えてみてください。そして，さまざまな生活事象を構造的にとらえる力を養ってください。

小池由佳（こいけ　ゆか/1972年生まれ）

新潟県立大学教授
『よくわかる地域福祉』（共著・ミネルヴァ書房）『社会的養護（新・プリマーズ）』（共編著・ミネルヴァ書房）
「変えることのできないものを受け入れる潔よさ，変えることのできるものを変える勇気。そして両者の違いを見分ける知恵」（祈りの言葉）を養って下さい。

土田美世子（つちだ　みよこ/1962年生まれ）

龍谷大学教授
『保育ソーシャルワーク支援論』（単著・明石書店）『児童福祉の地域ネットワーク』（共著・相川書房）
人間の幸福のためにある学問や研究の中で，社会福祉は"しあわせ"に直結した素敵な学問だと思っています。

鶴野隆浩（つるの　たかひろ/1961年生まれ）

名古屋芸術大学教授
『家族福祉原論』（単著・ふくろう出版）『社会福祉の視点』（単著・ふくろう出版）
社会福祉の場合，目の前に現われている問題の，歴史的・社会的背景を理解することが大切です。

寺本尚美（てらもと　なおみ/1962年生まれ）

梅花女子大学教授
『よくわかる社会保障』（共著・ミネルヴァ書房）『社会保障論概説』（共著・誠信書房）
生涯にわたって安心して生活するための基礎的な社会制度として，社会福祉の役割はますます増大しています。

直島克樹（なおしま　かつき/1981年生まれ）

川崎医療福祉大学講師
『社会福祉と内発的発展』（共著・関西学院大学出版会）『社会福祉原理論（岡村理論の継承と展開）』（共著・ミネルヴァ書房）
社会福祉は私たちでつくりあげていくものです。常に可能性を追求していく姿勢を忘れないで下さい。

直島正樹（なおしま　まさき/1974年生まれ）

相愛大学教授
『保育実践に求められるソーシャルワーク』（共編著・ミネルヴァ書房）『障害者への支援と障害者自立支援制度』（共編著・みらい）
社会福祉は，私たちの生活とかかわる身近なものです。難しく考えず，興味・関心を持って学んでいただければと思います。

中田智恵海（なかだ　ちえみ/1944年生まれ）

特定非営利活動法人ひょうごセルフヘルプ支援センター代表
『セルフヘルプグループ──自己再生を志向する援助形態』（単著・つむぎ出版）『セルフヘルプグループ１問１答』（共編著・解放出版）
他者を援助するために必要な知識や技術に加えて，自分自身の可能性や価値観にも眼を向けて下さい。

西村真実（にしむら　まみ/1967年生まれ）

武庫川女子大学短期大学部准教授
『保育相談支援』（共著・ミネルヴァ書房）『保護者支援スキルアップ講座』（共編著・ひかりのくに）
長い間保育士として保育現場にいました。本書での学びが，これからの実践に生かされることを願っています。

野村裕美（のむら　ゆみ/1971年生まれ）

同志社大学教授
『ソーシャルワーク入門』（共著・ミネルヴァ書房）『新しい福祉サービスの展開と人材育成』（共著・法律文化社）
社会福祉の実践は，理論と実践の好循環があってこそ，価値のあるものとして成立すると考えています。

執筆者紹介（氏名／よみがな／生年／現職／主著／社会福祉を学ぶ読者へのメッセージ）　　＊執筆担当は本文末に明記

狭間香代子（はざま　かよこ／1950年生まれ）

関西大学名誉教授
『社会福祉の援助観　ストレングス視点：社会構成主義のエンパワメント』（単著・筒井書房）『少子高齢社会と生活支援』（共編著・みらい）
社会福祉の学びで大切なことは，知識や技術の基盤にある人間観です。幅広く豊かな教養が求められます。

原田正樹（はらだ　まさき／1965年生まれ）

日本福祉大学教授
『共に生きること　共に学びあうこと』（単著・大学図書出版）『社協の底力』（監修・共著・中央法規出版）
社会福祉を学ぶことは，人生や社会について考えることです。社会福祉と素敵な出会いをしてください。

福富昌城（ふくとみ　まさき／1963年生まれ）

花園大学教授
『利用者の思いを映すケアプラン事例集』（編著・中央法規出版）『高齢者福祉論』（共著・ミネルヴァ書房）
福祉を学ぶことは，「一人ひとりがその人らしく暮らせるように」を考えることです。

前田崇博（まえだ　たかひろ／1965年生まれ）

大阪城南女子短期大学教授
『社会福祉援助技術』（単著・久美出版）『介護実務者研修テキスト』（監修・ミネルヴァ書房）
私は元ケースワーカー。対人援助職はストレスが溜まります。でも，感動や喜びが何倍にもなって返ってくる素敵な専門職ですよ。

松端克文（まつのはな　かつふみ／1964年生まれ）

武庫川女子大学教授
『よくわかる地域福祉』（共編・ミネルヴァ書房）『障害者の個別支援計画の考え方・書き方』（単著・日総研出版）
さまざまな生活上の課題をもったひとの地域生活を支援していくうえで，生活保護法は重要な社会資源のひとつです。単なる知識としてではなく，実践的な視点から社会福祉の学習を深めていってください。

明路咲子（めいじ　さきこ）

元　流通科学大学教授
『地域福祉論説』（共編・みらい）『社協再生』（共編・中央法規出版）
社会福祉で大切にしたいことは，人と人との繋がり・心優しさ・自分自身をも大切にすることだと思っています。

森　詩恵（もり　うたえ／1972年生まれ）

大阪経済大学教授
『現代日本の介護保険改革』（単著・法律文化社）『社会福祉用語辞典』（共著・ミネルヴァ書房）
社会保障・社会福祉制度は特別な人々だけの制度ではなく，みんな必ずどこかで利用している制度なのだということに気づいて下さい。

山下裕史（やました　ひろし／1969年生まれ）

元　種智院大学専任講師
『現代社会福祉用語の基礎知識』（編著・学文社）『高齢者福祉概論』（共著・学文社）
多くの人たちに出会い，多くの人たちから学んでいます。「人は生きる教材である。」人との関わりから学んだことは，一生の財産です。

やわらかアカデミズム・〈わかる〉シリーズ
よくわかる社会福祉［第11版］

2002年 4 月25日	初 版第 1 刷発行	〈検印省略〉
2004年 3 月20日	第 2 版第 1 刷発行	
2005年 4 月 5 日	第 3 版第 1 刷発行	定価はカバーに
2006年 3 月10日	第 4 版第 1 刷発行	表示しています
2007年 2 月20日	第 5 版第 1 刷発行	
2008年 3 月15日	第 6 版第 1 刷発行	
2009年 3 月 1 日	第 7 版第 1 刷発行	
2010年 3 月25日	第 8 版第 1 刷発行	
2012年 4 月10日	第 9 版第 1 刷発行	
2014年 3 月20日	第10版第 1 刷発行	
2015年 3 月30日	第10版第 2 刷発行	
2016年 4 月10日	第11版第 1 刷発行	
2024年 2 月20日	第11版第10刷発行	

編　者　　山　縣　文　治
　　　　　岡　田　忠　克

発行者　　杉　田　啓　三

印刷者　　田　中　雅　博

発行所　株式会社　ミネルヴァ書房
607-8494 京都市山科区日ノ岡堤谷町 1
電話代表　（075）581-5191
振替口座　01020-0-8076

©山縣文治・岡田忠克ほか，2016　　創栄図書印刷・新生製本

ISBN978-4-623-07676-5
Printed in Japan

やわらかアカデミズム・〈わかる〉シリーズ

教育・保育

よくわかる学びの技法
田中共子編　本体　2200円

よくわかる卒論の書き方
白井利明・高橋一郎著　本体　2500円

よくわかる教育評価
田中耕治編　本体　2600円

よくわかる授業論
田中耕治編　本体　2600円

よくわかる教育課程
田中耕治編　本体　2600円

よくわかる教育原理
汐見稔幸・伊東　毅・髙田文子
東　宏行・増田修治編著　本体　2800円

新版　よくわかる教育学原論
安彦忠彦・藤井千春・田中博之編著　本体　2800円

よくわかる生徒指導・キャリア教育
小泉令三編著　本体　2400円

よくわかる教育相談
春日井敏之・伊藤美奈子編　本体　2400円

よくわかる障害児教育
石部元雄・上田征三・高橋　実・柳本雄次編　本体　2400円

よくわかる特別支援教育
湯浅恭正編　本体　2500円

よくわかるインクルーシブ教育
湯浅恭正・新井英靖・吉田茂孝編著　本体　2500円

よくわかる肢体不自由教育
安藤隆男・藤田継道編著　本体　2500円

よくわかる障害児保育
尾崎康子・小林　真・水内豊和・阿部美穂子編　本体　2500円

よくわかるインクルーシブ保育
尾崎康子・阿部美穂子・水内豊和編著　本体　2500円

よくわかる保育原理
子どもと保育総合研究所
森上史朗・大豆生田啓友編　本体　2200円

よくわかる家庭支援論
橋本真紀・山縣文治編　本体　2400円

よくわかる社会的養護
山縣文治・林　浩康編　本体　2500円

よくわかる社会的養護内容
小木曽宏・宮本秀樹・鈴木崇之編　本体　2400円

新版　よくわかる子どもの保健
丸尾良浩・竹内義博編著　本体　2200円

よくわかる子どもの健康と安全
丸尾良浩・竹内義博編著　本体　2200円

よくわかる発達障害
小野次朗・上野一彦・藤田継道編　本体　2200円

よくわかる子どもの精神保健
本城秀次編　本体　2400円

よくわかる環境教育
水山光春編著　本体　2800円

福祉

よくわかる社会保障
坂口正之・岡田忠克編　本体　2600円

よくわかる社会福祉
山縣文治・岡田忠克編　本体　2500円

よくわかる社会福祉の歴史
清水教惠・朴　光駿編著　本体　2600円

新版　よくわかる子ども家庭福祉
吉田幸恵・山縣文治編著　本体　2400円

新版　よくわかる地域福祉
上野谷加代子・松端克文・永田祐編著　本体　2400円

よくわかる家族福祉
畠中宗一編　本体　2200円

よくわかるスクールソーシャルワーク
山野則子・野田正人・半羽利美佳編著　本体　2800円

よくわかる高齢者福祉
直井道子・中野いく子編　本体　2500円

よくわかる障害者福祉
小澤　温編　本体　2500円

よくわかるリハビリテーション
江藤文夫編　本体　2500円

よくわかる障害学
小川喜道・杉野昭博編著　本体　2400円

心理

よくわかる心理学実験実習
村上香奈・山崎浩一編著　本体　2400円

よくわかる心理学
無藤　隆・森　敏昭・池上知子・福丸由佳編　本体　3000円

よくわかる心理統計
山田剛史・村井潤一郎著　本体　2800円

よくわかる保育心理学
鯨岡　峻・鯨岡和子著　本体　2400円

よくわかる臨床心理学　改訂新版
下山晴彦編　本体　3000円

よくわかる臨床発達心理学
麻生　武・浜田寿美男編　本体　2800円

よくわかるコミュニティ心理学
植村勝彦・高畠克子・箕口雅博
原　裕視・久田　満編　本体　2500円

よくわかる発達心理学
無藤　隆・岡本祐子・大坪治彦編　本体　2500円

よくわかる乳幼児心理学
内田伸子編　本体　2400円

よくわかる青年心理学
白井利明編　本体　2500円

よくわかる高齢者心理学
佐藤眞一・権藤恭之編著　本体　2500円

よくわかるパーソナリティ心理学
吉川眞理編著　本体　2600円

よくわかる教育心理学
中澤　潤編　本体　2500円

よくわかる学校教育心理学
森　敏昭・青木多寿子・淵上克義編　本体　2600円

よくわかる学校心理学
水野治久・石隈利紀・田村節子
田村修一・飯田順子編著　本体　2400円

よくわかる社会心理学
山田一成・北村英哉・結城雅樹編著　本体　2500円

よくわかる家族心理学
柏木惠子編著　本体　2600円

よくわかる言語発達　改訂新版
岩立志津夫・小椋たみ子編　本体　2400円

よくわかる認知科学
乾　敏郎・吉川左紀子・川口　潤編　本体　2500円

よくわかる認知発達とその支援
子安増生編　本体　2400円

よくわかる情動発達
遠藤利彦・石井佑可子・佐久間路子編著　本体　2500円

よくわかるスポーツ心理学
中込四郎・伊藤豊彦・山本裕二編著　本体　2400円

よくわかる健康心理学
森　和代・石川利江・茂木俊彦編　本体　2400円

―― ミネルヴァ書房 ――
https://www.minervashobo.co.jp/